Fa

GUY DE MAUPASSANT
Contes et romans

Édition en 14 volumes
établie et présentée par Georges Belle

I *Une vie* (roman, 1883)
II *Longues Nouvelles*
III *Bel-Ami* (roman, 1885)
IV *Récits parisiens*
V *Mont-Oriol* (roman, 1887)
VI *Contes des bords de l'eau et d'ailleurs*
VII *Pierre et Jean* (roman, 1888), précédé de *Le Roman* et suivi de *Les Dimanches d'un bourgeois de Paris*
VIII *Contes normands*
IX *Fort comme la mort* (roman, 1889)
X *Contes de la peur et de l'angoisse*
XI *Farces normandes et parisiennes*
XII *Contes grivois*
XIII *Notre cœur* (roman, 1890), suivi de *L'Âme étrangère*
XIV *Récits de guerre et de défaite*, suivi de *L'Angélus*

GUY DE MAUPASSANT

Farces normandes et parisiennes

ÉDITIONS FRANCE LOISIRS

ISBN 2-7441-4707-3

PRÉFACE

Farces ou attrapes ?

Pourquoi ne pas le reconnaître ? Il y a, chez Guy de Maupassant, un pantin risible et un artiste du rire. Animal qui faisait rire (Jean Lorrain et Edmond de Goncourt ne s'en privèrent pas), il était aussi un animal qui savait rire. Et puis, avec lui, comme de juste, pas de rire sans écho ; il n'aimait rire qu'en compagnie, en folâtre compagnie, au détriment des fâcheux, des lourdauds et des fourbes. À lire ses « farces et attrapes », on dirait qu'il veille au grain, pour se préserver et peut-être pour compenser. Son rire tient de la réaction et de la riposte ; visiblement, il le détend. Est-il bon et juste pour autant ? Comme tous les rires, celui de Maupassant, trait de caractère ou marque de vitalité, échappe à la bienveillance ; disons qu'il lui était bienfaisant. Tel du champagne, son rire pétille, mais comme ce vin joyeux, il possède une dose plus ou moins notable d'amertume. Dans un de ses fameux Propos, *le philosophe Alain remarque : « Sage, le sourire est sensible ; fou, le rire est insensible. » Or, sage, Maupassant ne l'a jamais été ; aussi, rire, sexe et peur – le ventre, quoi ! – lui étaient à l'unisson objets de satisfaction et sources de danger. Dégagé sinon détaché, l'auteur des* Conflits pour rire *a toujours cultivé une feinte insensibilité. Exutoire, son rire éloignait sans doute gêneurs et fantômes.*

Qui ne le sait, le rire appelle la farce comme il y répond. Aimanté, aiguisé, il blague avec elle comme avec une femme libre, effrontée et rouée. Dans ses Mémoires d'un farceur *(sous-titre donné à* La farce*), Maupassant se laisse aller à regretter le bon vieux temps où il était permis de se moquer et de mystifier. « Nous vivons dans un siècle où les farceurs ont des allures de croque-morts et se nomment : politiciens. On ne fait plus chez nous la vraie farce, la bonne farce, la farce joyeuse, saine et simple de nos pères. Et, pourtant, quoi de plus amusant et de plus drôle que la farce ? Quoi de plus amusant que de mystifier des âmes crédules, que de bafouer des niais, de duper les plus malins, de faire tomber les plus retors en des pièges inoffensifs et comiques ? Quoi de plus délicieux que de se moquer des gens avec talent, de les forcer à rire eux-mêmes de leur naïveté, ou bien, quand ils se fâchent, de se venger par une nouvelle farce ? » Aussitôt, beau joueur, il reconnaît qu'on lui en a fait des farces, et des raides, autant qu'il en a fait, que ce n'est que justice, que ça apprend à vivre, à rire ensemble. Voilà bien le Gaulois magnifique à l'œuvre ! Mais encore : désopilante et terrible, absurde et inguérissable, la vie entière, comme il l'avait écrit à Flaubert (qui, de son côté, n'en pensait pas moins), paraissait à Maupassant grosse de « choses farces, farces, farces ». Il avouait même que « les choses farces vont de pair avec les gens bêtes », c'est-à-dire les gens qui ont peur, qui cèdent aux craintes les plus aberrantes. Après tout, la farce aussi fait partie de la misère de l'homme. Un autre grand philosophe, Henri Bergson, explique, dans un célèbre opuscule* (Le Rire)*, que, si le rire défoule et désarme, c'est que, sans tirer à conséquence, il montre du doigt la différence, l'étrangeté, le* *ridicule, ce qui précisément inquiète l'individu, semble pouvoir le dénaturer ou le déloger. Certes, la farce, souvent injuste et cruelle, « enlaidit l'homme » (Pierre Cogny), mais, un instant, elle le rassure, le libère de ses poisons. Plaisanterie gestuelle, incontrôlable et contagieuse, elle se présente, forte d'épices, comme un des rares moments de liaison entre les êtres. Ainsi, « bête et méchante », la farce maupassantienne, beaucoup plus que dirigée contre les autres, est une vengeance rigolarde sur la vie. Elle démasque et dédramatise ; à visage découvert, elle pacifie toujours. C'est honteuse et hargneuse – affreux secret domestique – que l'auteur la voit « mortelle » : – dans le droit-fil des longues nouvelles* En famille *et* L'héritage, *lire pour s'en convaincre* Une famille *et* Le diable.

Dans son besoin du rire pour le rire, Maupassant relève d'une tradition ancienne et latine qui, de Pétrone à Diderot, en passant par les fabliaux, Boccace, Molière, La Fontaine, joint souvent à la raillerie la fantaisie. N'a-t-il pas rêvé d'être, comme il l'a écrit à titre privé, « un satirique destructeur, un ironique féroce et comique, un Aristophane ou un Rabelais » ? Après lui, Romain Rolland (Colas Breugnon) *et Jules Romains* (Les Copains), *sans déchoir en rien, reprendront le flambeau. La question du goût (bon ou mauvais) écartée, cette tradition, souvent décriée et censurée pour son cynisme, voire son impudence, en vaut bien d'autres, plus pernicieuses et fallacieuses à la réflexion. De plus, elle a le mérite, rare dans nos lettres, de ne pas céder à l'esprit chagrin. Convient-il de noircir à l'excès les* Farces normandes et parisiennes *de Maupassant, qui, le journalisme en sus, reflètent exactement un genre court, sans résonance poétique ? Si elles sont rarement innocentes – une farce se pourrait-elle sans victime caricaturée ou ridiculisée ? –, hors le triste milieu familial, elles évitent l'ignoble, le trivial et le mesquin. Presque toutes, portraits ou anecdotes, se jouent des travers des hommes* (Voyage de santé) *et jouent avec la sottise du temps* (La relique). *Certaines même ne manquent pas de malice* (Ma femme), *de quelque tendresse* (Ça ira). *Certes, Maupassant les met en scène pour faire rire (s'adonnant là plus qu'ailleurs peut-être à son goût du théâtre et à son sens des dialogues, patoisants ou salonnards) ; il y exploite un filon à la mode (voir Daudet et Lorrain) qui amusait la galerie, mais jamais il n'aggrave en les gauchissant ces aventures picaresques, qu'elles soient burlesques* (La bête à maît' Belhomme) *ou grotesques* (Nos Anglais). *Pour lui, réalité et vérité sont bonnes à dire, n'en déplaise aux esprits sérieux et sévères, défenseurs des choses respectables, à jamais sacrées.*

Paul Morand, que sa propre admiration pour le grand nouvelliste qu'est Maupassant semble curieusement irriter, voire rendre injuste (à ce sujet, il faut lire la superbe et surréelle divagation d'Alberto Savinio – écrivain italien et frère du peintre Giorgio De Chirico – Maupassant et l'Autre*), interprète ainsi les contes naturalistes et satiriques : « Ces farces sont comme des interventions violentes de la joie contre la mort, un dernier essai de réconciliation avec la vie, une fusion tentée entre la comédie et le drame, une convulsion du rire en attendant les convulsions de l'agonie qui ne vont pas tarder. » Point de vue partagé par Roger Bismut qui, à son tour, écrit dans la préface de* Mademoiselle Fifi *(Garnier-Flammarion) : « Dans ce monde de rapins et de canotiers, familier à l'auteur, la farce est une manière de nier le réel, une fuite devant l'épouvante, un masque ricanant posé sur le visage convulsé de la peur. » Que d'opinions bien sombres sur des farces et des facéties qui, pour n'être* *point sans arrière-plans ni arrière-pensées, n'en sont pas moins piquantes et cocasses, comiques avant tout ! Pourquoi s'éloigner ainsi des blagues et des tours d'un joyeux viveur, fier de son entrain, de sa santé et de ses exploits de « surmâle » ? De celui justement dont, avec nostalgie, le sourire apache au coin des lèvres, le poète Guillaume Apollinaire – comme au sortir d'un film de Jean Renoir ou de Marcel Carné – a chanté les fêtes défuntes :*

Et maintenant
Ni le dimanche ni les jours de la semaine
Ni les peintres ni Maupassant ne se promènent
Bras nus sur leurs canots avec leurs femmes
à grosse poitrine
Et bêtes comme chou...

À bien lire ces Farces normandes et parisiennes, *on devine que seul importait au maître artisan indépendant, au compagnon impénitent des jeux et des jours, le fait d'arriver à parler à tous de tout et de tous. En chroniqueur et en conteur plus qu'en écrivain dépeceur du monde ; en moraliste qui d'ailleurs se dérobe, comme tout vrai pessimiste. Maupassant (très sûr « faiseur » de contes parlés, conscient de l'effet de réel comme de l'effet de surprise sur le lecteur) est loin d'être continûment désespéré, acharné à révéler la bêtise et la bassesse des hommes. Lucide et réaliste, secoué par le mal d'être, par une maladie qui le défait, il n'en est pas moins, et c'est tout à son honneur, un auteur « net et fort » (Zola). Pour être une « farce tragique », l'existence reste une farce ; l'artiste se plaît donc à la montrer nue et crue. Voilà pourquoi il paraît à beaucoup, ainsi que Stéphane Mallarmé lui-même le voyait, un auteur « savoureux, clair, robuste comme la joie ». Jusqu'à la fin, l'écrivain conquérant l'a emporté sur l'homme assiégé. Qu'on supporte ou non son dit et son art à l'eau-forte, Maupassant n'est pas un auteur égaré dans le sarcasme, moins encore un homme irresponsable et accusateur. Il donne à voir et, quand la vie s'y prête, il donne à rire. Est-ce si dommageable à sa personne et à ses idées ? Pour finir, à ses écrits et à ses lecteurs ?*

C'est jeune encore et débutant dans le métier, le journalisme surtout, que Maupassant produisit le plus d'histoires plaisantes et piquantes. Sur les trente-quatre rassemblées ici, dix-huit ont été publiées dans la presse (notamment dans Gil Blas, *journal qui ne dédaignait pas les textes drôles et légers) en 1882 et 1883. Le beau monde et la maladie ne l'avaient toujours pas changé. Et le roman ne l'accaparait pas encore (*Une vie *tirait même à sa fin). Toutefois, Maupassant a tenu à disperser les contes farceurs et blagueurs dans l'ensemble de ses recueils. On les trouve dans quatorze d'entre eux (sur les dix-sept édités, y compris les deux montages posthumes* Le Père Milon *et* Le Colporteur*). Seuls* Les Sœurs Rondoli *(1884) et les* Contes de la bécasse *(1883) se distinguent parmi les quatorze, le premier titre réunissant cinq farces, le second quatre. Les autres, édités entre 1882 et 1890, ont vu l'auteur, comme pour rire, glisser parmi ses récits disponibles une ou deux farces. À croire que Maupassant n'aimait guère que lecteurs et critiques accordent tel ou tel sens, imaginent telle ou telle orientation à ses recueils de contes.* Mademoiselle Fifi *n'est pas plus un monument de récits de guerre que* Le Horla *l'asile des histoires fantastiques. Ainsi, en offrant au public les différentes facettes de ses contes dans chacun de ses recueils, Maupassant se sentait protégé contre les curiosités abusives, à jamais impénétrable. Aux lecteurs, les œuvres et leurs spectacles ; à lui, l'homme et ses secrets.*

En fait, avec le rire Maupassant joue sur tous les tons, sur tous les fronts. Il passe du rire franc au rire jaune, et du rire brutal au rire maniéré. Assurément, ses farces les plus heureuses, disons les moins cruelles et les plus cocasses, sont La bête à maît' Belhomme, La confession de Théodule Sabot, Le crime au père Boniface, Un Normand, Une vente, Les vingt-cinq francs de la supérieure. *Avec elles, pourquoi ne pas rire de bon cœur ? Ces farces sont souvent paysannes, comme* Farce normande, *et dessinent des portraits, tel celui de* Ce cochon de Morin. *Elles relèvent encore de l'audience de justice, que Maupassant a toujours montrée comme un théâtre désopilant où règne la malignité la plus incroyable ; exemples :* Autres temps, Le cas de Mme Luneau, Tribunaux rustiques. *Dans un autre registre, proche de ses chroniques liées à l'actualité, il donne des farces politiques, où son anticléricalisme se manifeste sans vergogne :* Mon oncle Sosthène, L'ami Joseph *(vraie comédie de salon)*, La question du latin *(qui, écrite plus tôt, aurait ravi Jules Vallès). Il y a aussi les farces des beaux esprits, souvent célibataires et membres de « la haute », qui bien sûr jonglent avec les sentiments, les idées et la morale :* Une soirée, Le voleur. *Restent, nous l'avons vu, les farces familiales qui, pour peindre encore des situations décalées, férocement drolatiques, propagent une atmosphère inquiétante, à la limite du sadisme. Le rire alors ne peut s'empêcher de grimacer, comme dans le conte animalier* L'âne. *Il s'agit, dans ce cas, d'illustrations de ce qu'on a pu appeler le « massacre des innocents » chez Maupassant. On se doute qu'il n'a rien inventé dans le domaine, qu'il a même eu quelque mérite à ajouter à sa révolte alacrité et commisération. Il n'empêche : pour être toniques, de tels contes sont tristes ; et divertissants, décourageants. Mais n'est-ce pas parce qu'ils sonnent juste, séquences non édulcorées d'une réalité qui se ferme à tout geste généreux ou gratuit ?*

En dépit de l'interprétation comique donnée tour à tour par Fernandel et Bourvil (dans deux films qui laissent beaucoup à désirer, celui en 1932 de Bernard Deschamps et celui en 1950 de Jean Boyer), Le rosier de Mme Husson *– soit l'exploit du gentil Isidore, qui, un bienfait n'étant jamais perdu, dissipe dans le « vice » le prix de la « vertu » – n'est pas une grosse farce éhontée, dont la victime serait un pauvre hère, l'idiot du village, bientôt ivrogne patenté. Cette assez longue nouvelle (une des plus connues et des mieux venues du présent ensemble, avec* Toine, *que nous allons aussi saluer), derrière le portrait du jeune innocent, timide et interdit, que, faute de rosières disponibles et méritantes, couronne pour ses qualités angéliques Mme Husson, la présidente des dames patronnesses* (« La Muse du département », *écrirait Balzac), est bien davantage une charge insolente, menée d'ailleurs avec une certaine tendresse – toujours l'ambiguïté inhérente à l'auteur –, contre la vanité, la sottise et l'hypocrisie d'une petite ville, en l'occurrence Gisors en Normandie. Isidore est à Gisors ce que Tartarin est à Tarascon : un révélateur social. L'histoire sévit aussi dans les parages de certains écrits de Gustave Flaubert : quelle galerie de personnages à la Homais, quelle peinture de gestes pompeux et dérisoires, quel inventaire d'idées reçues ! La glorification, historique, érudite, des chers clochers et donjons immémoriaux, lyriquement proclamée par élites et édiles du coin, en prend un sacré coup. À tel point que grincheux et grognons ont vu, dans le rosier épineux de Maupassant, une navrante illustration du parisianisme et de l'intellectualisme. Allons, ces* Farces normandes et parisiennes *sont pareillement des pièces paysannes et citadines, des figures imagées de nos provinces et* *capitales ! Toutes, d'honneur ou d'argent, d'abstinence ou d'ivresse, ont les héros et les saints qu'elles vénèrent...*

Farce familiale et animalière tout à la fois, Toine *en dit long, bouffonne et extravagante, sur le compagnonnage matrimonial et sur la compagnie masculine. Avec cette épopée aux allures de fabliau (c'est d'abord une « histoire pour rire »), nous sommes en présence, non plus d'une rosière devenue « rosier », mais d'une couveuse changée en « couveur ». Pour le bon peuple, rien de plus ridicule, de plus risible que d'intervertir le rôle des sexes et des espèces. Le père Toine, énorme cabaretier – ô merveille humaine ! –, qui n'a de cesse de boire, manger et plaisanter, est adoré par le chœur des clients, au grand dam de sa revêche épouse, toute d'attention et de faiblesse pour son précieux poulailler. Mais voilà : paralysé par une attaque, Toine-ma-Fine se trouve enfin à la merci de sa « vieille ». Pour sa punition et peut-être sa rédemption – et puis, qu'a à faire une bourgeoise près de ses sous d'un « inutile mari » ? –, elle l'oblige à couver des œufs. Gare à la casse ! C'est drôle, c'est vif, c'est triste et c'est fatal. Comme l'homme est seul en ménage, malgré les amis, et plus il vieillit, impotent ou épuisé, plus il est seul. Nul remède à rien, le massacre des innocents, des « infimes » reste la règle du jeu. Alors, place au bon gros rire qui grise, qui grise... Salut à toi, « mon gendre », comme se plaît à dire l'ogre Toine, et bonne fricassée tout de même !*

Ainsi, des niches à la nique, Maupassant a multiplié les signes de bravade. Osé et dru, son conte roublard mime la vie. Grossissant les faits jusqu'à la représentation panique, il tient du chapiteau et de la gargouille. À peine lu, on le voit, on l'entend. La vérité est qu'il s'amuse des démons comme, parallèlement, les Contes de la guerre *se vengent des dragons. À l'œuvre, l'auteur et ses personnages affirment une commune, une constante préoccupation : ne pas être dupe. Qu'importe d'être vaincu, si on l'est en beauté ! C'est en effet un esprit de résistance (égoïsme à toute épreuve) qui anime les farceurs comme les fonceurs des contes et des nouvelles ; avec eux, nous sommes loin du pur élan vital. N'a-t-on pas assez dit que toute « faculté d'ascension », autre que matérielle, était étrangère à Maupassant ? Un matamore, Guy de Maupassant ? Non, un petit seigneur d'autrefois que seule sa plume affermie maintenait au-dessus d'appétits de maquignon et de rêves de baladin. Il arrive qu'on se demande s'il n'eût pas volontiers échangé sa vie contre celle du capitaine Fracasse. Quelque part, ils sont de la même race, mais, voilà, pas de la même époque.*

Dans ses dégagements chahuteurs, Maupassant s'autorise la satire comme, en son enfermement angoissé, il ose le fantastique. Farces ou folies, ses récits sans fioriture ne sont pas plus des contes de fée que des contes de fou. Tous, en croquant vertement ou négligemment des tranches de vie, montrent ce qu'est la mécanique humaine, sociale, divine. Cuisinés à la sauce terrienne ou mondaine, ils possèdent la singularité de ne jamais condamner qui que ce soit, sans pourtant excuser et oublier quoi que ce soit. Jusqu'aux fards et aux masques, comme au cirque, comme à carnaval, qui cachent les visages pour mieux dévoiler les actes. Ce que Maupassant raconte est toujours à prendre ou à laisser. Mais alors, est-ce l'art souverain de l'auteur qui fait que, depuis le début, il y ait, chez nous comme ailleurs, tant de preneurs ?

Désobligeantes et pittoresques, ces Farces normandes et parisiennes *(et même, quelquefois, de partout et de nulle part) traitent les plaisanteries comme les* Nouvelles en trois lignes *de Félix Fénéon (un publiciste imperturbable, mort en 1944, mais né quatre-vingt-*

trois années avant, aurait-il aimé déclarer) purgent les faits divers : sans charité chrétienne ni convenance sociale. Comprenons que, pour élever le genre au-dessus de l'insignifiance des actions, des gestes, des paroles que ces farces rapportent, il fallait à Maupassant – jamais psychologue ou utopique – jouer sur le contraste entre la passion forcenée de l'aventure (de la mésaventure) et la distance étudiée de la voix qui raconte et commente. Concis et réservé, toujours élégant dans son sans-gêne, l'auteur n'étale pas plus la tarte à la crème qu'il ne cède au moindre nombrilisme. Jules Renard l'avait bien vu, qui aimait lire Maupassant avant tout pour cela. Brièveté journalistique, rapidité du récit, art du relief et du silence, style toujours direct, oralité appelant l'écho, dialectique de l'imagerie et du discours, tout concourt à rendre ces farces inclassables plus vivaces et proches que les sempiternelles « grandes affaires » rocambolesques. C'est leur efficacité même, jointe à l'atmosphère entretenue, qui fait leur évidence. S'il est un instinct créateur, qui veille à l'observation, à l'imagination et à leur équilibre, Guy de Maupassant – artiste sûr de son fait – l'a possédé au plus haut point. Au point, justement, de devoir l'assumer comme une fatalité terrible. De devoir le vivre, rire et colère confondus, jusqu'à la tragédie. Mais qui a jamais pensé que Maupassant le farceur était un vain humoriste ?

GEORGES BELLE

Conflits pour rire

Depuis la bruyante expulsion des moines, nous sommes entrés dans l'ère des conflits entre l'autorité civile et la domination ecclésiastique. Tantôt les départements stupéfaits assistent au duel héroïque du préfet et de l'évêque ; tantôt la France entière reste béante devant le combat singulier d'un ministre et d'un cardinal.

Mais les conflits entre les deux pouvoirs qui se partageaient jusqu'ici le pays prennent un intérêt tout particulier quand ils se produisent entre un simple maire et un humble curé ; entre un Frère et un instituteur. Alors on assiste vraiment à des luttes désopilantes, toute question de foi mise de côté et respectée.

On citait l'autre jour en ce journal un article de M. Henri Rochefort, à propos de la nouvelle loi contre les écrits immoraux, loi qui met des foudres rechargées entre les mains de tous les Pinard et de tous les Bétolaud de l'avenir ; et à ce propos, le mordant écrivain rappelait que beaucoup de monuments ont été mutilés par le zèle aveugle d'ecclésiastiques férocement honnêtes. Je lui dédie l'histoire suivante, vraie en tous points, mais ancienne déjà.

Un petit village normand possédait une église très vieille et classée parmi les monuments historiques. Seul, le conservateur desdits monuments pouvait donc autoriser les modifications ou réparations.

Non pas qu'on respecte beaucoup les monuments historiques quand ces monuments sont religieux. L'église romane d'Étretat, par exemple, est agrémentée aujourd'hui de peintures et de vitraux à faire aboyer tous les artistes, et les hideuses ornementations du style jésuite ont gâté à tout jamais une foule de remarquables édifices.

La petite église dont je parle possédait un portail sculpté, un de ces portails en demi-cercle où la fantaisie libre d'artistes naïfs a gravé des scènes bibliques dans leur simplicité et leur nudité premières.

Au centre, comme figure principale, Adam offrait à Ève ses hommages. Notre père à tous se dressait dans le costume originel, et Ève, soumise comme doit l'être toute épouse, recevait avec abandon les faveurs de son seigneur.

D'eux sortaient, comme un double fleuve, les générations humaines, les hommes s'écoulant d'Adam et les femmes de la mère Ève.

Or, ce village était administré par un curé fort honnête homme, mais dont la pudeur saignait chaque fois qu'il lui fallait passer devant ce groupe trop naturel. Il souffrit d'abord en silence, ulcéré jusqu'à l'âme. Mais que faire ?

Un matin, comme il venait de dire la messe, deux étrangers, deux voyageurs, arrêtés devant le porche de l'édifice, se mirent à rire en le voyant sortir.

L'un d'eux même lui demanda : « C'est votre enseigne, monsieur le curé ? » Et il montrait nos antiques parents, éternellement immobiles en leur libre attitude.

Le prêtre s'enfuit, humilié jusqu'aux larmes, blessé jusqu'au cœur, se disant qu'en effet son église portait au front un emblème de honte, comme un mauvais lieu.

Et il alla trouver le maire, qui dirigeait le conseil de fabrique. Ce maire était libre penseur.

Je laisse à deviner quels furent les arguments du prêtre et les réponses du citoyen.

Éperdu, l'ecclésiastique implorait, suppliait, pour que l'autorité civile permît seulement qu'on diminuât un peu notre père Adam, rien qu'un peu, une simple modification à la turque. Cela ne gâterait rien, au contraire. Le conservateur des monuments historiques n'y verrait que du feu, d'ailleurs. Le maire fut inflexible, et il congédia le desservant en le traitant de rétrograde.

Le dimanche suivant, la population stupéfaite s'aperçut qu'Adam portait un pantalon. Oui, un pantalon de drap, ajusté avec soin au moyen de cire à cacheter. De la sorte, le monument et le premier homme restaient intacts, et la pudeur était sauve.

Mais le fonctionnaire civil fit un bond de fureur et il enjoignit au garde champêtre de déculotter notre ancêtre. Ce qui fut fait au milieu des paroissiens égayés.

Alors le curé écrivit à l'évêque, l'évêque au conservateur. Ce dernier ne céda pas.

Mais voici qu'une retraite allait être prêchée dans le village en l'honneur d'un saint guérisseur dont la statue miraculeuse était exposée dans le chœur de l'église ; et cette fois le curé ne pouvait supporter l'idée que toutes les populations accourues des quatre coins du département défileraient en procession sous notre impudique aïeul de pierre.

Il en maigrissait d'inquiétude : il implorait une illumination du ciel. Le ciel l'éclaira, mais mal.

Une nuit, un habitant voisin de l'église fut réveillé par un bruit singulier. Il écouta. C'étaient des coups violents, vibrants. Les chiens hurlaient aux environs. L'homme se leva, prit un fusil, sortit. Devant l'église un groupe singulier s'agitait ; et une lueur de lanterne semblait éclairer une tentative d'escalade, ou plutôt d'effraction, car les coups indiquaient bien qu'on essayait de fracturer la porte. Pour voler le tronc des pauvres, sans doute, et les ornements d'autel.

Épouvanté, mais timide, le voisin courut chez le maire ; celui-ci fit prévenir les adjoints, qui s'armèrent et réquisitionnèrent les pompiers. Les valets de ferme se joignirent à leurs maîtres, et la troupe, hérissée de faux, de fourches et d'armes à feu, s'avança prudemment en opérant un mouvement tournant.

Les voleurs étaient encore là. La porte résistait sans doute. Avec mille précautions, les défenseurs de l'ordre se glissèrent le long du monument ; et soudain le maire, qui marchait le dernier, cria d'une voix furieuse : « En avant ! saisissez-les ! »

Les pompiers s'élancèrent... et ils aperçurent, grimpés sur deux chaises, le curé et sa servante en train d'amoindrir Adam.

La servante, en jupon, tenait à deux mains sa lanterne, tandis que le prêtre frappait à tour de bras sur la pierre dure qui céda, tout juste à ce moment.

« Au nom de la loi, je vous arrête ! » hurla l'officier de l'état civil, et il entraîna l'ecclésiastique désespéré et la bonne éplorée, tandis que le garde champêtre ramassait, comme pièces à conviction, le morceau que venait de perdre le générateur du genre humain, plus la lanterne et le marteau.

De longues entrevues eurent lieu entre l'évêque et un préfet conciliant pour étouffer cette grave affaire.

Autre conflit.

Plusieurs journaux plaçaient dernièrement sous nos yeux la lettre indignée d'un brave curé à l'instituteur de son pays, pour sommer ce maître d'école de déclarer si, oui ou non, il avait traité l'Histoire sainte de *blagues*.

Les journaux religieux se sont fâchés ; les journaux libéraux ont argumenté doctoralement.

Or, la question me paraît délicate et difficile.

D'après la nouvelle loi, il semble interdit aux instituteurs d'enseigner l'Histoire sainte. Qui donc l'enseignera ? – Personne. – Alors, les enfants ne la sauront jamais.

Mais si l'instituteur est autorisé à exposer les aventures de ce recueil d'anecdotes merveilleuses qu'on appelle l'Ancien Testament, peut-on exiger qu'il donne comme articles de foi la création du monde en six jours, l'arrêt du soleil par Josué, la destruction musicale des murs de Jéricho, la promenade de Jonas dans l'intérieur mystérieux d'une baleine, etc. ?

Quand il apprendra aux futurs électeurs à ne pas croire aux baguettes de coudrier des sorciers, leur racontera-t-il le miracle à la Rambuteau de Moïse produisant de l'eau par un moyen qui, aux termes de la Bible, ne semble guère anormal ? S'il doit affirmer que Mme Loth fut changée en statue de sel, comment lui défendra-t-on de certifier énergiquement l'absolue authenticité des métamorphoses racontées par Ovide ? S'il met l'Histoire sainte au même rang que la mythologie ; s'il appelle l'une « le Récit des fables sacrées de l'Église chrétienne » et l'autre « le Récit des fables sacrées du paganisme », pourra-t-on le blâmer, le réprimander ?

Je vous le dis, en vérité, d'un bout à l'autre de la France, en ce moment, surgissent des conflits ineffables.

Et comme on voudrait entendre les arguments qu'échangent avec leurs partisans et leurs adversaires, le soir, dans le jardin de l'école ou sous le berceau du presbytère, ces inapaisables rivaux !

Autres temps

QUAND UN GENTILHOMME, au siècle dernier, ruinait galamment sa maîtresse, il en acquérait aussitôt un surcroît de bonne réputation. Si la maîtresse ainsi dépouillée était une grande dame, si, abandonnée aussitôt sa bourse vide, elle était remplacée par une autre que le séducteur dévalisait avec la même aisance et le même appétit, il devenait, lui, un roué, un homme à la mode, considéré, envié, respecté, jalousé, salué jusqu'à terre, et jouissant de toutes les faveurs des puissants et des femmes.

Hélas ! hélas ! un siècle plus tard, la jeunesse, dite des écoles, affichant et pratiquant une morale toute différente de celle des anciens grands seigneurs, s'exaltant au nom de principes sévères, se précipite avec fureur sur les quelques êtres restés seuls dans la tradition du passé, de notre grand passé d'aristocratique élégance, et les jette à l'eau pour voir s'ils nagent.

Et ces victimes supposées, mais non atteintes, ces descendants des roués sont des malheureux, des pauvres, déshérités par la Providence, sans ressources sur le pavé de Paris, et créés avec des instincts de millionnaires, des besoins de dépense mal servis par une mollesse native qui les éloigne du travail.

Ils se sont fait ce raisonnement qui paraîtrait juste si nous ne le savions faux, à savoir : qu'il existe par le monde des milliers de femmes dont la seule profession consiste à ruiner des hommes en profitant des sentiments malsains qu'elles leur inspirent ; donc qu'il est simplement équitable de reprendre à ces mêmes femmes l'argent qu'elles ont obtenu par ces moyens déshonnêtes, en leur inspirant à leur tour des sentiments non moins malsains.

C'est tout simplement le principe de la médecine homéopathique appliqué à la morale, le mal traité par le pire ; or, si la méthode homéopathique guérit !... concluons.

Il est résulté de tout cela que les vengeurs de l'honnêteté ont été battus, emprisonnés, aplatis, écrabouillés par la milice chargée de veiller sur l'ordre public ; – que les noyés étaient de simples et inoffensifs bourgeois revenant de leur bureau et rentrant dans leurs familles –, que les commerçants en femmes, dits souteneurs, ne pourront que profiter de la réclame qui leur est ainsi faite gratuitement –, que les gardiens de la paix qui ont fait leur devoir seront révoqués, et le préfet de police, qui n'en peut mais, renversé sans doute.

Donc, tout est pour le mieux dans le meilleur des mondes.

Et voilà à quoi servent les émeutes pour la bonne cause, les révolutions, les indignations et, en général, tous les sentiments valeureux qui arment le bras des hommes de dévouement.

On est assurément plus sage aux champs. La scène qui suit n'est que fidèlement racontée.

Je l'ai vue, dis-je, vue, de mes propres yeux vue, etc.

Dans la salle de la justice de paix, en Normandie.

Le juge, gros homme asthmatique, siège devant une large table, flanqué de son greffier. Il est vêtu d'un veston gris orné de boutons de métal, et il parle lentement en expectorant de l'air qui siffle dans ses tuyaux respiratoires comme si une fuite s'y fût déclarée.

Au fond de la grande pièce, des paysans en blouse bleue, assis sur des bancs, la casquette ou le chapeau entre les jambes. Ils sont graves, abrutis et rusés, et ils préparent mentalement des arguments pour leur affaire. À tout moment ils crachent à côté de leur pied chaussé d'un soulier grand comme une barque de pêche ; et une mare de salive marque la place de chacun.

En face du juge, juste de l'autre côté de la table, les plaideurs dont la cause est appelée.

La plaignante est une dame de la campagne, dont la cinquantaine couperosée flamboie sous un chapeau légumier qui semble chargé d'asperges en graine, de radis et d'oignons montés. Elle est sèche, pointue, horrible et prétentieuse, avec des gants de tricot ; et les rubans de sa coiffure voltigent autour de sa tête comme les drapeaux d'un navire.

Le prévenu, gros gars de vingt-huit ans, joufflu, niais, semble un enfant de chœur engraissé et grossi trop vite. Elle et lui se lancent des regards féroces.

Il est assisté, soutenu par son père, vieux paysan tout pareil à un rat, et par sa jeune femme, rouge de fureur, mais fraîche aussi, grande fille de ferme saine et pommadée, chair à reproduction bonne à primer dans un concours.

Voici les faits. La dame, veuve d'un officier de santé, avait élevé à la brochette le jeune paysan et le réservait à ses plaisirs. Après beaucoup de services rendus par lui, elle lui avait fait don d'une petite ferme pour reconnaître sa bonne volonté. Mais le gars ainsi doté s'était aussitôt marié, délaissant la vieille qui, exaspérée, réclamait son bien : le garçon ou la ferme, au choix.

Le juge très perplexe venait d'écouter la plainte de la dame. Personne ne riait dans l'auditoire. La cause était grave et méritait réflexion.

Le gars, à son tour, se leva pour répondre.

Le juge l'interrogea.

« Qu'avez-vous à dire ?

– A m' l'a donnée c'te ferme.

– Pourquoi vous l'a-t-elle donnée ? Qu'avez-vous fait pour la mériter ? »

Alors le gars, indigné, devint rouge jusqu'aux oreilles. « C' que j'ai fait, mon bon m'sieur l' juge de paix ? mais v'là quinze ans qu'a m' sert de traînée, c'te poison, a n' peut pas dire que ça valait pas ça ! »

Cette fois un murmure eut lieu parmi les assistants, et des voix convaincues répétaient : « Ah ! ça, oui, ça valait bien ça ! »

Et le père jugeant le moment venu d'intervenir : « Créyez-vous que j'y aurais donné l'éfant dès s'n âge de quinze ans si j'avions point compté sur d' la reconnaissance ? » Alors la jeune femme à son tour s'avança véhémente, exaspérée, et levant la main vers la dame impassible et rouge : « Mais guétez-la, m'sieu l' juge, guétez-la. Si on peut dire que ça valait pas ça ! »

Le juge, en effet, considéra longuement la vieille, consulta son greffier, comprit qu'en effet, ça valait bien ça, et renvoya la plaignante. Et l'assistance entière approuva la décision.

Et nunc erudimini.

Le voleur

« PUISQUE JE VOUS DIS qu'on ne la croira pas.

– Racontez tout de même.

– Je le veux bien. Mais j'éprouve d'abord le besoin de vous affirmer que mon histoire est vraie en tous points, quelque invraisemblable qu'elle paraisse. Les peintres seuls ne s'étonneront point, surtout les vieux qui ont connu cette époque de charges furieuses, cette époque où l'esprit farceur sévissait si bien qu'il nous hantait encore dans les circonstances les plus graves. »

Et le vieil artiste se mit à cheval sur une chaise.

Ceci se passait dans la salle à manger d'un hôtel de Barbizon.

Il reprit :

Donc nous avions dîné ce soir-là chez le pauvre Sorieul, aujourd'hui mort, le plus enragé de nous. Nous étions trois seulement : Sorieul, moi, et Le Poittevin, je crois ; mais je n'oserais affirmer que c'était lui. Je parle, bien entendu, du peintre de marine Eugène Le Poittevin, mort aussi, et non du paysagiste bien vivant et plein de talent.

Dire que nous avions dîné chez Sorieul, cela signifie que nous étions gris. Le Poittevin seul avait gardé sa raison, un peu noyée, il est vrai, mais claire encore. Nous étions jeunes, en ce temps-là. Étendus sur des tapis, nous discourions extravagamment dans la petite chambre qui touchait à l'atelier. Sorieul, le dos à terre, les jambes sur une chaise, parlait batailles, discourait sur les uniformes de l'Empire, et soudain, se levant, il prit dans sa grande armoire aux accessoires une tenue complète de hussard et s'en revêtit. Après quoi il contraignit Le Poittevin à se costumer en grenadier. Et comme celui-ci résistait, nous l'empoignâmes, et après l'avoir déshabillé, nous l'introduisîmes dans un uniforme immense où il fut englouti.

Je me déguisai moi-même en cuirassier. Et Sorieul nous fit exécuter un mouvement compliqué. Puis il s'écria : « Puisque nous sommes ce soir des soudards, buvons comme des soudards. »

Un punch fut allumé, avalé, puis une seconde fois la flamme s'éleva sur le bol rempli de rhum. Et nous chantions à pleine gueule des chansons anciennes, des chansons que braillaient jadis les vieux troupiers de la Grande Armée.

Tout à coup Le Poittevin, qui restait, malgré tout, presque maître de lui, nous fit taire ; puis, après un silence de quelques secondes, il dit à mi-voix : « Je suis sûr qu'on a marché dans l'atelier. » Sorieul se leva comme il put, et s'écria : « Un voleur ! quelle chance ! » puis, soudain, il entonna *La Marseillaise* :

Aux armes, citoyens !

Et, se précipitant sur une panoplie, il nous équipa, selon nos uniformes. J'eus une sorte de mousquet et un sabre ; Le Poittevin, un gigantesque fusil à baïonnette, et Sorieul, ne trouvant pas ce qu'il fallait, s'empara d'un pistolet d'arçon qu'il glissa dans sa ceinture, et d'une hache d'abordage qu'il brandit. Puis il ouvrit avec précaution la porte de l'atelier, et l'armée entra sur le territoire suspect.

Quand nous fûmes au milieu de la vaste pièce encombrée de toiles immenses, de meubles, d'objets singuliers et inattendus, Sorieul nous dit : « Je me nomme général. Tenons un conseil de guerre. Toi, les cuirassiers, tu vas couper la retraite à l'ennemi, c'est-à-dire donner un tour de clef à la porte. Toi, les grenadiers, tu seras mon escorte. »

J'exécutai le mouvement commandé, puis je rejoignis le gros des troupes qui opérait une reconnaissance.

Au moment où j'allais le rattraper derrière un grand paravent, un bruit furieux éclata. Je m'élançai, portant toujours une bougie à la main. Le Poittevin venait de traverser d'un coup de baïonnette la poitrine d'un mannequin dont Sorieul fendait la tête à coups de hache. L'erreur reconnue, le général commanda : « Soyons prudents », et les opérations recommencèrent.

Depuis vingt minutes au moins on fouillait tous les coins et recoins de l'atelier, sans succès, quand Le Poittevin eut l'idée d'ouvrir un immense placard. Il était sombre et profond, j'avançai mon bras qui tenait la lumière, et je reculai stupéfait ; un homme était là, un homme vivant qui m'avait regardé.

Immédiatement, je refermai le placard à deux tours de clef, et on tint de nouveau conseil.

Les avis étaient très partagés. Sorieul voulait enfumer le voleur, Le Poittevin parlait de le prendre par la famine. Je proposai de faire sauter le placard avec de la poudre.

L'avis de Le Poittevin prévalut, et, pendant qu'il montait la garde avec son grand fusil, nous allâmes chercher le reste du punch et nos pipes, puis on s'installa devant la porte fermée, et on but au prisonnier.

Au bout d'une demi-heure, Sorieul dit : « C'est égal, je voudrais bien le voir de près. Si nous nous emparions de lui par la force ? »

Je criai : « Bravo ! » chacun s'élança sur ses armes ; la porte du placard fut ouverte, et Sorieul, armant son pistolet qui n'était pas chargé, se précipita le premier.

Nous le suivîmes en hurlant. Ce fut une bousculade effroyable dans l'ombre, et après cinq minutes d'une lutte invraisemblable, nous ramenâmes au jour une sorte de vieux bandit à cheveux blancs, sordide et déguenillé.

On lui lia les pieds et les mains, puis on l'assit dans un fauteuil. Il ne prononça pas une parole.

Alors Sorieul, pénétré d'une ivresse solennelle, se tourna vers nous : « Maintenant nous allons juger ce misérable. »

J'étais tellement gris que cette proposition me parut toute naturelle.

Le Poittevin fut chargé de présenter la défense et moi de soutenir l'accusation.

Il fut condamné à mort à l'unanimité moins une voix, celle de son défenseur.

« Nous allons l'exécuter », dit Sorieul. Mais un scrupule lui vint : « Cet homme ne doit pas mourir privé des secours de la religion. Si on allait chercher un prêtre ? » J'objectai qu'il était tard. Alors Sorieul me proposa de remplir cet office et il exhorta le criminel à se confesser dans mon sein.

L'homme, depuis cinq minutes, roulait des yeux

épouvantés, se demandant à quel genre d'êtres il avait affaire. Alors il articula d'une voix creuse, brûlée par l'alcool : « Vous voulez rire, sans doute. » Mais Sorieul l'agenouilla de force, et, par crainte que ses parents eussent omis de le faire baptiser, il lui versa sur le crâne un verre de rhum.

Puis il lui dit :

« Confesse-toi à monsieur ; ta dernière heure a sonné. »

Éperdu, le vieux gredin se mit à crier : « Au secours ! » avec une telle force qu'on fut contraint de le bâillonner pour ne pas réveiller tous les voisins. Alors il se roula par terre, ruant et se tordant, renversant les meubles, crevant les toiles. À la fin, Sorieul impatienté, cria : « Finissons-en. » Et visant le misérable étendu par terre, il pressa la détente de son pistolet. Le chien tomba avec un petit bruit sec. Emporté par l'exemple, je tirai à mon tour. Mon fusil, qui était à pierre, lança une étincelle dont je fus surpris.

Alors Le Poittevin prononça gravement ces paroles : « Avons-nous bien le droit de tuer cet homme ? »

Sorieul, stupéfait, répondit : « Puisque nous l'avons condamné à mort ! »

Mais Le Poittevin reprit : « On ne fusille pas les civils, celui-ci doit être livré au bourreau. Il faut le conduire au poste. »

L'argument nous parut concluant. On ramassa l'homme, et comme il ne pouvait marcher, il fut placé sur une planche de table à modèle, solidement attaché, et je l'emportai avec Le Poittevin, tandis que Sorieul, armé jusqu'aux dents, fermait la marche.

Devant le poste, la sentinelle nous arrêta. Le chef

de poste, mandé, nous reconnut et, comme chaque jour il était témoin de nos farces, de nos scies, de nos inventions invraisemblables, il se contenta de rire et refusa notre prisonnier.

Sorieul insista ; alors le soldat nous invita sévèrement à retourner chez nous sans faire de bruit.

La troupe se remit en route et rentra dans l'atelier. Je demandai : « Qu'allons-nous faire du voleur ? »

Le Poittevin, attendri, affirma qu'il devait être bien fatigué, cet homme. En effet, il avait l'air agonisant, ainsi ficelé, bâillonné, ligaturé sur sa planche.

Je fus pris à mon tour d'une pitié violente, une pitié d'ivrogne, et enlevant son bâillon, je lui demandai : « Eh bien, mon pauv' vieux, comment ça va-t-il ? »

Il gémit : « J'en ai assez, nom d'un chien ! » Alors Sorieul devint paternel. Il le délivra de tous ses liens, le fit asseoir, le tutoya, et, pour le réconforter, nous nous mîmes tous trois à préparer bien vite un nouveau punch. Le voleur, tranquille dans son fauteuil, nous regardait. Quand la boisson fut prête, on lui tendit un verre ; nous lui aurions volontiers soutenu la tête et on trinqua.

Le prisonnier but autant qu'un régiment. Mais comme le jour commençait à paraître, il se leva et, d'un air fort calme : « Je vais être obligé de vous quitter, parce qu'il faut que je rentre chez moi. »

Nous fûmes désolés ; on voulut le retenir encore, mais il se refusa à rester plus longtemps.

Alors on se serra la main, et Sorieul, avec sa bougie, l'éclaira dans le vestibule, criant : « Prenez garde à la marche sous la porte cochère. »

On riait franchement autour du conteur. Il se leva, alluma sa pipe, et il ajouta, en se campant en face de nous :

« Mais le plus drôle de mon histoire, c'est qu'elle est vraie. »

Farce normande

À A. de Joinville

LA PROCESSION SE DÉROULAIT dans le chemin creux ombragé par les grands arbres poussés sur les talus des fermes. Les jeunes mariés venaient d'abord, puis les parents, puis les invités, puis les pauvres du pays, et les gamins qui tournaient autour du défilé, comme des mouches, passaient entre les rangs, grimpaient aux branches pour mieux voir.

Le marié était un beau gars, Jean Patu, le plus riche fermier du pays. C'était, avant tout, un chasseur frénétique qui perdait le bon sens à satisfaire cette passion, et dépensait de l'argent gros comme lui pour ses chiens, ses gardes, ses furets et ses fusils.

La mariée, Rosalie Roussel, avait été fort courtisée par tous les partis des environs, car on la trouvait avenante, et on la savait bien dotée ; mais elle avait choisi Patu, peut-être parce qu'il lui plaisait mieux que les autres, mais plutôt encore, en Normande réfléchie, parce qu'il avait plus d'écus.

Lorsqu'ils tournèrent la grande barrière de la ferme maritale, quarante coups de fusil éclatèrent sans qu'on vît les tireurs cachés dans les fossés. À ce bruit, une grosse gaieté saisit les hommes qui gigotaient lourdement en leurs habits de fête ; et Patu, quittant sa femme, sauta sur un valet qu'il apercevait derrière un arbre, empoigna son arme, et lâcha lui-même un coup de feu en gambadant comme un poulain.

Puis on se remit en route sous les pommiers déjà lourds de fruits, à travers l'herbe haute, au milieu des veaux qui regardaient de leurs gros yeux, se levaient lentement et restaient debout, le mufle tendu vers la noce.

Les hommes redevenaient graves en approchant du repas. Les uns, les riches, étaient coiffés de hauts chapeaux de soie luisants, qui semblaient dépaysés en ce lieu ; les autres portaient d'anciens couvre-chefs à poils longs, qu'on aurait dits en peau de taupe ; les plus humbles étaient couronnés de casquettes.

Toutes les femmes avaient des châles lâchés dans le dos, et dont elles tenaient les bouts sur leurs bras avec cérémonie. Ils étaient rouges, bigarrés, flamboyants, ces châles ; et leur éclat semblait étonner les poules noires sur le fumier, les canards au bord de la mare, et les pigeons sur les toits de chaume.

Tout le vert de la campagne, le vert de l'herbe et des arbres, semblait exaspéré au contact de cette pourpre ardente et les deux couleurs ainsi voisines devenaient aveuglantes sous le feu du soleil de midi.

La grande ferme paraissait attendre là-bas, au bout de la voûte des pommiers. Une sorte de fumée sortait de la porte et des fenêtres ouvertes, et une odeur épaisse de mangeaille s'exhalait du vaste bâtiment, de toutes ses ouvertures, des murs eux-mêmes.

Comme un serpent, la suite des invités s'allongeait à travers la cour. Les premiers, atteignant la maison, brisaient la chaîne, s'éparpillaient, tandis que là-bas il en entrait toujours par la barrière ouverte. Les fossés maintenant étaient garnis de gamins et de pauvres curieux ; et les coups de fusil ne cessaient pas, éclatant de tous les côtés à la fois, mêlant à l'air une buée de poudre et cette odeur qui grise comme de l'absinthe.

Devant la porte, les femmes tapaient sur leurs robes pour en faire tomber la poussière, dénouaient les oriflammes qui servaient de rubans à leurs chapeaux, défaisaient leurs châles et les posaient sur leurs bras, puis entraient dans la maison pour se débarrasser définitivement de ces ornements.

La table était mise dans la grande cuisine, qui pouvait contenir cent personnes.

On s'assit à deux heures. À huit heures on mangeait encore. Les hommes déboutonnés, en bras de chemise, la face rougie, engloutissaient comme des gouffres. Le cidre jaune luisait, joyeux, clair et doré, dans les grands verres, à côté du vin coloré, du vin sombre, couleur de sang.

Entre chaque plat on faisait un trou, le trou normand, avec un verre d'eau-de-vie qui jetait du feu dans les corps et de la folie dans les têtes.

De temps en temps, un convive plein comme une barrique, sortait jusqu'aux arbres prochains, se soulageait, puis rentrait avec une faim nouvelle aux dents.

Les fermières, écarlates, oppressées, les corsages tendus comme des ballons, coupées en deux par le corset, gonflées du haut et du bas, restaient à table par pudeur. Mais une d'elles, plus gênée, étant sortie, toutes alors se levèrent à la suite. Elles revenaient plus joyeuses, prêtes à rire. Et les lourdes plaisanteries commencèrent.

C'étaient des bordées d'obscénités lâchées à travers la table, et toutes sur la nuit nuptiale. L'arsenal de l'esprit paysan fut vidé. Depuis cinq ans, les mêmes grivoiseries servaient aux mêmes occasions, et, bien que chacun les connût, elles portaient encore, faisaient partir en un rire retentissant les deux enfilées de convives.

Un vieux à cheveux gris appelait : « Les voyageurs pour Mézidon en voiture. » Et c'étaient des hurlements de gaieté.

Tout au bout de la table, quatre gars, des voisins, préparaient des farces aux mariés, et ils semblaient en tenir une bonne, tant ils trépignaient en chuchotant.

L'un d'eux, soudain, profitant d'un moment de calme, cria :

« C'est les braconniers qui vont s'en donner c'te nuit, avec la lune qu'y a !... Dis donc, Jean, c'est pas c'te lune-là qu' tu guetteras, toi ? »

Le marié, brusquement, se tourna :

« Qu'i z'y viennent, les braconniers ! »

Mais l'autre se mit à rire :

« Ah ! i peuvent y venir ; tu quitteras pas ta besogne pour ça ! »

Toute la tablée fut secouée par la joie. Le sol en trembla, les verres vibrèrent.

Mais le marié, à l'idée qu'on pouvait profiter de sa noce pour braconner chez lui, devint furieux.

« J' te dis qu' ça : qu'i z'y viennent ! »

Alors ce fut une pluie de polissonneries à double sens qui faisaient un peu rougir la mariée, toute frémissante d'attente.

Puis, quand on eut bu des barils d'eau-de-vie, chacun partit se coucher ; et les jeunes époux entrèrent en leur chambre, située au rez-de-chaussée, comme toutes les chambres de ferme ; et, comme il y faisait un peu chaud, ils ouvrirent la fenêtre et fermèrent l'auvent. Une petite lampe de mauvais goût, cadeau du père de la femme, brûlait sur la commode ; et le lit était prêt à recevoir le couple nouveau, qui ne mettait point à son premier embrassement tout le cérémonial des bourgeois dans les villes.

Déjà la jeune femme avait enlevé sa coiffure et sa robe, et elle demeurait en jupon, délaçant ses bottines, tandis que Jean achevait un cigare, en regardant de coin sa compagne.

Il la guettait d'un œil luisant, plus sensuel que tendre ; car il la désirait plutôt qu'il ne l'aimait ; et soudain, d'un mouvement brusque, comme un homme qui va se mettre à l'ouvrage, il enleva son habit.

Elle avait défait ses bottines, et maintenant elle retirait ses bas, puis elle lui dit, le tutoyant depuis l'enfance : « Va te cacher là-bas, derrière les rideaux, que j' me mette au lit. »

Il fit mine de refuser, puis il y alla d'un air sournois et se dissimula, sauf la tête. Elle riait, voulait envelopper ses yeux, et ils jouaient d'une façon amoureuse et gaie, sans pudeur apprise et sans gêne.

Pour finir il céda ; alors, en une seconde, elle dénoua son dernier jupon qui, glissant le long de ses jambes, tomba autour de ses pieds et s'aplatit en rond par terre. Elle l'y laissa, l'enjamba, nue sous la chemise flottante et elle se glissa dans le lit, dont les ressorts chantèrent sous son poids.

Aussitôt il arriva, déchaussé lui-même, en pantalon, et il se courbait vers sa femme, cherchant ses lèvres qu'elle cachait dans l'oreiller, quand un coup de feu retentit au loin, dans la direction du bois des Râpées, lui sembla-t-il.

Il se redressa inquiet, le cœur crispé, et courant à la fenêtre, il décrocha l'auvent.

La pleine lune baignait la cour d'une lumière jaune. L'ombre des pommiers faisait des taches sombres à leur pied ; et, au loin, la campagne, couverte de moissons mûres, luisait.

Comme Jean s'était penché au-dehors, épiant toutes les rumeurs de la nuit, deux bras nus vinrent se nouer sur son cou, et sa femme, le tirant en arrière, murmura : « Laisse donc, qu'est-ce que ça fait, viens-t'en. »

Il se retourna, la saisit, l'étreignit, la palpant sous la toile légère ; et, l'enlevant dans ses bras robustes, il l'emporta vers leur couche.

Au moment où il la posait sur le lit, qui plia sous le poids, une nouvelle détonation, plus proche celle-là, retentit.

Alors Jean, secoué d'une colère tumultueuse, jura : « Nom de D... ! ils croient que je ne sortirai pas à cause de toi ?... Attends, attends ! » Il se chaussa, décrocha son fusil toujours pendu à portée de sa main, et, comme sa femme se traînait à ses genoux et le suppliait, éperdue, il se dégagea vivement, courut à la fenêtre et sauta dans la cour.

Elle attendit une heure, deux heures, jusqu'au jour. Son mari ne rentra pas. Alors elle perdit la tête, appela, raconta la fureur de Jean et sa course après les braconniers.

Aussitôt les valets, les charretiers, les gars partirent à la recherche du maître.

On le retrouva à deux lieues de la ferme, ficelé des pieds à la tête, à moitié mort de fureur, son fusil tordu, sa culotte à l'envers, avec trois lièvres trépassés autour du cou et une pancarte sur la poitrine :

« Qui va à la chasse perd sa place. »

Et, plus tard, quand il racontait cette nuit d'épousailles, il ajoutait : « Oh ! pour une farce ! c'était une bonne farce. Ils m'ont pris dans un collet comme un lapin, les salauds, et ils m'ont caché la tête dans un sac. Mais si je les tâte un jour, gare à eux ! »

Et voilà comment on s'amuse, les jours de noce, au pays normand.

Mon oncle Sosthène

À Paul Ginisty

MON ONCLE SOSTHÈNE était un libre penseur comme il en existe beaucoup, un libre penseur par bêtise. On est souvent religieux de la même façon. La vue d'un prêtre le jetait en des fureurs inconcevables ; il lui montrait le poing, lui faisait des cornes, et touchait du fer derrière son dos, ce qui indique déjà une croyance, la croyance au mauvais œil. Or, quand il s'agit de croyances irraisonnées, il faut les avoir toutes ou n'en pas avoir du tout. Moi qui suis aussi libre penseur, c'est-à-dire un révolté contre tous les dogmes que fit inventer la peur de la mort, je n'ai pas de colère contre les temples, qu'ils soient catholiques, apostoliques, romains, protestants, russes, grecs, bouddhistes, juifs, musulmans. Et puis, moi, j'ai une façon de les considérer et de les expliquer. Un temple, c'est un hommage à l'inconnu. Plus la pensée s'élargit, plus l'inconnu diminue, plus les temples s'écroulent. Mais, au lieu d'y mettre des encensoirs, j'y placerais des télescopes et des microscopes et des machines électriques. Voilà !

Mon oncle et moi nous différions sur presque

tous les points. Il était patriote, moi je ne le suis pas, parce que le patriotisme, c'est encore une religion. C'est l'œuf des guerres.

Mon oncle était franc-maçon. Moi, je déclare les francs-maçons plus bêtes que les vieilles dévotes. C'est mon opinion et je la soutiens. Tant qu'à avoir une religion, l'ancienne me suffirait.

Ces nigauds-là ne font qu'imiter les curés. Ils ont pour symbole un triangle au lieu d'une croix. Ils ont des églises qu'ils appellent des Loges, avec un tas de cultes divers : le rite écossais, le rite français, le Grand Orient, une série de balivernes à crever de rire.

Puis, qu'est-ce qu'ils veulent ? Se secourir mutuellement en se chatouillant le fond de la main ? Je n'y vois pas de mal. Ils ont mis en pratique le précepte chrétien : « Secourez-vous les uns les autres. » La seule différence consiste dans le chatouillement. Mais, est-ce la peine de faire tant de cérémonies pour prêter cent sous à un pauvre diable ? Les religieux, pour qui l'aumône et le secours sont un devoir et un métier, tracent en tête de leurs épîtres trois lettres : J. M. J. Les francs-maçons posent trois points en queue de leur nom. Dos à dos, compères.

Mon oncle me répondait : « Justement nous élevons religion contre religion. Nous faisons de la libre pensée l'arme qui tuera le cléricalisme. La franc-maçonnerie est la citadelle où sont enrôlés tous les démolisseurs de divinités. »

Je ripostais : « Mais, mon bon oncle (au fond je disais : "vieille moule"), c'est justement ce que je vous reproche. Au lieu de détruire, vous organisez la concurrence : ça fait baisser les prix, voilà tout. Et puis encore, si vous n'admettiez parmi vous que des libres penseurs, je comprendrais ; mais vous recevez tout le monde. Vous avez des catholiques en masse, même des chefs du parti. Pie IX fut des vôtres, avant d'être pape. Si vous appelez une société ainsi composée une citadelle contre le cléricalisme, je la trouve faible, votre citadelle. »

Alors, mon oncle, clignant de l'œil, ajoutait : « Notre véritable action, notre action la plus formidable a lieu en politique. Nous sapons, d'une façon continue et sûre, l'esprit monarchique. »

Cette fois j'éclatais. « Ah ! oui, vous êtes des malins ! Si vous me dites que la franc-maçonnerie est une usine à élections, je vous l'accorde ; qu'elle sert de machine à faire voter pour les candidats de toute nuance, je ne le nierai jamais ; qu'elle n'a d'autre fonction que de berner le bon peuple, de l'enrégimenter pour le faire aller à l'urne comme on envoie au feu les soldats, je serai de votre avis ; qu'elle est utile, indispensable même à toutes les ambitions politiques parce qu'elle change chacun de ses membres en agent électoral, je vous crierai : "C'est clair comme le soleil !" Mais si vous me prétendez qu'elle sert à saper l'esprit monarchique, je vous ris au nez.

« Considérez-moi un peu cette vaste et mystérieuse association démocratique, qui a eu pour grand maître, en France, le prince Napoléon sous l'Empire ; qui a pour grand maître, en Allemagne, le prince héritier ; en Russie le frère du tzar ; dont font partie le roi Humbert et le prince de Galles ; et toutes les caboches couronnées du globe ! »

Cette fois mon oncle me glissait dans l'oreille : « C'est vrai ; mais tous ces princes servent nos projets sans s'en douter.

– Et réciproquement, n'est-ce pas ? »

Et j'ajoutais en moi : « Tas de niais ! »

Et il fallait voir mon oncle Sosthène offrir à dîner à un franc-maçon.

Ils se rencontraient d'abord et se touchaient les mains avec un air mystérieux tout à fait drôle, on voyait qu'ils se livraient à une série de pressions secrètes. Quand je voulais mettre mon oncle en fureur, je n'avais qu'à lui rappeler que les chiens aussi ont une manière toute franc-maçonnique de se reconnaître.

Puis mon oncle emmenait son ami dans les coins, comme pour lui confier des choses considérables ; puis, à table, face à face, ils avaient une façon de se considérer, de croiser leurs regards, de boire avec un coup d'œil comme pour se répéter sans cesse : « Nous en sommes, hein ! »

Et penser qu'ils sont ainsi des millions sur la terre qui s'amusent à ces simagrées ! J'aimerais encore mieux être jésuite.

Or il y avait dans notre ville un vieux jésuite qui était la bête noire de mon oncle Sosthène. Chaque fois qu'il le rencontrait ou seulement s'il l'apercevait de loin, il murmurait : « Crapule, va ! » Puis, me prenant le bras, il me confiait dans l'oreille : « Tu verras que ce gredin-là me fera du mal un jour ou l'autre. Je le sens. »

Mon oncle disait vrai. Et voici comment l'accident se produisit par ma faute.

Nous approchions de la semaine sainte. Alors, mon oncle eut l'idée d'organiser un dîner gras pour le vendredi, mais un vrai dîner, avec andouille et cervelas. Je résistai tant que je pus ; je disais : « Je ferai gras comme toujours ce jour-là, mais tout seul, chez moi. C'est idiot, votre manifestation. Pourquoi manifester ? En quoi cela vous gêne-t-il que des gens ne mangent pas de viande ? »

Mais mon oncle tint bon. Il invita trois amis dans le premier restaurant de la ville ; et comme c'était lui qui payait, je ne refusai pas non plus de manifester.

Dès quatre heures, nous occupions une place en vue au café Pénélope, le mieux fréquenté, et mon oncle Sosthène, d'une voix forte, racontait notre menu.

À six heures on se mit à table. À dix heures on mangeait encore et nous avions bu, à cinq, dix-huit bouteilles de vin fin, plus quatre de champagne. Alors mon oncle proposa ce qu'il appelait la « tournée de l'archevêque ». On plaçait en ligne, devant soi, six petits verres qu'on remplissait avec des liqueurs différentes ; puis il les fallait vider coup sur coup pendant qu'un des assistants comptait jusqu'à vingt. C'était stupide ; mais mon oncle Sosthène trouvait cela « de circonstance ».

À onze heures, il était gris comme un chantre. Il le fallut emporter en voiture et mettre au lit, et déjà on pouvait prévoir que sa manifestation anticléricale allait tourner en une épouvantable indigestion.

Comme je rentrais à mon logis, gris moi-même, mais d'une ivresse gaie, une idée machiavélique, et qui satisfaisait tous mes instincts de scepticisme, me traversa la tête.

Je rajustai ma cravate, je pris un air désespéré, et j'allai sonner comme un furieux à la porte du vieux jésuite. Il était sourd ; il me fit attendre. Mais comme j'ébranlais toute la maison à coups de pied, il parut enfin, en bonnet de coton, à sa fenêtre, et demanda : « Qu'est-ce qu'on me veut ? »

Je criai : « Vite, vite, mon révérend père, ouvrez-moi ; c'est un malade désespéré qui réclame votre saint ministère ! »

Le pauvre bonhomme passa tout de suite un pantalon et descendit sans soutane. Je lui racontai d'une voix haletante, que mon oncle, le libre penseur, saisi soudain d'un malaise terrible qui faisait prévoir une très grave maladie, avait été pris d'une grande peur de la mort, et qu'il désirait le voir, causer avec lui, écouter ses conseils, connaître mieux les croyances, se rapprocher de l'Église, et, sans doute, se confesser, puis communier, pour franchir, en paix avec lui-même, le redoutable pas.

Et j'ajoutai d'un ton frondeur : « Il le désire, enfin. Si cela ne lui fait pas de bien cela ne lui fera toujours pas de mal. »

Le vieux jésuite, effaré, ravi, tout tremblant, me dit : « Attendez-moi une minute, mon enfant, je viens. » Mais j'ajoutai : « Pardon, mon révérend père, je ne vous accompagnerai pas, mes convictions ne me le permettent point. J'ai même refusé de venir vous chercher ; aussi je vous prierai de ne pas avouer que vous m'avez vu, mais de vous dire prévenu de la maladie de mon oncle par une espèce de révélation. »

Le bonhomme y consentit et s'en alla, d'un pas rapide, sonner à la porte de mon oncle Sosthène. La servante qui soignait le malade ouvrit bientôt et je vis la soutane noire disparaître dans cette forteresse de la libre pensée.

Je me cachai sous une porte voisine pour attendre l'événement. Bien portant, mon oncle eût assommé le jésuite, mais je le savais incapable de remuer un bras, et je me demandais avec une joie délirante quelle invraisemblable scène allait se jouer entre ces deux antagonistes ? Quelle lutte ?

quelle explication ? quelle stupéfaction ? quel brouillamini ? et quel dénouement à cette situation sans issue, que l'indignation de mon oncle rendrait plus tragique encore !

Je riais tout seul à me tenir les côtes ; je me répétais à mi-voix : « Ah ! la bonne farce, la bonne farce ! »

Cependant il faisait froid, et je m'aperçus que le jésuite restait bien longtemps. Je me disais : « Ils s'expliquent. »

Une heure passa, puis deux, puis trois. Le révérend père ne sortait point. Qu'était-il arrivé ? Mon oncle était-il mort de saisissement en le voyant ? Ou bien avait-il tué l'homme en soutane ? Ou bien s'étaient-ils entre-mangés ? Cette dernière supposition me sembla peu vraisemblable, mon oncle me paraissant en ce moment incapable d'absorber un gramme de nourriture de plus. Le jour se leva.

Inquiet, et n'osant pas entrer à mon tour, je me rappelai qu'un de mes amis demeurait juste en face. J'allai chez lui ; je lui dis la chose, qui l'étonna et le fit rire, et je m'embusquai à sa fenêtre.

À neuf heures, il prit ma place, et je dormis un peu. À deux heures, je le remplaçai à mon tour. Nous étions démesurément troublés.

À six heures, le jésuite sortit d'un air pacifique et satisfait, et nous le vîmes s'éloigner d'un pas tranquille.

Alors honteux et timide, je sonnai à mon tour à la porte de mon oncle. La servante parut. Je n'osai l'interroger et je montai, sans rien dire.

Mon oncle Sosthène, pâle, défait, abattu, l'œil morne, les bras inertes, gisait dans son lit. Une petite image de piété était piquée au rideau avec une épingle.

On sentait fortement l'indigestion dans la chambre.

Je dis : « Eh bien, mon oncle, vous êtes couché ? Ça ne va donc pas ? »

Il répondit d'une voix accablée : « Oh ! mon pauvre enfant, j'ai été bien malade, j'ai failli mourir.

– Comment ça, mon oncle ?

– Je ne sais pas ; c'est bien étonnant. Mais ce qu'il y a de plus étrange, c'est que le père jésuite qui sort d'ici, tu sais, ce brave homme que je ne pouvais souffrir, eh bien, il a eu une révélation de mon état, et il est venu me trouver. »

Je fus pris d'un effroyable besoin de rire. « Ah ! vraiment ?

– Oui, il est venu. Il a entendu une voix qui lui disait de se lever et de venir parce que j'allais mourir. C'est une révélation. »

Je fis semblant d'éternuer pour ne pas éclater. J'avais envie de me rouler par terre.

Au bout d'une minute, je repris d'un ton indigné, malgré des fusées de gaieté : « Et vous l'avez reçu, mon oncle, vous ? un libre penseur ? un franc-maçon ? Vous ne l'avez pas jeté dehors ? »

Il parut confus, et balbutia : « Écoute donc, c'était si étonnant, si étonnant, si providentiel ! Et puis il m'a parlé de mon père. Il a connu mon père autrefois.

– Votre père, mon oncle ?

– Oui, il paraît qu'il a connu mon père.

– Mais ce n'est pas une raison pour recevoir un jésuite.

– Je le sais bien, mais j'étais malade, si malade ! Et il m'a soigné avec un grand dévouement toute la nuit. Il a été parfait. C'est lui qui m'a sauvé. Ils sont un peu médecins, ces gens-là.

– Ah ! il vous a soigné toute la nuit. Mais vous m'avez dit tout de suite qu'il sortait seulement d'ici.

– Oui, c'est vrai. Comme il s'était montré excellent à mon égard, je l'ai gardé à déjeuner. Il a mangé là auprès de mon lit, sur une petite table, pendant que je prenais une tasse de thé.

– Et... il a fait gras ? »

Mon oncle eut un mouvement froissé, comme si je venais de commettre une grosse inconvenance, et il ajouta :

« Ne plaisante pas, Gaston, il y a des railleries déplacées. Cet homme m'a été en cette occasion plus dévoué qu'aucun parent ; j'entends qu'on respecte ses convictions. »

Cette fois, j'étais atterré ; je répondis néanmoins : « Très bien, mon oncle. Et après le déjeuner, qu'avez-vous fait ?

– Nous avons joué une partie de bésigue, puis il a dit son bréviaire, pendant que je lisais un petit livre qu'il avait sur lui, et qui n'est pas mal écrit du tout.

– Un livre pieux, mon oncle ?

– Oui et non, ou plutôt non, c'est l'histoire de leurs missions dans l'Afrique centrale. C'est plutôt un livre de voyage et d'aventures. C'est très beau ce qu'ils ont fait là, ces hommes. »

Je commençais à trouver que ça tournait mal. Je me levai : « Allons, adieu, mon oncle, je vois que vous quittez la franc-maçonnerie pour la religion. Vous êtes un renégat. »

Il fut encore un peu confus et murmura : « Mais la religion est une espèce de franc-maçonnerie. »

Je demandai : « Quand revient-il, votre jésuite ? »

Mon oncle balbutia : « Je... je ne sais pas, peut-être demain... ce n'est pas sûr. »

Et je sortis absolument abasourdi.

Elle a mal tourné, ma farce ! Mon oncle est converti radicalement. Jusque-là, peu m'importait. Clérical ou franc-maçon, pour moi, c'est bonnet blanc et blanc bonnet ; mais le pis, c'est qu'il vient de tester, oui, de tester et de me déshériter, monsieur, en faveur du père jésuite.

Un Normand

À Paul Alexis

NOUS VENIONS DE SORTIR de Rouen et nous suivions au grand trot la route de Jumièges. La légère voiture filait, traversant les prairies ; puis le cheval se mit au pas pour monter la côte de Canteleu.

C'est là un des horizons les plus magnifiques qui soient au monde. Derrière nous Rouen, la ville aux églises, aux clochers gothiques, travaillés comme des bibelots d'ivoire ; en face, Saint-Sever, le faubourg aux manufactures qui dresse ses mille cheminées fumantes sur le grand ciel vis-à-vis des mille clochetons sacrés de la vieille cité.

Ici la flèche de la cathédrale, le plus haut sommet des monuments humains ; et là-bas, la « Pompe à feu » de la « Foudre », sa rivale presque aussi démesurée, et qui passe d'un mètre la plus géante des pyramides d'Égypte.

Devant nous la Seine se déroulait, ondulante, semée d'îles, bordée à droite de blanches falaises que couronnait une forêt, à gauche de prairies immenses qu'une autre forêt limitait, là-bas, tout là-bas.

De place en place, des grands navires à l'ancre le long des berges du large fleuve. Trois énormes vapeurs s'en allaient, à la queue leu leu, vers Le Havre ; et un chapelet de bâtiments, formé d'un trois-mâts, de deux goélettes et d'un brick, remontait vers Rouen, traîné par un petit remorqueur vomissant un nuage de fumée noire.

Mon compagnon, né dans le pays, ne regardait même point ce surprenant paysage, mais il souriait sans cesse ; il semblait rire en lui-même. Tout à coup, il éclata : « Ah ! vous allez voir quelque chose de drôle : la chapelle au père Mathieu. Ça, c'est du nanan, mon bon. »

Je le regardai d'un œil étonné. Il reprit :

Je vais vous faire sentir un fumet de Normandie qui vous restera dans le nez. Le père Mathieu est le plus beau Normand de la province, et sa chapelle une des merveilles du monde, ni plus ni moins ; mais je vais vous donner d'abord quelques mots d'explication.

Le père Mathieu, qu'on appelle aussi le père La Boisson, est un ancien sergent-major revenu dans son village natal. Il unit en des proportions admirables pour faire un ensemble parfait la blague du vieux soldat à la malice finaude du Normand. De retour au pays, il est devenu, grâce à des protections multiples et à des habiletés invraisemblables, gardien d'une chapelle miraculeuse, une chapelle protégée par la Vierge et fréquentée principalement par les filles enceintes. Il a baptisé sa statue merveilleuse : « Notre-Dame-du-Gros-Ventre », et il la traite avec une certaine familiarité goguenarde qui n'exclut point le respect. Il a composé lui-même et fait imprimer une prière spéciale pour sa BONNE VIERGE. Cette prière est un chef-d'œuvre d'ironie involontaire, d'esprit normand où la raillerie se mêle à la peur du SAINT, à la peur superstitieuse de l'influence secrète de quelque chose. Il ne croit pas beaucoup à sa patronne ; cependant il y croit un peu, par prudence, et il la ménage, par politique.

Voici le début de cette étonnante oraison :

« Notre bonne madame la Vierge Marie, patronne naturelle des filles mères en ce pays et par toute la terre, protégez votre servante qui a fauté dans un moment d'oubli. »

. . . .

Cette supplique se termine ainsi :

« Ne m'oubliez pas surtout auprès de votre saint Époux et intercédez auprès de Dieu le Père, pour qu'il m'accorde un bon mari semblable au vôtre. »

Cette prière, interdite par le clergé de la contrée, est vendue par lui sous le manteau, et elle passe pour salutaire à celles qui la récitent avec onction.

En somme, il parle de la bonne Vierge, comme faisait de son maître le valet de chambre d'un prince redouté, confident de tous les petits secrets intimes. Il sait sur son compte une foule d'histoires amusantes, qu'il dit tout bas, entre amis, après boire.

Mais vous verrez par vous-même.

Comme les revenus fournis par la patronne ne lui semblaient point suffisants, il a annexé à la Vierge principale un petit commerce de saints. Il les tient tous ou presque tous. La place manquant dans la chapelle, il les a emmagasinés au bûcher, d'où il les sort sitôt qu'un fidèle les demande. Il a façonné lui-même ces statuettes de bois, invraisemblablement comiques, et les a peintes toutes en vert à pleine couleur, une année qu'on badigeonnait sa maison. Vous savez que les saints guérissent les maladies, mais chacun a sa spécialité ; et il ne faut pas commettre de confusion ni d'erreurs. Ils sont jaloux les uns des autres comme des cabotins.

Pour ne pas se tromper, les vieilles bonnes femmes viennent consulter Mathieu.

« Pour les maux d'oreilles, qué saint qu'est l' meilleur ?

– Mais y a saint Osyme qu'est bon ; y a aussi saint Pamphile qu'est pas mauvais. »

Ce n'est pas tout.

Comme Mathieu a du temps de reste, il boit ; mais il boit en artiste, en convaincu, si bien qu'il est gris régulièrement tous les soirs. Il est gris, mais il le sait ; il le sait si bien qu'il note, chaque jour, le degré exact de son ivresse. C'est là sa principale occupation ; la chapelle ne vient qu'après.

Et il a inventé, écoutez bien et cramponnez-vous, il a inventé le soûlomètre.

L'instrument n'existe pas, mais les observations de Mathieu sont aussi précises que celles d'un mathématicien.

Vous l'entendez dire sans cesse : « D'puis lundi, j'ai pas passé quarante-cinq. »

Ou bien : « J'étais entre cinquante-deux et cinquante-huit. »

Ou bien : « J'en avais bien soixante-six à soixante-dix. »

Ou bien : « Cré coquin, je m' croyais dans les cinquante, v'là que j' m'aperçois qu' j'étais dans les soixante-quinze ! »

Jamais il ne se trompe.

Il affirme n'avoir pas atteint le mètre, mais comme il avoue que ses observations cessent d'être précises quand il a passé quatre-vingt-dix, on ne peut se fier absolument à son affirmation.

Quand Mathieu reconnaît avoir passé quatre-vingt-dix, soyez tranquille, il était crânement gris.

Dans ces occasions-là, sa femme, Mélie, une autre merveille, se met en des colères folles. Elle l'attend sur sa porte, quand il rentre, et elle hurle : « Te voilà, salaud, cochon, bougre d'ivrogne ! »

Alors Mathieu, qui ne rit plus, se campe en face d'elle, et, d'un ton sévère : « Tais-toi, Mélie, c'est pas le moment de causer. Attends à d'main. »

Si elle continue à vociférer, il s'approche et, la voix tremblante : « Gueule plus ; j' suis dans les quatre-vingt-dix, je n' mesure plus ; j' vas cogner, prends garde ! »

Alors Mélie bat en retraite.

Si elle veut, le lendemain, revenir sur ce sujet, il lui rit au nez et répond : « Allons, allons ! assez causé ; c'est passé. Tant qu' j'aurai pas atteint le mètre, y a pas de mal. Mais, si j' passe le mètre, j' te permets de m' corriger, ma parole ! »

Nous avions gagné le sommet de la côte. La route s'enfonçait dans l'admirable forêt de Roumare.

L'automne, l'automne merveilleux, mêlait son or et sa pourpre aux dernières verdures restées vives, comme si des gouttes de soleil fondu avaient coulé du ciel dans l'épaisseur des bois.

On traversa Duclair, puis, au lieu de continuer sur Jumièges, mon ami tourna vers la gauche et, prenant un chemin de traverse, s'enfonça dans les taillis.

Et bientôt, du sommet d'une grande côte nous

découvrions de nouveau la magnifique vallée de la Seine, et le fleuve tortueux s'allongeant à nos pieds.

Sur la droite, un tout petit bâtiment couvert d'ardoises et surmonté d'un clocher haut comme une ombrelle s'adossait contre une jolie maison aux persiennes vertes, toute vêtue de chèvrefeuilles et de rosiers.

Une grosse voix cria : « V'là des amis ! » Et Mathieu parut sur le seuil. C'était un homme de soixante ans, maigre, portant la barbiche et de longues moustaches blanches.

Mon compagnon lui serra la main, me présenta, et Mathieu nous fit entrer dans une fraîche cuisine qui lui servait aussi de salle. Il disait :

« Moi, monsieur, j' n'ai pas d'appartement distingué. J'aime bien à n' point m'éloigner du fricot. Les casseroles, voyez-vous, ça tient compagnie. »

Puis, se tournant vers mon ami :

« Pourquoi venez-vous un jeudi ? Vous savez bien que c'est jour de consultation d' ma patronne. J' peux pas sortir c't' après-midi. »

Et, courant à la porte, il poussa un effroyable beuglement : « Mélie-e-e ! » qui dut faire lever la tête aux matelots des navires qui descendaient ou remontaient le fleuve, là-bas, tout au fond de la creuse vallée.

Mélie ne répondit point.

Alors Mathieu cligna de l'œil avec malice.

« A n'est pas contente après moi, voyez-vous, parce qu'hier je m' suis trouvé dans les quatre-vingt-dix. »

Mon voisin se mit à rire : « Dans les quatre-vingt-dix, Mathieu ! Comment avez-vous fait ? »

Mathieu répondit :

« J' vas vous dire. J' n'ai trouvé, l'an dernier,

qu' vingt rasières d' pommes d'abricot. Y n'y en a pu ; mais pour faire du cidre y n'y a qu' ça. Donc j'en fis une pièce qu' je mis hier en perce. Pour du nectar, c'est du nectar ; vous m'en direz des nouvelles. J'avais ici Polyte ; j' nous mettons à boire un coup, et puis encore un coup, sans s' rassasier (on en boirait jusqu'à d'main), si bien que, d' coup en coup, je m' sens une fraîcheur dans l'estomac. J' dis à Polyte : "Si on buvait un verre de fine pour se réchauffer !" Y consent. Mais c'te fine, ça vous met l' feu dans l' corps, si bien qu'il a fallu r'venir au cidre. Mais v'là que d' fraîcheur en chaleur et d' chaleur en fraîcheur, j' m'aperçois que j' suis dans les quatre-vingt-dix. Polyte était pas loin du mètre. »

La porte s'ouvrit. Mélie parut, et tout de suite, avant de nous avoir dit bonjour : « ... Crés cochons, vous aviez bien l' mètre tous les deux. »

Alors Mathieu se fâcha : « Dis pas ça, Mélie, dis pas ça, j'ai jamais été au mètre. »

On nous fit un déjeuner exquis, devant la porte, sous deux tilleuls, à côté de la petite chapelle de « Notre-Dame-du-Gros-Ventre » et en face de l'immense paysage. Et Mathieu nous raconta, avec une raillerie mêlée de crédulités inattendues, d'invraisemblables histoires de miracles.

Nous avions bu beaucoup de ce cidre adorable, piquant et sucré, frais et grisant qu'il préférait à tous les liquides ; et nous fumions nos pipes, à cheval sur nos chaises, quand deux bonnes femmes se présentèrent.

Elles étaient vieilles, sèches, courbées. Après avoir salué, elles demandèrent saint Blanc. Mathieu cligna de l'œil vers nous et répondit :

« J' vas vous donner ça. »

Et il disparut dans son bûcher.

Il y resta bien cinq minutes ; puis il revint avec une figure consternée. Il levait les bras :

« J' sais pas ousqu'il est, je l' trouve pu ; j' suis pourtant sûr que je l'avais. »

Alors, faisant de ses mains un porte-voix, il mugit de nouveau : « Mélie-e-e ! » Du fond de la cour sa femme répondit :

« Qu'é qu'y a ?

– Ousqu'il est saint Blanc ? Je l' trouve pu dans l' bûcher. »

Alors, Mélie jeta cette explication :

« C'est-y pas celui qu' t'as pris l'aut'e semaine pour boucher l' trou d' la cabine à lapins ? »

Mathieu tressaillit : « Nom d'un tonnerre, ça s' peut bien ! »

Alors il dit aux femmes : « Suivez-moi. »

Elles suivirent. Nous en fîmes autant, malades de rires étouffés.

En effet, saint Blanc, piqué en terre comme un simple pieu, maculé de boue et d'ordures, servait d'angle à la cabine à lapins.

Dès qu'elles l'aperçurent, les deux bonnes femmes tombèrent à genoux, se signèrent et se mirent à murmurer des orémus. Mais Mathieu se précipita : « Attendez, vous v'là dans la crotte ; j' vas vous donner une botte de paille. »

Il alla chercher la paille et leur en fit un prie-Dieu. Puis, considérant son saint fangeux, et, craignant sans doute un discrédit pour son commerce, il ajouta :

« J' vas vous l' débrouiller un brin. »

Il prit un seau d'eau, une brosse et se mit à laver vigoureusement le bonhomme de bois, pendant que les deux vieilles priaient toujours.

Puis, quand il eut fini, il ajouta : « Maintenant il n'y a plus d' mal. » Et il nous ramena boire un coup.

Comme il portait le verre à sa bouche, il s'arrêta, et, d'un air un peu confus : « C'est égal, quand j'ai mis saint Blanc aux lapins, j' croyais bien qu' i n' f'rait pu d'argent. Y avait deux ans qu'on n' le d'mandait plus. Mais les saints, voyez-vous, ça n' passe jamais. »

Il but et reprit :

« Allons, buvons encore un coup. Avec des amis y n' faut pas y aller à moins d' cinquante ; et j' n'en sommes seulement pas à trente-huit. »

La relique

Monsieur l'abbé Louis d'Ennemare,
à Soissons.

MON CHER ABBÉ,

Voici mon mariage avec ta cousine rompu, et de la façon la plus bête, pour une mauvaise plaisanterie que j'ai faite presque involontairement à ma fiancée.

J'ai recours à toi, mon vieux camarade, dans l'embarras où je me trouve ; car tu peux me tirer d'affaire. Je t'en serai reconnaissant jusqu'à la mort.

Tu connais Gilberte, ou plutôt tu crois la connaître ; mais connaît-on jamais les femmes ? Toutes leurs opinions, leurs croyances, leurs idées sont à surprises. Tout cela est plein de détours, de retours, d'imprévu, de raisonnements insaisissables, de logique à rebours, d'entêtements qui semblent définitifs et qui cèdent parce qu'un petit oiseau est venu se poser sur le bord d'une fenêtre.

Je n'ai pas à t'apprendre que ta cousine est religieuse à l'extrême, élevée par les Dames blanches ou noires de Nancy.

Cela, tu le sais mieux que moi. Ce que tu ignores sans doute, c'est qu'elle est exaltée en tout comme en dévotion. Sa tête s'envole à la façon d'une feuille cabriolant dans le vent ; et elle est femme, ou plutôt jeune fille, plus qu'aucune autre, tout de suite attendrie ou fâchée, partant au galop pour l'affection comme pour la haine, et revenant de la même façon ; et jolie... comme tu sais ; et charmeuse plus qu'on ne peut dire... et comme tu ne sauras jamais.

Donc nous étions fiancés ; je l'adorais comme je l'adore encore. Elle semblait m'aimer.

Un soir je reçus une dépêche qui m'appelait à Cologne pour une consultation suivie peut-être d'une opération grave et difficile. Comme je devais partir le lendemain, je courus faire mes adieux à Gilberte et dire pourquoi je ne dînerais point chez mes futurs beaux-parents le mercredi, mais seulement le vendredi, jour de mon retour. Oh ! prends garde aux vendredis, je t'assure qu'ils sont funestes !

Quand je parlai de mon départ, je vis une larme dans ses yeux ; mais quand j'annonçai ma prochaine revenue, elle battit aussitôt des mains et s'écria : « Quel bonheur ! vous me rapporterez quelque chose ; presque rien, un simple souvenir ; mais un souvenir choisi pour moi. Il faut découvrir ce qui me fera le plus de plaisir, entendez-vous ? Je verrai si vous avez de l'imagination. »

Elle réfléchit quelques secondes, puis ajouta : « Je vous défends d'y mettre plus de vingt francs. Je veux être touchée par l'intention, par l'invention, monsieur, non par le prix. » Puis, après un nouveau silence, elle dit à mi-voix, les yeux baissés : « Si cela ne vous coûte rien, comme argent, et si c'est bien ingénieux, bien délicat, je vous... je vous embrasserai. »

J'étais à Cologne le lendemain. Il s'agissait d'un accident affreux qui mettait au désespoir une famille entière. Une amputation était urgente. On me logea, on m'enferma presque ; je ne vis que des gens en larmes qui m'assourdissaient ; j'opérai un moribond qui faillit trépasser entre mes mains ; je restai deux nuits près de lui ; puis, quand j'aperçus une chance de salut, je me fis conduire à la gare.

Or je m'étais trompé, j'avais une heure à perdre. J'errais par les rues en songeant encore à mon pauvre malade, quand un individu m'aborda.

Je ne sais pas l'allemand, il ignorait le français ; enfin je compris qu'il me proposait des reliques. Le souvenir de Gilberte me traversa le cœur ; je connaissais sa dévotion fanatique. Voilà mon cadeau trouvé. Je suivis l'homme dans un magasin d'objets de sainteté, et je pris un « bétit morceau d'un os des once mille fierges ».

La prétendue relique était enfermée dans une charmante boîte en vieil argent qui décida mon choix.

Je mis l'objet dans ma poche et je montai dans mon wagon.

En rentrant chez moi, je voulus examiner de nouveau mon achat. Je le pris... La boîte s'était ouverte, la relique était perdue ! J'eus beau fouiller ma poche, la retourner ; le petit os, gros comme la moitié d'une épingle, avait disparu.

Je n'ai, tu le sais, mon cher abbé, qu'une foi moyenne ; tu as la grandeur d'âme, l'amitié, de tolérer ma froideur, et de me laisser libre, attendant l'avenir, dis-tu ; mais je suis absolument incrédule aux reliques des brocanteurs en piété et tu partages mes doutes absolus à cet égard. Donc, la perte de cette parcelle de carcasse de mouton ne me désola point ; et je me procurai, sans peine, un fragment analogue que je collai soigneusement dans l'intérieur de mon bijou.

Et j'allai chez ma fiancée.

Dès qu'elle me vit entrer, elle s'élança devant moi, anxieuse et souriante : « Qu'est-ce que vous m'avez rapporté ? »

Je fis semblant d'avoir oublié ; elle ne me crut pas. Je me laissai prier, supplier même, et quand je la sentis éperdue de curiosité, je lui offris le saint médaillon. Elle demeura saisie de joie. « Une relique ! Oh ! une relique ! » Et elle baisait passionnément la boîte. J'eus honte de ma supercherie.

Mais une inquiétude l'effleura, qui devint aussitôt une crainte horrible, et, me fixant au fond des yeux :

« Êtes-vous bien sûr qu'elle soit authentique ?

– Absolument certain.

– Comment cela ? »

J'étais pris. Avouer que j'avais acheté cet ossement à un marchand courant les rues, c'était me perdre. Que dire ? Une idée folle me traversa l'esprit ; je répondis à voix basse, d'un ton mystérieux :

« Je l'ai volée, pour vous. »

Elle me contempla avec ses grands yeux émerveillés et ravis. « Oh ! vous l'avez volée. Où ça ? – Dans la cathédrale, dans la châsse même des onze mille vierges. » Son cœur battait ; elle défaillait de bonheur ; elle murmura :

« Oh ! vous avez fait cela... pour moi... Racontez... dites-moi tout ! »

C'était fini, je ne pouvais plus reculer. J'inventai une histoire fantastique avec des détails précis et surprenants. J'avais donné cent francs au gardien de l'édifice pour le visiter seul ; la châsse était en réparation ; mais je tombais juste à l'heure du déjeuner des ouvriers et du clergé ; en enlevant un panneau que je recollai ensuite soigneusement, j'avais pu saisir un petit os (oh ! si petit) au milieu d'une quantité d'autres (je dis une quantité en songeant à ce que doivent produire les débris de onze mille squelettes de vierges). Puis je m'étais rendu chez un orfèvre et j'avais acheté un bijou digne de la relique.

Je n'étais pas fâché de lui faire savoir que le médaillon m'avait coûté cinq cents francs.

Mais elle ne songeait guère à cela ; elle m'écoutait frémissante, en extase. Elle murmura : « Comme je vous aime ! » et se laissa tomber dans mes bras.

Remarque ceci : j'avais commis, pour elle, un sacrilège. J'avais volé ; j'avais violé une église, violé une châsse ; violé et volé des reliques sacrées. Elle m'adorait pour cela ; me trouvait tendre, parfait, divin. Telle est la femme, mon cher abbé, toute la femme.

Pendant deux mois, je fus le plus admirable des fiancés. Elle avait organisé dans sa chambre une sorte de chapelle magnifique pour y placer cette parcelle de côtelette qui m'avait fait accomplir, croyait-elle, ce divin crime d'amour ; et elle s'exaltait là-devant, soir et matin.

Je l'avais priée du secret, par crainte, disais-je, de me voir arrêté, condamné, livré à l'Allemagne. Elle m'avait tenu parole.

Or, voilà qu'au commencement de l'été, un désir fou lui vint de voir le lieu de mon exploit. Elle pria tant et si bien son père (sans lui avouer sa raison secrète) qu'il l'emmena à Cologne en me cachant cette excursion, selon le désir de sa fille.

Je n'ai pas besoin de te dire que je n'ai pas vu la cathédrale à l'intérieur. J'ignore où est le tombeau (s'il y a tombeau ?) des onze mille vierges. Il paraît que ce sépulcre est inabordable, hélas !

Je reçus, huit jours après, dix lignes me rendant ma parole ; plus une lettre explicative du père, confident tardif.

À l'aspect de la châsse, elle avait compris soudain ma supercherie, mon mensonge, et, en même temps, ma réelle innocence. Ayant demandé au gardien des reliques si aucun vol n'avait été commis, l'homme s'était mis à rire en démontrant l'impossibilité d'un semblable attentat.

Mais du moment que je n'avais pas fracturé un lieu sacré et plongé ma main profane au milieu de restes vénérables, je n'étais plus digne de ma blonde et délicate fiancée.

On me défendit l'entrée de la maison. J'eus beau prier, supplier, rien ne put attendrir la belle dévote.

Je fus malade de chagrin.

Or, la semaine dernière, sa cousine, qui est aussi la tienne, Mme d'Arville, me fit prier de la venir trouver.

Voici les conditions de mon pardon. Il faut que j'apporte une relique, une vraie, authentique, certifiée par notre saint-père le pape, d'une vierge et martyre quelconque.

Je deviens fou d'embarras et d'inquiétude.

J'irai à Rome, s'il le faut. Mais je ne puis me présenter au pape à l'improviste et lui raconter ma sotte aventure. Et puis je doute qu'on confie aux particuliers des reliques véritables.

Ne pourrais-tu me recommander à quelque monsignor, ou seulement à quelque prélat français, propriétaire de fragments d'une sainte ? Toi-même, n'aurais-tu pas en tes collections le précieux objet réclamé ?

Sauve-moi, mon cher abbé, et je te promets de me convertir dix ans plus tôt !

Mme d'Arville, qui prend la chose au sérieux, m'a dit : « Cette pauvre Gilberte ne se mariera jamais. »

Mon bon camarade, laisseras-tu ta cousine mourir victime d'une stupide fumisterie ? Je t'en supplie, fais qu'elle ne soit pas la onze mille et unième.

Pardonne, je suis indigne ; mais je t'embrasse et je t'aime de tout mon cœur.

Ton vieil ami,
Henri Fontal.

Ce cochon de Morin

À M. Oudinot

1

« Ça, mon ami, dis-je à Labarbe, tu viens encore de prononcer ces quatre mots, “ce cochon de Morin”. Pourquoi, diable, n'ai-je jamais entendu parler de Morin sans qu'on le traitât de “cochon” ? »

Labarbe, aujourd'hui député, me regarda avec des yeux de chat-huant. « Comment, tu ne sais pas l'histoire de Morin, et tu es de La Rochelle ? »

J'avouai que je ne savais pas l'histoire de Morin. Alors Labarbe se frotta les mains et commença son récit.

« Tu as connu Morin, n'est-ce pas, et tu te rappelles son grand magasin de mercerie sur le quai de La Rochelle ?

– Oui, parfaitement.

– Eh bien, sache qu'en 1862 ou 63 Morin alla passer quinze jours à Paris, pour son plaisir, ou ses plaisirs, mais sous prétexte de renouveler ses approvisionnements. Tu sais ce que sont, pour un commerçant de province, quinze jours de Paris.

Cela vous met le feu dans le sang. Tous les soirs des spectacles, des frôlements de femmes, une continuelle excitation d'esprit. On devient fou. On ne voit plus que danseuses en maillot, actrices décolletées, jambes rondes, épaules grasses, tout cela presque à portée de la main, sans qu'on ose ou qu'on puisse y toucher. C'est à peine si on goûte, une fois ou deux, à quelques mets inférieurs. Et l'on s'en va, le cœur encore tout secoué, l'âme émoustillée, avec une espèce de démangeaison de baisers qui vous chatouillent les lèvres. »

Morin se trouvait dans cet état, quand il prit son billet pour La Rochelle par l'express de huit heures quarante du soir. Et il se promenait plein de regrets et de trouble dans la grande salle commune du chemin de fer d'Orléans, quand il s'arrêta net devant une jeune femme qui embrassait une vieille dame. Elle avait relevé sa voilette, et Morin, ravi, murmura : « Bigre, la belle personne ! »

Quand elle eut fait ses adieux à la vieille, elle entra dans la salle d'attente, et Morin la suivit ; puis elle passa sur le quai, et Morin la suivit encore ; puis elle monta dans un wagon vide, et Morin la suivit toujours.

Il y avait peu de voyageurs pour l'express. La locomotive siffla ; le train partit. Ils étaient seuls.

Morin la dévorait des yeux. Elle semblait avoir dix-neuf à vingt ans ; elle était blonde, grande, d'allure hardie. Elle roula autour de ses jambes une couverture de voyage, et s'étendit sur les banquettes pour dormir.

Morin se demandait : « Qui est-ce ? » Et mille suppositions, mille projets lui traversaient l'esprit.

Il se disait : « On raconte tant d'aventures de chemin de fer. C'en est une peut-être qui se présente pour moi. Qui sait ? une bonne fortune est si vite arrivée. Il me suffirait peut-être d'être audacieux. N'est-ce pas Danton qui disait : “De l'audace, de l'audace, et toujours de l'audace.” Si ce n'est pas Danton, c'est Mirabeau. Enfin, qu'importe. Oui, mais je manque d'audace, voilà le hic. Oh ! Si on savait, si on pouvait lire dans les âmes ! Je parie qu'on passe tous les jours, sans s'en douter, à côté d'occasions magnifiques. Il lui suffirait d'un geste pourtant pour m'indiquer qu'elle ne demande pas mieux... »

Alors, il supposa des combinaisons qui le conduisaient au triomphe. Il imaginait une entrée en rapport chevaleresque, des petits services qu'il lui rendait, une conversation vive, galante, finissait par une déclaration qui finissait par... par ce que tu penses.

Mais ce qui lui manquait toujours, c'était le début, le prétexte. Et il attendait une circonstance heureuse, le cœur ravagé, l'esprit sens dessus dessous.

La nuit cependant s'écoulait et la belle enfant dormait toujours, tandis que Morin méditait sa chute. Le jour parut, et bientôt le soleil lança son premier rayon, un long rayon clair venu du bout de l'horizon, sur le doux visage de la dormeuse.

Elle s'éveilla, s'assit, regarda la campagne, regarda Morin et sourit. Elle sourit en femme heureuse, d'un air engageant et gai. Morin tressaillit. Pas de doute, c'était pour lui ce sourire-là, c'était bien une invitation discrète, le signal rêvé qu'il attendait. Il voulait dire, ce sourire : « Êtes-vous bête, êtes-vous niais, êtes-vous jobard, d'être resté là, comme un pieu, sur votre siège depuis hier soir.

« Voyons, regardez-moi, ne suis-je pas charmante ? Et vous demeurez comme ça toute une nuit en tête à tête avec une jolie femme sans rien oser, grand sot. »

Elle souriait toujours en le regardant ; elle commençait même à rire ; et il perdait la tête, cherchant un mot de circonstance, un compliment, quelque chose à dire enfin, n'importe quoi. Mais il ne trouvait rien, rien. Alors, saisi d'une audace de poltron, il pensa : « Tant pis, je risque tout » ; et brusquement, sans crier gare, il s'avança, les mains tendues, les lèvres gourmandes, et, la saisissant à pleins bras, il l'embrassa.

D'un bond elle fut debout criant : « Au secours », hurlant d'épouvante. Et elle ouvrit la portière, elle agita ses bras dehors, folle de peur, essayant de sauter, tandis que Morin éperdu, persuadé qu'elle allait se précipiter sur la voie, la retenait par sa jupe en bégayant : « Madame... oh !... madame. »

Le train ralentit sa marche, s'arrêta. Deux employés se précipitèrent aux signaux désespérés de la jeune femme qui tomba dans leurs bras en balbutiant : « Cet homme a voulu... a voulu... me... me... » Et elle s'évanouit.

On était en gare de Mauzé. Le gendarme présent arrêta Morin.

Quand la victime de sa brutalité eut repris connaissance, elle fit sa déclaration. L'autorité verbalisa. Et le pauvre mercier ne put regagner son domicile que le soir, sous le coup d'une poursuite judiciaire pour outrage aux bonnes mœurs dans un lieu public.

2

J'étais alors rédacteur en chef du *Fanal des Charentes* ; et je voyais Morin, chaque soir, au café du Commerce.

Dès le lendemain de son aventure, il vint me trouver, ne sachant que faire. Je ne lui cachai pas mon opinion : « Tu n'es qu'un cochon. On ne se conduit pas comme ça. »

Il pleurait ; sa femme l'avait battu ; et il voyait son commerce ruiné, son nom dans la boue, déshonoré, ses amis, indignés, ne le saluant plus. Il finit par me faire pitié, et j'appelai mon collaborateur Rivet, un petit homme goguenard et de bon conseil, pour prendre ses avis.

Il m'engagea à voir le procureur impérial, qui était de mes amis. Je renvoyai Morin chez lui et je me rendis chez ce magistrat.

J'appris que la femme outragée était une jeune fille, Mlle Henriette Bonnel, qui venait de prendre à Paris ses brevets d'institutrice et qui, n'ayant plus ni père ni mère, passait ses vacances chez son oncle et sa tante, braves petits-bourgeois de Mauzé.

Ce qui rendait grave la situation de Morin, c'est que l'oncle avait porté plainte. Le ministère public consentait à laisser tomber l'affaire si cette plainte était retirée. Voilà ce qu'il fallait obtenir.

Je retournai chez Morin. Je le trouvai dans son lit, malade d'émotion et de chagrin. Sa femme, une grande gaillarde osseuse et barbue, le maltraitait sans repos. Elle m'introduisit dans la chambre en me criant par la figure : « Vous venez voir ce cochon de Morin ? Tenez, le voilà, le coco ! »

Et elle se planta devant le lit, les poings sur les

hanches. J'exposai la situation ; et il me supplia d'aller trouver la famille. La mission était délicate ; cependant je l'acceptai. Le pauvre diable ne cessait de répéter : « Je t'assure que je ne l'ai pas même embrassée, non, pas même. Je te le jure ! »

Je répondis : « C'est égal, tu n'es qu'un cochon. » Et je pris mille francs qu'il m'abandonna pour les employer comme je le jugerais convenable.

Mais comme je ne tenais pas à m'aventurer seul dans la maison des parents, je priai Rivet de m'accompagner. Il y consentit, à la condition qu'on partirait immédiatement, car il avait, le lendemain dans l'après-midi, une affaire urgente à La Rochelle.

Et, deux heures plus tard, nous sonnions à la porte d'une jolie maison de campagne. Une belle jeune fille vint nous ouvrir. C'était elle assurément. Je dis tout bas à Rivet : « Sacrebleu, je commence à comprendre Morin. »

L'oncle, M. Tonnelet, était justement un abonné du *Fanal*, un fervent coreligionnaire politique qui nous reçut à bras ouverts, nous félicita, nous congratula, nous serra les mains, enthousiasmé d'avoir chez lui les deux rédacteurs de son journal. Rivet me souffla dans l'oreille : « Je crois que nous pourrons arranger l'affaire de ce cochon de Morin. »

La nièce s'était éloignée ; et j'abordai la question délicate. J'agitai le spectre du scandale ; je fis valoir la dépréciation inévitable que subirait la jeune personne après le bruit d'une pareille affaire ; car on ne croirait jamais à un simple baiser.

Le bonhomme semblait indécis ; mais il ne pouvait rien décider sans sa femme qui ne rentrerait que tard dans la soirée. Tout à coup il poussa un cri de triomphe : « Tenez, j'ai une idée excellente. Je vous tiens, je vous garde. Vous allez dîner et coucher ici tous les deux ; et, quand ma femme sera revenue, j'espère que nous nous entendrons. »

Rivet résistait ; mais le désir de tirer d'affaire ce cochon de Morin le décida ; et nous acceptâmes l'invitation.

L'oncle se leva, radieux, appela sa nièce, et nous proposa une promenade dans sa propriété en proclamant : « À ce soir les affaires sérieuses. »

Rivet et lui se mirent à parler politique.

Quant à moi, je me trouvai bientôt à quelques pas en arrière, à côté de la jeune fille. Elle était vraiment charmante, charmante !

Avec des précautions infinies, je commençai à lui parler de son aventure pour tâcher de m'en faire une alliée.

Mais elle ne parut pas confuse le moins du monde ; elle m'écoutait de l'air d'une personne qui s'amuse beaucoup.

Je lui disais : « Songez donc, mademoiselle, à tous les ennuis que vous aurez. Il vous faudra comparaître devant le tribunal, affronter les regards malicieux, parler en face de tout ce monde, raconter publiquement cette triste scène du wagon. Voyons, entre nous, n'auriez-vous pas mieux fait de ne rien dire, de remettre à sa place ce polisson, sans appeler les employés ; et de changer simplement de voiture. »

Elle se mit à rire. « C'est vrai ce que vous dites ! mais que voulez-vous ? J'ai eu peur ; et, quand on a peur, on ne raisonne plus. Après avoir compris la situation, j'ai bien regretté mes cris ; mais il était trop tard. Songez aussi que cet imbécile s'est jeté sur moi comme un furieux, sans prononcer un mot, avec une figure de fou. Je ne savais même pas ce qu'il me voulait. »

Elle me regardait en face, sans être troublée ou intimidée. Je me disais : « Mais c'est une gaillarde, cette fille. Je comprends que ce cochon de Morin se soit trompé. »

Je repris, en badinant : « Voyons, mademoiselle, avouez qu'il était excusable, car, enfin, on ne peut pas se trouver en face d'une aussi belle personne que vous sans éprouver le désir absolument légitime de l'embrasser. »

Elle rit plus fort, toutes les dents au vent : « Entre le désir et l'action, monsieur, il y a place pour le respect. »

La phrase était drôle, bien que peu claire. Je demandai brusquement : « Eh bien, voyons, si je vous embrassais, moi, maintenant ; qu'est-ce que vous feriez ? »

Elle s'arrêta pour me considérer du haut en bas, puis elle dit, tranquillement : « Oh, vous, ce n'est pas la même chose. »

Je le savais bien, parbleu, que ce n'était pas la même chose, puisqu'on m'appelait dans toute la province « le beau Labarbe ». J'avais trente ans, alors, mais je demandai : « Pourquoi ça ? »

Elle haussa les épaules, et répondit : « Tiens ! parce que vous n'êtes pas aussi bête que lui. » Puis elle ajouta, en me regardant en dessous : « Ni aussi laid. »

Avant qu'elle eût pu faire un mouvement pour m'éviter, je lui avais planté un bon baiser sur la joue. Elle sauta de côté, mais trop tard. Puis elle dit : « Eh bien ! vous n'êtes pas gêné non plus, vous. Mais ne recommencez pas ce jeu-là. »

Je pris un air humble et je dis à mi-voix : « Oh !

mademoiselle, quant à moi, si j'ai un désir au cœur, c'est de passer devant un tribunal pour la même cause que Morin. »

Elle demanda à son tour : « Pourquoi ça ? » Je la regardai au fond des yeux sérieusement. « Parce que vous êtes une des plus belles créatures qui soient ; parce que ce serait pour moi un brevet, un titre, une gloire, que d'avoir voulu vous violenter. Parce qu'on dirait après vous avoir vue : "Tiens, Labarbe n'a pas volé ce qui lui arrive, mais il a eu de la chance tout de même." »

Elle se remit à rire de tout son cœur.

« Êtes-vous drôle ? » Elle n'avait pas fini le mot « drôle » que je la tenais à pleins bras et je lui jetais des baisers voraces partout où je trouvais une place, dans les cheveux, sur le front, sur les yeux, sur la bouche parfois, sur les joues, par toute la tête, dont elle découvrait toujours malgré elle un coin pour garantir les autres.

À la fin, elle se dégagea, rouge et blessée. « Vous êtes un grossier, monsieur, et vous me faites repentir de vous avoir écouté. »

Je lui saisis la main, un peu confus, balbutiant : « Pardon, pardon mademoiselle. Je vous ai blessée ; j'ai été brutal ! Ne m'en voulez pas. Si vous saviez ?... » Je cherchais vainement une excuse.

Elle prononça, au bout d'un moment : « Je n'ai rien à savoir, monsieur. »

Mais j'avais trouvé ; je m'écriai : « Mademoiselle, voici un an que je vous aime ! »

Elle fut vraiment surprise et releva les yeux. Je repris : « Oui, mademoiselle, écoutez-moi. Je ne connais pas Morin et je me moque bien de lui. Peu m'importe qu'il aille en prison et devant les tribunaux. Je vous ai vue ici l'an passé, vous étiez là-bas, devant la grille. J'ai reçu une secousse en vous apercevant et votre image ne m'a plus quitté. Croyez-moi, ou ne me croyez pas, peu m'importe. Je vous ai trouvée adorable ; votre souvenir me possédait ; j'ai voulu vous revoir ; j'ai saisi le prétexte de cette bête de Morin ; et me voici. Les circonstances m'ont fait passer les bornes ; pardonnez-moi, je vous en supplie, pardonnez-moi. »

Elle guettait la vérité dans mon regard, prête à sourire de nouveau ; et elle murmura : « Blagueur. »

Je levai la main, et, d'un ton sincère (je crois même que j'étais sincère) : « Je vous jure que je ne mens pas. »

Elle dit simplement : « Allons donc. »

Nous étions seuls, tout seuls, Rivet et l'oncle ayant disparu dans les allées tournantes ; et je lui fis une vraie déclaration, longue, douce, en lui pressant et lui baisant les doigts. Elle écoutait cela comme une chose agréable et nouvelle, sans bien savoir ce qu'elle en devait croire.

Je finissais par me sentir troublé ; par penser ce que je disais ; j'étais pâle, oppressé, frissonnant ; et, doucement, je lui pris la taille.

Je lui parlais tout bas dans les petits cheveux frisés de l'oreille. Elle semblait morte tant elle était rêveuse.

Puis sa main rencontra la mienne et la serra ; je pressai lentement sa taille d'une étreinte tremblante et toujours grandissante ; elle ne remuait plus du tout ; j'effleurais sa joue de ma bouche ; et tout à coup mes lèvres, sans chercher, trouvèrent les siennes. Ce fut un long, long baiser ; et il aurait encore duré longtemps, si je n'avais entendu « hum, hum » à quelques pas derrière moi.

Elle s'enfuit à travers un massif. Je me retournai et j'aperçus Rivet qui me rejoignait.

Il se campa au milieu du chemin ; et sans rire : « Eh bien ! c'est comme ça que tu arranges l'affaire de ce cochon de Morin. »

Je répondis avec fatuité : « On fait ce qu'on peut, mon cher. Et l'oncle ? Qu'en as-tu obtenu ? Moi, je réponds de la nièce. »

Rivet déclara : « J'ai été moins heureux avec l'oncle. »

Et je lui pris le bras pour rentrer.

3

Le dîner acheva de me faire perdre la tête. J'étais à côté d'elle et ma main sans cesse rencontrait sa main sous la nappe ; mon pied pressait son pied ; nos regards se joignaient, se mêlaient.

On fit ensuite un tour au clair de lune et je lui murmurai dans l'âme toutes les tendresses qui me montaient du cœur. Je la tenais serrée contre moi, l'embrassant à tout moment, mouillant mes lèvres aux siennes. Devant nous, l'oncle et Rivet discutaient. Leurs ombres les suivaient gravement sur le sable des chemins.

On rentra. Et bientôt l'employé du télégraphe apporta une dépêche de la tante annonçant qu'elle ne reviendrait que le lendemain matin, à sept heures, par le premier train.

L'oncle dit : « Eh bien, Henriette, va montrer leurs chambres à ces messieurs. » On serra la main du bonhomme et on monta. Elle nous conduisit d'abord dans l'appartement de Rivet, et il me souffla dans l'oreille : « Pas de danger qu'elle nous ait menés chez toi d'abord. » Puis elle me guida vers mon lit. Dès qu'elle fut seule avec moi, je la saisis de nouveau dans mes bras, tâchant d'affoler sa raison et de culbuter sa résistance. Mais, quand elle se sentit tout près de défaillir, elle s'enfuit.

Je me glissai entre mes draps, très contrarié, très agité, et très penaud, sachant bien que je ne dormirais guère, cherchant quelle maladresse j'avais pu commettre, quand on heurta doucement ma porte.

Je demandai : « Qui est là ? »

Une voix légère répondit : « Moi. »

Je me vêtis à la hâte ; j'ouvris ; elle entra. « J'ai oublié, dit-elle, de vous demander ce que vous prenez le matin : du chocolat, du thé, ou du café ? »

Je l'avais enlacée impétueusement, la dévorant de caresses, bégayant : « Je prends... je prends... je prends... » Mais elle me glissa entre les bras, souffla ma lumière et disparut.

Je restai seul, furieux, dans l'obscurité, cherchant des allumettes, n'en trouvant pas. J'en découvris enfin et je sortis dans le corridor, à moitié fou, mon bougeoir à la main.

Qu'allais-je faire ? Je ne raisonnais plus ; je voulais la trouver ; je la voulais. Et je fis quelques pas sans réfléchir à rien. Puis je pensai brusquement : « Mais si j'entre chez l'oncle ? que dirai-je ?... » Et je demeurai immobile, le cerveau vide, le cœur battant. Au bout de plusieurs secondes, la réponse me vint : « Parbleu je dirai que je cherchais la chambre de Rivet pour lui parler d'une chose urgente. »

Et je me mis à inspecter les portes, m'efforçant de découvrir la sienne, à elle. Mais rien ne pouvait me guider. Au hasard je pris une clef que je tournai. J'ouvris, j'entrai... Henriette, assise dans son lit, effarée, me regardait.

Alors je poussai doucement le verrou ; et, m'approchant sur la pointe des pieds, je lui dis : « J'ai oublié, mademoiselle, de vous demander quelque chose à lire. » Elle se débattait ; mais j'ouvris bientôt le livre que je cherchais. Je n'en dirai pas le titre. C'était vraiment le plus merveilleux des romans et le plus divin des poèmes.

Une fois tournée la première page, elle me le laissa parcourir à mon gré ; et j'en feuilletai tant de chapitres que nos bougies s'usèrent jusqu'au bout.

Puis, après l'avoir remerciée, je regagnais, à pas de loup, ma chambre, quand une main brutale m'arrêta ; et une voix, celle de Rivet, me chuchota dans le nez : « Tu n'as donc pas fini d'arranger l'affaire de ce cochon de Morin ? »

Dès sept heures du matin elle m'apportait elle-même une tasse de chocolat. Je n'en ai jamais bu de pareil. Un chocolat à s'en faire mourir, moelleux, velouté, parfumé, grisant. Je ne pouvais ôter ma bouche des bords délicieux de sa tasse.

À peine la jeune fille était-elle sortie que Rivet entra. Il semblait un peu nerveux, agacé comme un homme qui n'a guère dormi, il me dit d'un ton maussade : « Si tu continues, tu sais, tu finiras par gâter l'affaire de ce cochon de Morin. »

À huit heures, la tante arrivait. La discussion fut courte. Les braves gens retiraient leur plainte, et je laisserais cinq cents francs aux pauvres du pays.

Alors on voulut nous retenir à passer la journée. On organiserait même une excursion pour aller visiter des ruines. Henriette derrière le dos de ses parents me faisait des signes de tête : « Oui, restez donc. » J'acceptais, Rivet s'acharna à s'en aller.

Je le pris à part ; je le priai, je le sollicitai ; je lui disais : « Voyons, mon petit Rivet, fais cela pour moi. » Mais il semblait exaspéré et me répétait dans la figure : « J'en ai assez, entends-tu, de l'affaire de ce cochon de Morin. »

Je fus bien contraint de partir aussi. Ce fut un des moments les plus durs de ma vie. J'aurais bien arrangé cette affaire-là pendant toute mon existence.

Dans le wagon, après les énergiques et muettes poignées de main des adieux, je dis à Rivet : « Tu n'es qu'une brute. » Il répondit : « Mon petit, tu commençais à m'agacer bougrement. »

En arrivant aux bureaux du *Fanal*, j'aperçus une foule qui nous attendait... On cria dès qu'on nous vit : « Eh bien, avez-vous arrangé l'affaire de ce cochon de Morin ? »

Tout La Rochelle en était troublé. Rivet, dont la mauvaise humeur s'était dissipée en route, eut grand-peine à ne pas rire en déclarant : « Oui, c'est fait, grâce à Labarbe. »

Et nous allâmes chez Morin.

Il était étendu dans un fauteuil, avec des sinapismes aux jambes et des compresses d'eau froide sur le crâne, défaillant d'angoisse. Et il toussait sans cesse, d'une petite toux d'agonisant, sans qu'on sût d'où lui était venu ce rhume. Sa femme le regardait avec des yeux de tigresse prête à le dévorer.

Dès qu'il nous aperçut, il eut un tremblement qui lui secouait les poignets et les genoux. Je dis : « C'est arrangé, salaud, mais ne recommence pas. »

Il se leva, suffoquant, me prit les mains, les baisa comme celles d'un prince, pleura, faillit perdre connaissance, embrassa Rivet, embrassa même Mme Morin qui le rejeta d'une poussée dans son fauteuil.

Mais il ne se remit jamais de ce coup-là, son émotion avait été trop brutale.

On ne l'appelait plus dans toute la contrée que « ce cochon de Morin », et cette épithète le traversait comme un coup d'épée chaque fois qu'il l'entendait.

Quand un voyou dans la rue criait : « Cochon », il se retournait la tête par instinct. Ses amis le criblaient de plaisanteries horribles, lui demandant, chaque fois qu'ils mangeaient du jambon : « Est-ce du tien ? »

Il mourut deux ans plus tard.

Quant à moi, me présentant à la députation, en 1875, j'allai faire une visite intéressée au nouveau notaire de Tousserre, maître Belloncle. Une grande femme opulente et belle me reçut.

« Vous ne me reconnaissez pas ? » dit-elle.

Je balbutiai : « Mais... non... madame.

– Henriette Bonnel.

– Ah ! » – Et je me sentis devenir pâle.

Elle semblait parfaitement à son aise, et souriait en me regardant.

Dès qu'elle m'eut laissé seul avec son mari, il me prit les mains, les serrant à les broyer : « Voici longtemps, cher monsieur, que je veux aller vous voir. Ma femme m'a tant parlé de vous. Je sais... oui, je sais en quelle circonstance douloureuse vous l'avez connue, je sais aussi comme vous avez été parfait, plein de délicatesse, de tact, de dévouement dans l'affaire... » Il hésita, puis prononça plus bas, comme s'il eût articulé un mot grossier : « ... Dans l'affaire de ce cochon de Morin. »

Ma femme

C'ÉTAIT À LA FIN d'un dîner d'hommes, d'hommes mariés, anciens amis, qui se réunissaient quelquefois sans leurs femmes, en garçons, comme jadis. On mangeait longtemps, on buvait beaucoup ; on parlait de tout, on remuait des souvenirs vieux et joyeux, ces souvenirs chauds qui font, malgré soi, sourire les lèvres et frémir le cœur. On disait :

« Te rappelles-tu, Georges, notre excursion à Saint-Germain avec ces deux fillettes de Montmartre ?

– Parbleu ! si je me le rappelle. »

Et on retrouvait des détails, et ceci et cela, mille petites choses, qui faisaient plaisir encore aujourd'hui.

On vint à parler du mariage, et chacun dit avec un air sincère : « Oh ! si c'était à recommencer !... » Georges Duportin ajouta : « C'est extraordinaire comme on tombe là-dedans facilement. On était bien décidé à ne jamais prendre femme ; et puis, au printemps on part pour la campagne ; il fait chaud ; l'été se présente bien ; l'herbe est fleurie ; on rencontre une jeune fille chez des amis... v'lan ! c'est fait. On revient marié. »

Pierre Létoile s'écria : « Juste ! c'est mon histoire, seulement j'ai des détails particuliers... »

Son ami l'interrompit : « Quant à toi ne te plains pas. Tu as bien la plus charmante femme du monde, jolie, aimable, parfaite ; tu es, certes, le plus heureux de nous. »

L'autre reprit :

« Ce n'est pas ma faute.

– Comment ça ?

– C'est vrai que j'ai une femme parfaite ; mais je l'ai bien épousée malgré moi.

– Allons donc ! »

Oui... Voici l'aventure. J'avais trente-cinq ans, et je ne pensais pas plus à me marier qu'à me pendre. Les jeunes filles me semblaient insipides et j'adorais le plaisir.

Je fus invité, au mois de mai, à la noce de mon cousin Simon d'Erabel, en Normandie. Ce fut une vraie noce normande. On se mit à table à cinq heures du soir ; à onze heures on mangeait encore. On m'avait accouplé, pour la circonstance, avec une demoiselle Dumoulin, fille d'un colonel en retraite, jeune personne blonde et militaire, bien en forme, hardie et verbeuse. Elle m'accapara complètement pendant toute la journée, m'entraîna dans le parc, me fit danser bon gré mal gré, m'assomma.

Je me disais : « Passe pour aujourd'hui, mais demain je file. Ça suffit. »

Vers onze heures du soir, les femmes se retirèrent dans leurs chambres ; les hommes restèrent à fumer en buvant, ou à boire en fumant, si vous aimez mieux.

Par la fenêtre ouverte on apercevait le bal

champêtre. Rustres et rustaudes sautaient en rond, en hurlant un air de danse sauvage qu'accompagnaient faiblement deux violonistes et une clarinette placés sur une grande table de cuisine en estrade. Le chant tumultueux des paysans couvrait entièrement parfois la chanson des instruments ; et la frêle musique, déchirée par les voix déchaînées, semblait tomber du ciel en lambeaux, en petits fragments de notes éparpillées.

Deux grandes barriques, entourées de torches flambantes, versaient à boire à la foule. Deux hommes étaient occupés à rincer les verres ou les bols dans un baquet pour les tendre immédiatement sous les robinets d'où coulaient le filet rouge du vin ou le filet d'or du cidre pur ; et les danseurs assoiffés, les vieux tranquilles, les filles en sueur se pressaient, tendaient les bras pour saisir à leur tour un vase quelconque et se verser à grands flots dans la gorge, en renversant la tête, le liquide qu'ils préféraient. Sur une table on trouvait du pain, du beurre, des fromages et des saucisses. Chacun avalait une bouchée de temps à autre : et sous le champ de feu des étoiles, cette fête saine et violente faisait plaisir à voir, donnait envie de boire aussi au ventre de ces grosses futailles et de manger du pain ferme avec du beurre et un oignon cru.

Un désir fou me saisit de prendre part à ces réjouissances, et j'abandonnai mes compagnons.

J'étais peut-être un peu gris, je dois l'avouer ; mais je le fus bientôt tout à fait.

J'avais saisi la main d'une forte paysanne essoufflée, et je la fis sauter éperdument jusqu'à la limite de mon haleine.

Et puis je bus un coup de vin et je saisis une autre gaillarde. Pour me rafraîchir ensuite, j'avalai un plein bol de cidre et je me remis à bondir comme un possédé.

J'étais souple ; les gars, ravis, me contemplaient en cherchant à m'imiter ; les filles voulaient toutes danser avec moi et sautaient lourdement avec des élégances de vaches.

Enfin, de ronde en ronde, de verre de vin en verre de cidre, je me trouvai, vers deux heures du matin, pochard à ne plus tenir debout.

J'eus conscience de mon état et je voulus gagner ma chambre. Le château dormait, silencieux et sombre.

Je n'avais pas d'allumettes et tout le monde était couché. Dès que je fus dans le vestibule, des étourdissements me prirent ; j'eus beaucoup de mal à trouver la rampe ; enfin, je la rencontrai par hasard, à tâtons, et je m'assis sur la première marche de l'escalier pour tâcher de classer un peu mes idées.

Ma chambre se trouvait au second étage, la troisième porte à gauche. C'était heureux que je n'eusse pas oublié cela. Fort de ce souvenir, je me relevai, non sans peine, et je commençai l'ascension, marche à marche, les mains soudées aux barreaux de fer pour ne point choir, avec l'idée fixe de ne pas faire de bruit.

Trois ou quatre fois seulement mon pied manqua les degrés et je m'abattis sur les genoux, mais, grâce à l'énergie de mes bras et à la tension de ma volonté, j'évitai une dégringolade complète.

Enfin, j'atteignis le second étage et je m'aventurai dans le corridor, en tâtant les murailles. Voici une porte ; je comptais : « Une » ; mais un vertige subit me détacha du mur et me fit accomplir un circuit singulier qui me jeta sur l'autre cloison. Je voulus revenir en ligne droite. La traversée fut longue et pénible. Enfin je rencontrai la côte que je me mis à longer de nouveau avec prudence et je trouvai une autre porte. Pour être sûr de ne pas me tromper, je comptai encore tout haut : « Deux » ; et je me remis en marche. Je finis par trouver la troisième. Je dis : « Trois, c'est moi » et je tournai la clef dans la serrure. La porte s'ouvrit. Je pensai, malgré mon trouble : « Puisque ça s'ouvre c'est bien chez moi. » Et je m'avançai dans l'ombre après avoir refermé doucement.

Je heurtai quelque chose de mou : ma chaise longue. Je m'étendis aussitôt dessus.

Dans ma situation, je ne devais pas m'obstiner à chercher ma table de nuit, mon bougeoir, mes allumettes. J'en aurais eu pour deux heures au moins. Il m'aurait fallu autant de temps pour me dévêtir ; et peut-être n'y serais-je pas parvenu. J'y renonçai.

J'enlevai seulement mes bottines ; je déboutonnai mon gilet qui m'étranglait, je desserrai mon pantalon et je m'endormis d'un invincible sommeil.

Cela dura longtemps sans doute. Je fus brusquement réveillé par une voix vibrante qui disait, tout près de moi : « Comment, paresseuse, encore couchée ? Il est dix heures, sais-tu ? »

Une voix de femme répondit : « Déjà ! J'étais si fatiguée d'hier. »

Je me demandais avec stupéfaction ce que voulait dire ce dialogue.

Où étais-je ? Qu'avais-je fait ?

Mon esprit flottait, encore enveloppé d'un nuage épais.

La première voix reprit : « Je vais ouvrir tes rideaux. »

Et j'entendis des pas qui s'approchaient de moi.

Je m'assis tout à fait éperdu. Alors une main se posa sur ma tête. Je fis un brusque mouvement. La voix demanda avec force : « Qui est là ? » Je me gardai bien de répondre. Deux poignets furieux me saisirent. À mon tour j'enlaçai quelqu'un et une lutte effroyable commença. Nous nous roulions, renversant les meubles, heurtant les murs.

La voix de femme criait effroyablement : « Au secours, au secours ! »

Des domestiques accoururent, des voisins, des dames affolées. On ouvrit les volets, on tira les rideaux. Je me colletais avec le colonel Dumoulin !

J'avais dormi auprès du lit de sa fille.

Quand on nous eut séparés, je m'enfuis dans ma chambre, abruti d'étonnement. Je m'enfermai à clef et je m'assis, les pieds sur une chaise, car mes bottines étaient demeurées chez la jeune personne.

J'entendais une grande rumeur dans tout le château, des portes ouvertes et fermées, des chuchotements, des pas rapides.

Au bout d'une demi-heure on frappa chez moi. Je criai : « Qui est là ? » C'était mon oncle, le père du marié de la veille. J'ouvris.

Il était pâle et furieux et il me traita durement : « Tu t'es conduit chez moi comme un manant, entends-tu ? » Puis il ajouta d'un ton plus doux : « Comment, bougre d'imbécile, tu te laisses surprendre à dix heures du matin ! Tu vas t'endormir comme une bûche dans cette chambre au lieu de t'en aller aussitôt... aussitôt après. »

Je m'écriai : « Mais, mon oncle, je vous assure qu'il ne s'est rien passé... Je me suis trompé de porte, étant gris. »

Il haussa les épaules : « Allons ne dis pas de bêtises. » Je levai la main : « Je vous le jure sur mon honneur. » Mon oncle reprit : « Oui, c'est bien. C'est ton devoir de dire cela. »

À mon tour, je me fâchai, et je lui racontai toute ma mésaventure. Il me regardait avec des yeux ébahis, ne sachant pas ce qu'il devait croire.

Puis il sortit conférer avec le colonel.

J'appris qu'on avait formé aussi une espèce de tribunal de mères, auquel étaient soumises les différentes phases de la situation.

Il revint une heure plus tard, s'assit avec des allures de juge, et commença : « Quoi qu'il en soit, je ne vois pour toi qu'un moyen de te tirer d'affaire, c'est d'épouser Mlle Dumoulin. »

Je fis un bond d'épouvante :

« Quant à ça, jamais par exemple ! »

Il demanda gravement : « Que comptes-tu donc faire ? »

Je répondis avec simplicité : « Mais... m'en aller, quand on m'aura rendu mes bottines. »

Mon oncle reprit : « Ne plaisantons pas, s'il te plaît. Le colonel est résolu à te brûler la cervelle dès qu'il t'apercevra. Et tu peux être sûr qu'il ne menace pas en vain. J'ai parlé d'un duel, il a répondu : "Non, je vous dis que je lui brûlerai la cervelle."

« Examinons maintenant la question à un autre point de vue.

« Ou bien tu as séduit cette enfant et, alors, c'est tant pis pour toi, mon garçon, on ne s'adresse pas aux jeunes filles.

« Ou bien tu t'es trompé étant gris, comme tu le dis. Alors c'est encore tant pis pour toi. On ne se met pas dans des situations aussi sottes. De toute façon, la pauvre fille est perdue de réputation, car on ne croira jamais à des explications d'ivrogne. La vraie victime, la seule victime là-dedans, c'est elle. Réfléchis. »

Et il s'en alla pendant que je lui criais dans le dos : « Dites tout ce que vous voudrez. Je n'épouserai pas. »

Je restai seul encore une heure.

Ce fut ma tante qui vint à son tour. Elle pleurait. Elle usa de tous les raisonnements. Personne ne croyait à mon erreur. On ne pouvait admettre que cette jeune fille eût oublié de fermer sa porte à clef dans une maison pleine de monde. Le colonel l'avait frappée. Elle sanglotait depuis le matin. C'était un scandale terrible, ineffaçable.

Et ma bonne tante ajoutait : « Demande-la toujours en mariage ; on trouvera peut-être moyen de te tirer d'affaire en discutant les conditions du contrat. »

Cette perspective me soulagea. Et je consentis à écrire ma demande. Une heure après je repartais pour Paris.

Je fus avisé le lendemain que ma demande était agréée.

Alors, en trois semaines, sans que j'aie pu trouver une ruse, une défaite, les bans furent publiés, les lettres de faire part envoyées, le contrat signé, et je me trouvai, un lundi matin, dans le chœur d'une église illuminée, à côté d'une jeune fille qui pleurait, après avoir déclaré au maire que je consentais à la prendre pour compagne... jusqu'à la mort de l'un ou de l'autre.

Je ne l'avais pas revue, et je la regardais de côté avec un certain étonnement malveillant. Cependant, elle n'était pas laide, mais pas du tout. Je me disais : « En voilà une qui ne rira pas tous les jours. »

Elle ne me regarda point une fois jusqu'au soir, et ne me dit pas un mot.

Vers le milieu de la nuit, j'entrai dans la chambre nuptiale avec l'intention de lui faire connaître mes résolutions, car j'étais le maître maintenant.

Je la trouvai, assise dans un fauteuil, vêtue comme dans le jour, avec les yeux rouges et le teint pâle. Elle se leva dès que j'entrai et vint à moi gravement.

« Monsieur, me dit-elle, je suis prête à faire ce que vous ordonnerez. Je me tuerai si vous le désirez. »

Elle était jolie comme tout dans ce rôle héroïque, la fille du colonel. Je l'embrassai, c'était mon droit.

Et je m'aperçus bientôt que je n'étais pas volé.

Voilà cinq ans que je suis marié. Je ne le regrette nullement encore.

Pierre Létoile se tut. Ses compagnons riaient. L'un d'eux dit : « Le mariage est une loterie ; il ne faut jamais choisir les numéros, ceux de hasard sont les meilleurs. »

Et un autre ajouta pour conclure : « Oui, mais n'oubliez pas que le dieu des Ivrognes avait choisi pour Pierre. »

Les sabots

À Léon Fontaine

LE VIEUX CURÉ BREDOUILLAIT les derniers mots de son sermon au-dessus des bonnets blancs des paysannes et des cheveux rudes ou pommadés des paysans. Les grands paniers des fermières venues de loin pour la messe étaient posés à terre à côté d'elles ; et la lourde chaleur d'un jour de juillet dégageait de tout le monde une odeur de bétail, un fumet de troupeau. Les voix des coqs entraient par la grande porte ouverte, et aussi les meuglements des vaches couchées dans un champ voisin. Parfois un souffle d'air chargé d'arômes des champs s'engouffrait sous le portail et, en soulevant sur son passage les longs rubans des coiffures, il allait faire vaciller sur l'autel les petites flammes jaunes au bout des cierges... « Comme le désire le bon Dieu. Ainsi soit-il ! » prononçait le prêtre. Puis il se tut, ouvrit un livre et se mit, comme chaque semaine, à recommander à ses ouailles les petites affaires intimes de la commune. C'était un vieux homme à cheveux blancs qui administrait la paroisse depuis bientôt quarante ans, et le prône lui servait pour communiquer familièrement avec tout son monde.

Il reprit : « Je recommande à vos prières Désiré Vallin, qu'est bien malade et aussi la Paumelle, qui ne se remet pas vite de ses couches. »

Il ne savait plus ; il cherchait les bouts de papier posés dans un bréviaire. Il en retrouva deux enfin, et continua : « Il ne faut pas que les garçons et les filles viennent comme ça, le soir, dans le cimetière, ou bien je préviendrai le garde champêtre. – M. Césaire Omont voudrait bien trouver une jeune fille honnête comme servante. » Il réfléchit encore quelques secondes, puis ajouta : « C'est tout, mes frères, c'est la grâce que je vous souhaite au nom du Père, et du Fils, et du Saint-Esprit. »

Et il descendit de la chaire pour terminer sa messe.

Quand les Malandain furent rentrés dans leur chaumière, la dernière du hameau de la Sablière, sur la route de Fourville, le père, un vieux petit paysan sec et ridé, s'assit devant la table, pendant que sa femme décrochait la marmite et que sa fille Adélaïde prenait dans le buffet les verres et les assiettes, et il dit : « Ça s'rait p't-être bon, c'te place chez maîtr' Omont, vu que le v'là veuf, que sa bru l'aime pas, qu'il est seul et qu'il a d' quoi. J' ferions p't-être ben d'y envoyer Adélaïde. »

La femme posa sur la table la marmite toute noire, enleva le couvercle, et pendant que montait au plafond une vapeur de soupe pleine d'une odeur de choux, elle réfléchit.

L'homme reprit : « Il a d' quoi, pour sûr. Mais qu'il faudrait être dégourdi et qu'Adélaïde l'est pas un brin. »

La femme alors articula : « J' pourrions voir tout d' même. » Puis, se tournant vers sa fille, une gaillarde à l'air niais, aux cheveux jaunes, aux grosses joues rouges comme la peau des pommes, elle cria : « T'entends, grande bête. T'iras chez maît' Omont t' proposer comme servante, et tu f'ras tout c' qu'il te commandera. »

La fille se mit à rire sottement sans répondre. Puis tous trois commencèrent à manger.

Au bout de dix minutes le père reprit : « Écoute un mot, la fille, et tâche d' n' point te mettre en défaut sur ce que j' vas te dire... »

Et il lui traça en termes lents et minutieux toute une règle de conduite, prévoyant les moindres détails, la préparant à cette conquête d'un vieux veuf mal avec sa famille.

La mère avait cessé de manger pour écouter, et elle demeurait, la fourchette à la main, les yeux sur son homme et sur sa fille tour à tour, suivant cette instruction avec une attention concentrée et muette.

Adélaïde restait inerte, le regard errant et vague, docile et stupide.

Dès que le repas fut terminé, la mère lui fit mettre son bonnet, et elles partirent toutes deux pour aller trouver M. Césaire Omont. Il habitait une sorte de petit pavillon de brique adossé aux bâtiments d'exploitation qu'occupaient ses fermiers. Car il s'était retiré du faire-valoir, pour vivre de ses rentes.

Il avait environ cinquante-cinq ans ; il était gros, jovial et bourru comme un homme riche. Il riait et criait à faire tomber les murs, buvait du cidre et de l'eau-de-vie à pleins verres, et passait encore pour chaud, malgré son âge.

Il aimait se promener dans les champs, les mains derrière le dos, enfonçant ses sabots de bois dans la terre grasse, considérant la levée du blé ou la floraison des colzas d'un œil d'amateur à son aise, qui aime ça, mais qui ne se la foule plus.

On disait de lui : « C'est un père Bon-Temps, qui n'est pas bien levé tous les jours. »

Il reçut les deux femmes, le ventre à table, achevant son café. Et, se renversant, il demanda :

« Qu'est-ce que vous désirez ? »

La mère prit la parole :

« C'est not' fille Adélaïde que j' viens vous proposer pour servante, vu c' qu'a dit çu matin monsieur le curé. »

Maître Omont considéra la fille, puis, brusquement : « Quel âge qu'elle a, c'te grande bique-là ?

– Vingt-un ans à la Saint-Michel, monsieur Omont.

– C'est bien ; all' aura quinze francs par mois et l' fricot. J' l'attends d'main, pour faire ma soupe du matin. »

Et il congédia les deux femmes.

Adélaïde entra en fonctions le lendemain et se mit à travailler dur, sans dire un mot, comme elle faisait chez ses parents.

Vers neuf heures, comme elle nettoyait les carreaux de la cuisine, M. Omont la héla.

« Adélaïde ! »

Elle accourut. « Me v'là, not' maître. »

Dès qu'elle fut en face de lui, les mains rouges et abandonnées, l'œil troublé, il déclara : « Écoute un peu, qu'il n'y ait pas d'erreur entre nous. T'es ma servante, mais rien de plus. T'entends. Nous ne mêlerons point nos sabots.

– Oui, not' maître.

– Chacun sa place, ma fille, t'as ta cuisine ; j'ai ma salle. À part ça, tout sera pour té comme pour mé. C'est convenu ?

– Oui, not' maître.

– Allons, c'est bien, va à ton ouvrage. »

Et elle alla reprendre sa besogne.

À midi elle servit le dîner du maître dans sa petite salle à papier peint, puis, quand la soupe fut sur la table, elle alla prévenir M. Omont.

« C'est servi, not' maître. »

Il entra, s'assit, regarda autour de lui, déplia sa serviette, hésita une seconde, puis, d'une voix de tonnerre :

« Adélaïde ! »

Elle arriva, effarée. Il cria comme s'il allait la massacrer : « Eh bien, nom de D... et té, ousqu'est ta place ?

– Mais... not' maître... »

Il hurlait : « J'aime pas manger tout seul, nom de D... ; tu vas te mett' là ou bien foutre le camp si tu n' veux pas. Va chercher t'nassette et ton verre. »

Épouvantée, elle apporta son couvert en balbutiant : « Me v'là, not' maître. »

Et elle s'assit en face de lui.

Alors il devint jovial, il trinquait, tapait sur la table, racontait des histoires qu'elle écoutait les yeux baissés, sans oser prononcer un mot.

De temps en temps elle se levait pour aller chercher du pain, du cidre, des assiettes.

En apportant le café, elle ne déposa qu'une tasse devant lui ; alors, repris de colère, il grogna :

« Eh bien, et pour té ?

– J' n'en prends point, not' maître.

– Pourquoi que tu n'en prends point ?

– Parce que je l'aime point. »

Alors il éclata de nouveau : « J'aime pas prend' mon café tout seul, nom de D... Si tu n' veux pas t' mett' à en prendre itou, tu vas foutre le camp, nom de D... Va chercher une tasse et plus vite que ça. »

Elle alla chercher une tasse, se rassit, goûta la noire liqueur, fit la grimace, mais, sous l'œil furieux du maître, avala jusqu'au bout. Puis il lui fallut boire le premier verre d'eau-de-vie de la rincette, le second du pousse-rincette, et le troisième du coup-de-pied-au-cul.

Et M. Omont la congédia. « Va laver ta vaisselle maintenant, t'es une bonne fille. »

Il en fut de même au dîner. Puis elle dut faire sa partie de dominos ; puis il l'envoya se mettre au lit.

« Va te coucher, je monterai tout à l'heure. »

Et elle gagna sa chambre, une mansarde sous le toit. Elle fit sa prière, se dévêtit et se glissa dans ses draps.

Mais soudain elle bondit, effarée. Un cri furieux faisait trembler la maison.

« Adélaïde ? »

Elle ouvrit sa porte et répondit de son grenier :

« Me v'là, not' maître.

– Ousque t'es ?

– Mais j' suis dans mon lit, donc, not' maître. »

Alors il vociféra : « Veux-tu bien descendre, nom de D... J'aime pas coucher tout seul, nom de D..., et si tu n' veux point, tu vas me foutre le camp, nom de D... »

Alors elle répondit d'en haut, éperdue, cherchant sa chandelle :

« Me v'là, not' maître ! »

Et il entendit ses petits sabots découverts battre le sapin de l'escalier ; et, quand elle fut arrivée aux dernières marches, il la prit par le bras, et dès qu'elle eut laissé devant la porte ses étroites chaussures de bois à côté des grosses galoches du maître, il la poussa dans sa chambre en grognant :

« Plus vite que ça, donc, nom de D... ! »

Et elle répétait sans cesse, ne sachant plus ce qu'elle disait :

« Me v'là, me v'là, not' maître. »

Six mois après, comme elle allait voir ses parents un dimanche, son père l'examina curieusement, puis demanda :

« T'es-ti point grosse ? »

Elle restait stupide, regardant son ventre, répétant : « Mais non, je n' crois point. »

Alors, il l'interrogea, voulant tout savoir :

« Dis-mé si vous n'avez point, quéque soir, mêlé vos sabots ?

– Oui, je les ons mêlés l' premier soir et puis l's autres.

– Mais alors t'es pleine, grande futaille. »

Elle se mit à sangloter, balbutiant : « J' savais ti, mé ? J' savais ti, mé ? »

Le père Malandain la guettait, l'œil éveillé, la mine satisfaite. Il demanda :

« Quéque tu ne savais point ? »

Elle prononça à travers ses pleurs : « J' savais ti, mé, que ça se faisait comme ça, d's' éfants ! »

Sa mère rentrait. L'homme articula, sans colère : « La v'là grosse, à c't' heure. »

Mais la femme se fâcha, révoltée d'instinct, injuriant à pleine gueule sa fille en larmes, la traitant de « manante » et de « traînée ».

Alors le vieux la fit taire. Et comme il prenait sa casquette pour aller causer de leurs affaires avec maît' Césaire Omont, il déclara :

« All' est tout d' même encore pu sotte que

j'aurais cru. All' n' savait point c' qu'all' faisait, c'te niente (rien du tout). »

Au prône du dimanche suivant, le vieux curé publiait les bans de M. Onufre-Césaire Omont avec Céleste-Adélaïde Malandain.

L'ami Joseph

On s'était connu intimement pendant tout l'hiver à Paris.

Après s'être perdus de vue, comme toujours, à la sortie du collège, les deux amis s'étaient retrouvés, un soir, dans le monde, déjà vieux et blanchis, l'un garçon, l'autre marié.

M. de Méroul habitait six mois Paris, et six mois son petit château de Tourbeville. Ayant épousé la fille d'un châtelain des environs, il avait vécu d'une vie paisible et bonne dans l'indolence d'un homme qui n'a rien à faire. De tempérament calme et d'esprit rassis, sans audaces d'intelligence, ni révoltes indépendantes, il passait son temps à regretter doucement le passé, à déplorer les mœurs et les institutions d'aujourd'hui, et à répéter à tout moment à sa femme, qui levait les yeux au ciel, et parfois aussi les mains en signe d'assentiment énergique : « Sous quel gouvernement vivons-nous, mon Dieu ? »

Mme de Méroul ressemblait intellectuellement à son mari, comme s'ils eussent été frère et sœur. Elle savait, par tradition, qu'on doit d'abord respecter le pape et le roi !

Et elle les aimait et les respectait du fond du cœur, sans les connaître, avec une exaltation poétique, avec un dévouement héréditaire, avec un attendrissement de femme bien née. Elle était bonne jusque dans tous les replis de l'âme. Elle n'avait point eu d'enfant et le regrettait sans cesse.

Lorsque M. de Méroul retrouva dans un bal Joseph Mouradour, son ancien camarade, il éprouva de cette rencontre une joie profonde et naïve, car ils s'étaient beaucoup aimés dans leur jeunesse.

Après les exclamations d'étonnement sur les changements que l'âge avait apportés à leur corps et à leur figure, ils s'étaient informés réciproquement de leurs existences.

Joseph Mouradour, un Méridional, était devenu conseiller général dans son pays. D'allures franches, il parlait vivement et sans retenue, disant toute sa pensée avec ignorance des ménagements. Il était républicain ; de cette race de républicains bons garçons qui se font une loi du sans-gêne et qui posent pour l'indépendance de parole allant jusqu'à la brutalité.

Il vint dans la maison de son ami, et y fut tout de suite aimé pour sa cordialité facile, malgré ses opinions avancées. Mme de Méroul s'écriait : « Quel malheur ! un si charmant homme ! »

M. de Méroul disait à son ami, d'un ton pénétré et confidentiel : « Tu ne te doutes pas du mal que vous faites à notre pays. » Il le chérissait cependant, car rien n'est plus solide que les liaisons d'enfance reprises à l'âge mûr. Joseph Mouradour blaguait la femme et le mari, les appelait « mes aimables tortues », et parfois se laissait aller à des déclamations sonores contre les gens arriérés, contre les préjugés et les traditions.

Quand il déversait ainsi le flot de son éloquence

démocratique, le ménage, mal à l'aise, se taisait par convenance et savoir-vivre ; puis le mari tâchait de détourner la conversation, pour éviter les froissements. On ne voyait Joseph Mouradour que dans l'intimité.

L'été vint. Les Méroul n'avaient pas de plus grande joie que de recevoir leurs amis dans leur propriété de Tourbeville. C'était une joie intime et saine, une joie de braves gens et de propriétaires campagnards. Ils allaient au-devant des invités jusqu'à la gare voisine et les ramenaient dans leur voiture, guettant les compliments sur leur pays, sur la végétation, sur l'état des routes dans le département, sur la propreté des maisons des paysans, sur la grosseur des bestiaux qu'on apercevait dans les champs, sur tout ce qu'on voyait par l'horizon.

Ils faisaient remarquer que leur cheval trottait d'une façon surprenante pour une bête employée une partie de l'année aux travaux des champs ; et ils attendaient avec anxiété l'opinion du nouveau venu sur leur domaine de famille, sensibles au moindre mot, reconnaissants de la moindre intention gracieuse.

Joseph Mouradour fut invité, et il annonça son arrivée.

La femme et le mari étaient venus au train, ravis d'avoir à faire les honneurs de leur logis.

Dès qu'il les aperçut, Joseph Mouradour sauta de son wagon avec une vivacité qui augmenta leur satisfaction. Il leur serrait les mains, les félicitait, les enivrait de compliments.

Tout le long de la route il fut charmant, s'étonna de la hauteur des arbres, de l'épaisseur des récoltes, de la rapidité du cheval.

Quand il mit le pied sur le perron du château,

M. de Méroul lui dit avec une certaine solennité amicale :

« Tu es chez toi, maintenant. »

Joseph Mouradour répondit :

« Merci, mon cher, j'y comptais. Moi, d'ailleurs, je ne me gêne pas avec mes amis. Je ne comprends l'hospitalité que comme ça. »

Puis il monta dans sa chambre, pour se vêtir en paysan, disait-il, et il redescendit tout costumé de toile bleue, coiffé d'un chapeau canotier, chaussé de cuir jaune, dans un négligé complet de Parisien en goguette. Il semblait aussi devenu plus commun, plus jovial, plus familier, ayant revêtu avec son costume des champs un laisser-aller et une désinvolture qu'il jugeait de circonstance. Sa tenue nouvelle choqua quelque peu M. et Mme de Méroul qui demeuraient toujours sérieux et dignes, même en leurs terres, comme si la particule qui précédait leur nom les eût forcés à un certain cérémonial jusque dans l'intimité.

Après le déjeuner, on alla visiter les fermes : et le Parisien abrutit les paysans respectueux par le ton camarade de sa parole.

Le soir, le curé dînait à la maison, un vieux gros curé, habitué des dimanches, qu'on avait prié ce jour-là exceptionnellement en l'honneur du nouveau venu.

Joseph, en l'apercevant, fit une grimace, puis il le considéra avec étonnement, comme un être rare, d'une race particulière qu'il n'avait jamais vue de si près. Il eut, dans le cours du repas, des anecdotes libres, permises dans l'intimité, mais qui semblèrent déplacées aux Méroul, en présence d'un ecclésiastique. Il ne disait point : « Monsieur l'abbé », mais : « Monsieur » tout court ; et il embarrassa le prêtre par des considérations philosophiques sur les diverses superstitions établies à la surface du globe. Il disait : « Votre Dieu, monsieur, est de ceux qu'il faut respecter, mais aussi de ceux qu'il faut discuter. Le mien s'appelle Raison : il a été de tout temps l'ennemi du vôtre... »

Les Méroul, désespérés, s'efforçaient de détourner les idées. Le curé partit de très bonne heure.

Alors le mari prononça doucement :

« Tu as peut-être été un peu loin devant ce prêtre ? »

Mais Joseph aussitôt s'écria :

« Elle est bien bonne, celle-là ! Avec ça que je me gênerais pour un calotin ! Tu sais, d'ailleurs, tu vas me faire le plaisir de ne plus m'imposer ce bonhomme-là pendant les repas. Usez-en, vous autres, autant que vous voudrez, dimanches et jours ouvrables, mais ne le servez pas aux amis, saperlipopette !

– Mais, mon cher, son caractère sacré... »

Joseph Mouradour l'interrompit :

« Oui, je sais, il faut les traiter comme des rosières ! Connu, mon bon ! Quand ces gens-là respecteront mes convictions, je respecterai les leurs ! »

Ce fut tout, ce jour-là.

Lorsque Mme de Méroul entra dans son salon, le lendemain matin, elle aperçut au milieu de sa table trois journaux qui la firent reculer : *Le Voltaire*, *La République française* et *La Justice*.

Aussitôt Joseph Mouradour, toujours en bleu, parut sur le seuil, lisant avec attention *L'Intransigeant*. Il s'écria :

« Il y a, là-dedans, un fameux article de Rochefort. Ce gaillard-là est surprenant. »

Il en fit la lecture, à haute voix, appuyant sur les

traits, tellement enthousiasmé, qu'il ne remarqua pas l'entrée de son ami.

M. de Méroul tenait à la main *Le Gaulois* pour lui, *Le Clairon* pour sa femme.

La prose ardente du maître écrivain qui jeta bas l'empire, déclamée avec violence, chantée dans l'accent du Midi, sonnait par le salon pacifique, secouait les vieux rideaux à plis droits, semblait éclabousser les murs, les grands fauteuils de tapisserie, les meubles graves posés depuis un siècle aux mêmes endroits, d'une grêle de mots bondissants, effrontés, ironiques et saccageurs.

L'homme et la femme, l'un debout, l'autre assise, écoutaient avec stupeur, tellement scandalisés, qu'ils ne faisaient pas un geste.

Mouradour lança le trait final comme on tire un bouquet d'artifice, puis déclara d'un ton triomphant :

« Hein ? C'est salé, cela ? »

Mais soudain il aperçut les deux feuilles qu'apportait son ami, et il demeura lui-même perclus d'étonnement. Puis il marcha vers lui, à grands pas, demandant d'un ton furieux :

« Qu'est-ce que tu veux faire de ces papiers-là ? »

M. de Méroul répondit en hésitant :

« Mais... ce sont mes... mes journaux !

– Tes journaux... Çà, voyons, tu te moques de moi ! Tu vas me faire le plaisir de lire les miens, qui te dégourdiront les idées, et, quant aux tiens... voici ce que j'en fais, moi... »

Et, avant que son hôte interdit eût pu s'en défendre, il avait saisi les deux feuilles et les lançait par la fenêtre. Puis il déposa gravement *La Justice* entre les mains de Mme de Méroul, remit *Le Voltaire* au mari, et il s'enfonça dans un fauteuil pour achever *L'Intransigeant*.

L'homme et la femme, par délicatesse, firent semblant de lire un peu, puis lui rendirent les feuilles républicaines qu'ils touchaient du bout des doigts comme si elles eussent été empoisonnées.

Alors il se remit à rire et déclara :

« Huit jours de cette nourriture-là, et je vous convertis à mes idées. »

Au bout de huit jours, en effet, il gouvernait la maison. Il avait fermé la porte au curé, que Mme de Méroul allait voir en secret ; il avait interdit l'entrée au château du *Gaulois* et du *Clairon*, qu'un domestique allait mystérieusement chercher au bureau de poste et qu'on cachait, lorsqu'il entrait, sous les coussins du canapé ; il réglait tout à sa guise, toujours charmant, toujours bonhomme, tyran jovial et tout-puissant.

D'autres amis devaient venir, des gens pieux, et légitimistes. Les châtelains jugèrent une rencontre impossible et, ne sachant que faire, annoncèrent un soir à Joseph Mouradour qu'ils étaient obligés de s'absenter quelques jours pour une petite affaire, et ils le prièrent de rester seul. Il ne s'émut pas et répondit :

« Très bien, cela m'est égal, je vous attendrai ici autant que vous voudrez. Je vous l'ai dit : entre amis pas de gêne. Vous avez raison d'aller à vos affaires, que diable ! Je ne me formaliserai pas pour cela, bien au contraire ; ça me met tout à fait à l'aise avec vous. Allez, mes amis, je vous attends. »

M. et Mme de Méroul partirent le lendemain.

Il les attend.

L'âne

À Louis Le Poittevin

Aucun souffle d'air ne passait dans la brume épaisse endormie sur le fleuve. C'était comme un nuage de coton terne posé sur l'eau. Les berges elles-mêmes restaient indistinctes, disparues sous de bizarres vapeurs festonnées comme des montagnes. Mais le jour étant près d'éclore, le coteau commençait à devenir visible. À son pied, dans les lueurs naissantes de l'aurore, apparaissaient peu à peu les grandes taches blanches des maisons cuirassées de plâtre. Des coqs chantaient dans les poulaillers.

Là-bas, de l'autre côté de la rivière ensevelie sous le brouillard, juste en face de La Frette, un bruit léger troublait par moments le grand silence du ciel sans brise. C'était tantôt un vague clapotis, comme la marche prudente d'une barque, tantôt un coup sec, comme un choc d'aviron sur un bordage, tantôt comme la chute d'un objet mou dans l'eau. Puis, plus rien.

Et parfois des paroles basses, venues on ne sait d'où, peut-être de très loin, peut-être de très près, errantes dans ces brumes opaques, nées sur la terre ou sur le fleuve, glissaient, timides aussi, passaient, comme ces oiseaux sauvages qui ont dormi dans les joncs et qui partent aux premières pâleurs du ciel, pour fuir encore, pour fuir toujours, et qu'on aperçoit une seconde traversant la brume à tire-d'aile en poussant un cri doux et craintif qui réveille leurs frères le long des berges.

Soudain, près de la rive, contre le village, une ombre apparut sur l'eau, à peine indiquée d'abord ; puis elle grandit, s'accentua, et, sortant du rideau nébuleux jeté sur la rivière, un bateau plat, monté par deux hommes, vint s'échouer contre l'herbe.

Celui qui ramait se leva et prit au fond de l'embarcation un seau plein de poissons ; puis il jeta sur son épaule l'épervier encore ruisselant. Son compagnon, qui n'avait pas remué, prononça :

« Apporte ton fusil, nous allons dégoter quéque lapin dans les berges, hein, Mailloche ? »

L'autre répondit :

« Ça me va. Attends-moi, je te rejoins. »

Et il s'éloigna pour mettre à l'abri leur pêche.

L'homme resté dans la barque bourra lentement sa pipe et l'alluma.

Il s'appelait Labouise dit Chicot, et était associé avec son compère Maillochon, vulgairement appelé Mailloche, pour exercer la profession louche et vague de ravageurs.

Mariniers de bas étage, ils ne naviguaient régulièrement que dans les mois de famine. Le reste du temps ils ravageaient. Rôdant jour et nuit sur le fleuve, guettant toute proie morte ou vivante, braconniers d'eau, chasseurs nocturnes, sorte d'écumeurs d'égouts, tantôt à l'affût de chevreuils de la forêt de Saint-Germain, tantôt à la recherche des noyés filant entre deux eaux et dont ils soulageaient les poches, ramasseurs de loques flottantes, de bouteilles vides qui vont au courant la gueule en l'air avec un balancement d'ivrognes, de morceaux de bois partis à la dérive, Labouise et Maillochon se la coulaient douce.

Par moments, ils partaient à pied, vers midi, et s'en allaient en flânant devant eux. Ils dînaient dans quelque auberge de la rive et repartaient encore côte à côte. Ils demeuraient absents un jour ou deux ; puis un matin on les revoyait rôdant dans l'ordure qui leur servait de bateau.

Là-bas, à Joinville, à Nogent, des canotiers désolés cherchaient leur embarcation disparue une nuit, détachée et partie, volée sans doute ; tandis qu'à vingt ou trente lieues de là, sur l'Oise, un bourgeois propriétaire se frottait les mains en admirant le canot acheté d'occasion, la veille, pour cinquante francs, à deux hommes qui le lui avaient vendu, comme ça, en passant, le lui ayant offert spontanément sur la mine.

Maillochon reparut avec son fusil enveloppé dans une loque. C'était un homme de quarante ou cinquante ans, grand, maigre, avec cet œil vif qu'ont les gens tracassés par des inquiétudes légitimes, et les bêtes souvent traquées. Sa chemise ouverte laissait voir sa poitrine velue d'une toison grise. Mais il semblait n'avoir jamais eu d'autre barbe qu'une brosse de courtes moustaches et une pincée de poils raides sous la lèvre inférieure. Il était chauve des tempes.

Quand il enlevait la galette de crasse qui lui servait de casquette, la peau de sa tête semblait couverte d'un duvet vaporeux, d'une ombre de cheveux, comme le corps d'un poulet plumé qu'on va flamber.

Chicot, au contraire, rouge et bourgeonneux, gros, court et poilu, avait l'air d'un bifteck cru caché dans un bonnet de sapeur.

Il tenait sans cesse fermé l'œil gauche comme s'il visait quelque chose ou quelqu'un, et quand on le plaisantait sur ce tic, en lui criant : « Ouvre l'œil, Labouise », il répondait d'un ton tranquille : « Aie pas peur, ma sœur, je l'ouvre à l'occase. » Il avait d'ailleurs cette habitude d'appeler tout le monde « ma sœur », même son compagnon ravageur.

Il reprit à son tour les avirons ; et la barque de nouveau s'enfonça dans la brume immobile sur le fleuve, mais qui devenait blanche comme du lait dans le ciel éclairé de lueurs roses.

Labouise demanda :

« Qué plomb qu' t'as pris, Maillochon ? »

Maillochon répondit :

« Du tout p'tit, du neuf, c'est c' qui faut pour le lapin. »

Ils approchaient de l'autre berge si lentement, si doucement, qu'aucun bruit ne les révélait. Cette berge appartient à la forêt de Saint-Germain et limite les tirés aux lapins. Elle est couverte de terriers cachés sous les racines d'arbres ; et les bêtes, à l'aurore, gambadent là-dedans, vont, viennent, entrent et sortent.

Maillochon, à genoux à l'avant, guettait, le fusil caché sur le plancher de la barque. Soudain il le saisit, visa, et la détonation roula longtemps par la calme campagne.

Labouise, en deux coups de rame, toucha la berge, et son compagnon, sautant à terre, ramassa un petit lapin gris, tout palpitant encore.

Puis le bateau s'enfonça de nouveau dans le

brouillard pour regagner l'autre rive et se mettre à l'abri des gardes.

Les deux hommes semblaient maintenant se promener doucement sur l'eau. L'arme avait disparu sous la planche qui servait de cachette, et le lapin dans la chemise bouffante de Chicot.

Au bout d'un quart d'heure, Labouise demanda :

« Allons, ma sœur, encore un. »

Maillochon répondit :

« Ça me va, en route. »

Et la barque repartit, descendant vivement le courant. Les brumes qui couvraient le fleuve commençaient à se lever. On apercevait, comme à travers un voile, les arbres des rives ; et le brouillard déchiré s'en allait au fil de l'eau, par petits nuages.

Quand ils approchèrent de l'île dont la pointe est devant Herblay, les deux hommes ralentirent leur marche et recommencèrent à guetter. Puis bientôt un second lapin fut tué.

Ils continuèrent ensuite à descendre jusqu'à mi-route de Conflans ; puis ils s'arrêtèrent, amarrèrent leur bateau contre un arbre, et, se couchant au fond, s'endormirent.

De temps en temps, Labouise se soulevait et, de son œil ouvert, parcourait l'horizon. Les dernières vapeurs du matin s'étaient évaporées et le grand soleil d'été montait, rayonnant, dans le ciel bleu.

Là-bas, de l'autre côté de la rivière, le coteau planté de vignes s'arrondissait en demi-cercle. Une seule maison se dressait au faîte, dans un bouquet d'arbres. Tout était silencieux.

Mais sur le chemin de halage quelque chose remuait doucement, avançant à peine. C'était une femme traînant un âne. La bête, ankylosée, raide et rétive, allongeait une jambe de temps en temps, cédant aux efforts de sa compagne quand elle ne pouvait plus s'y refuser ; et elle allait ainsi le cou tendu, les oreilles couchées, si lentement qu'on ne pouvait prévoir quand elle serait hors de vue.

La femme tirait, courbée en deux, et se retournait parfois pour frapper l'âne avec une branche.

Labouise, l'ayant aperçue, prononça :

« Ohé ! Mailloche ? »

Mailloche répondit :

« Qué qu'y a ?

– Veux-tu rigoler ?

– Tout de même.

– Allons, secoue-toi, ma sœur, j'allons rire. »

Et Chicot prit les avirons.

Quand il eut traversé le fleuve et qu'il fut en face du groupe, il cria : « Ohé, ma sœur ! »

La femme cessa de traîner sa bourrique et regarda. Labouise reprit :

« Vas-tu à la foire aux locomotives ? »

La femme ne répondit rien. Chicot continua :

« Ohé ! dis, il a été primé à la course, ton bourri. Ousque tu l' conduis, de c'te vitesse ? »

La femme, enfin, répondit :

« Je vas chez Macquart, aux Champioux, pour l' faire abattre. Il ne vaut pu rien. »

Labouise répondit :

« J' te crois. Et combien qu'y t'en donnera, Macquart ? »

La femme, qui s'essuyait le front du revers de la main, hésita :

« J' sais ti ? P't-être trois francs, p't-être quatre ! »

Chicot s'écria :

« J' t'en donne cent sous, et v'là ta course faite, c'est pas peu. »

La femme, après une courte réflexion, prononça :

« C'est dit. »

Et les ravageurs abordèrent.

Labouise saisit la bride de l'animal. Maillochon, surpris, demanda :

« Qué que tu veux faire de c'te peau ? »

Chicot, cette fois, ouvrit son autre œil pour exprimer sa gaieté. Toute sa figure rouge grimaçait de joie ; il gloussa :

« Aie pas peur, ma sœur, j'ai mon truc. »

Il donna cent sous à la femme, qui s'assit sur le fossé pour voir ce qui allait arriver.

Alors Labouise, en belle humeur, alla chercher le fusil, et le tendant à Maillochon :

« Chacun son coup, ma vieille ; nous allons chasser le gros gibier, ma sœur, pas si près que ça, nom d'un nom, tu vas l' tuer du premier. Faut faire durer l' plaisir un peu. »

Et il plaça son compagnon à quarante pas de la victime. L'âne, se sentant libre, essayait de brouter l'herbe haute de la berge, mais il était tellement exténué qu'il vacillait sur ses jambes comme s'il allait tomber.

Maillochon l'ajusta lentement et dit :

« Un coup de sel aux oreilles, attention, Chicot ! »

Et il tira.

Le plomb menu cribla les longues oreilles de l'âne, qui se mit à les secouer vivement, les agitant tantôt l'une après l'autre, tantôt ensemble, pour se débarrasser de ce picotement.

Les deux hommes riaient à se tordre, courbés, tapant du pied. Mais la femme indignée s'élança, ne voulant pas qu'on martyrisât son bourri, offrant de rendre les cent sous, furieuse et geignante.

Labouise la menaça d'une tripotée et fit mine de relever ses manches. Il avait payé, n'est-ce pas ? Alors zut. Il allait lui en tirer un dans les jupes, pour lui montrer qu'on ne sentait rien.

Et elle s'en alla en les menaçant des gendarmes. Longtemps ils l'entendirent qui criait des injures plus violentes à mesure qu'elle s'éloignait.

Maillochon tendit le fusil à son camarade.

« À toi, Chicot. »

Labouise ajusta et fit feu. L'âne reçut la charge dans les cuisses, mais le plomb était si petit et tiré de si loin qu'il se crut sans doute piqué des taons. Car il se mit à s'émoucher de sa queue avec force, se battant les jambes et le dos.

Labouise s'assit pour rire à son aise, tandis que Maillochon rechargeait l'arme, si joyeux qu'il semblait éternuer dans le canon.

Il s'approcha de quelques pas et, visant le même endroit que son camarade, il tira de nouveau. La bête, cette fois, fit un soubresaut, essaya de ruer, tourna la tête. Un peu de sang coulait enfin. Elle avait été touchée profondément, et une souffrance aiguë se déclara, car elle se mit à fuir sur la berge, d'un galop lent, boiteux et saccadé.

Les deux hommes s'élancèrent à sa poursuite, Maillochon à grandes enjambées, Labouise à pas pressés, courant d'un trot essoufflé de petit homme.

Mais l'âne, à bout de forces, s'était arrêté, et il regardait, d'un œil éperdu, venir ses meurtriers. Puis, tout à coup, il tendit la tête et se mit à braire.

Labouise, haletant, avait pris le fusil. Cette fois, il s'approcha tout près, n'ayant pas envie de recommencer la course.

Quand le baudet eut fini de pousser sa plainte lamentable, comme un appel de secours, un dernier cri d'impuissance, l'homme, qui avait son idée, cria : « Mailloche, ohé ! ma sœur, amène-toi, je vas lui faire prendre médecine. » Et, tandis que l'autre ouvrait de force la bouche serrée de l'animal, Chicot lui introduisait au fond du gosier le canon de son fusil, comme s'il eût voulu lui faire boire un médicament ; puis il dit :

« Ohé ! ma sœur, attention, je verse la purge. »

Et il appuya sur la gâchette. L'âne recula de trois pas, tomba sur le derrière, tenta de se relever et s'abattit à la fin sur le flanc en fermant les yeux. Tout son vieux corps pelé palpitait ; ses jambes s'agitaient comme s'il eût voulu courir. Un flot de sang lui coulait entre les dents. Bientôt il ne remua plus. Il était mort.

Les deux hommes ne riaient pas, ça avait été fini trop vite, ils étaient volés.

Maillochon demanda :

« Eh bien, qué que j'en faisons à c't heure ? »

Labouise répondit :

« Aie pas peur, ma sœur embarquons-le, j'allons rigoler à la nuit tombée. »

Et ils allèrent chercher la barque. Le cadavre de l'animal fut couché dans le fond, couvert d'herbes fraîches, et les deux rôdeurs, s'étendant dessus, se rendormirent.

Vers midi, Labouise tira des coffres secrets de leur bateau vermoulu et boueux un litre de vin, un pain, du beurre et des oignons crus, et ils se mirent à manger.

Quand leur repas fut terminé, ils se couchèrent de nouveau sur l'âne mort et recommencèrent à dormir. À la nuit tombante, Labouise se réveilla et, secouant son camarade qui ronflait comme un orgue, il commanda :

« Allons, ma sœur, en route ! »

Et Maillochon se mit à ramer. Ils remontaient la Seine tout doucement, ayant du temps devant eux. Ils longeaient les berges couvertes de lis d'eau fleuris, parfumées par les aubépines penchant sur le courant leurs touffes blanches ; et la lourde barque, couleur de vase, glissait sur les grandes feuilles plates des nénuphars, dont elle courbait les fleurs pâles, rondes et fendues comme des grelots, qui se redressaient ensuite.

Lorsqu'ils furent au mur de l'Éperon, qui sépare la forêt de Saint-Germain du parc de Maisons-Laffitte, Labouise arrêta son camarade et lui exposa son projet, qui agita Maillochon d'un rire silencieux et prolongé.

Ils jetèrent à l'eau les herbes étendues sur le cadavre, prirent la bête par les pieds, la débarquèrent et s'en furent la cacher dans un fourré.

Puis ils remontèrent dans leur barque et gagnèrent Maisons-Laffitte.

La nuit était tout à fait noire quand ils entrèrent chez le père Jules, traiteur et marchand de vin. Dès qu'il les aperçut, le commerçant s'approcha, leur serra les mains et prit place à leur table, puis on causa de choses et d'autres.

Vers onze heures, le dernier consommateur étant parti, le père Jules, clignant de l'œil, dit à Labouise :

« Hein, y en a-t-il ? »

Labouise fit un mouvement de tête et prononça :

« Y en a et y en a pas, c'est possible. »

Le restaurateur insistait :

« Des gris, rien que des gris, peut-être ? »

Alors, Chicot, plongeant la main dans sa chemise de laine, tira les oreilles d'un lapin et déclara :

« Ça vaut trois francs la paire. »

Alors, une longue discussion commença sur le prix. On convint de deux francs soixante-cinq. Et les deux lapins furent livrés.

Comme les maraudeurs se levaient, le père Jules qui les guettait, prononça :

« Vous avez autre chose, mais vous ne voulez pas le dire. »

Labouise riposta :

« C'est possible, mais pas pour toi, t'es trop chien. »

L'homme, allumé, le pressait.

« Hein, du gros, allons, dis quoi, on pourra s'entendre. »

Labouise, qui semblait perplexe, fit mine de consulter Maillochon de l'œil, puis il répondit d'une voix lente :

« V'là l'affaire. J'étions embusqué à l'Éperon quand quéque chose nous passe dans le premier buisson à gauche, au bout du mur. Mailloche y lâche un coup, ça tombe. Et je filons, vu les gardes. Je peux pas te dire ce que c'est, vu que je l'ignore. Pour gros, c'est gros. Mais quoi ? si je te le disais, je te tromperais, et tu sais, ma sœur, entre nous, cœur sur la main. »

L'homme, palpitant, demanda :

« C'est-i pas un chevreuil ? »

Labouise reprit :

« Ça s' peut bien, ça ou autre chose ! Un chevreuil ?... oui... C'est p't-être pu gros ! Comme qui dirait une biche. Oh ! j' te dis pas qu' c'est une biche, vu que j' l'ignore, mais ça s' peut ! »

Le gargotier insistait :

« P't-être un cerf ? »

Labouise étendit la main :

« Ça, non ! Pour un cerf, c'est pas un cerf, j' te trompe pas, c'est pas un cerf. J' l'aurais vu, attendu les bois. Non, pour un cerf, c'est pas un cerf.

– Pourquoi que vous l'avez pas pris ? demanda l'homme.

– Pourquoi ? ma sœur, parce que je vendons sur place, désormais. J'ai preneur. Tu comprends, on va flâner par là, on trouve la chose, on s'en empare. Pas de risques pour bibi. Voilà. »

Le fricotier, soupçonneux, prononça :

« S'il n'y était pu, maintenant ? »

Mais Labouise leva de nouveau la main :

« Pour y être, il y est, je te l' promets, je te l' jure. Dans le premier buisson à gauche. Pour ce que c'est, je l'ignore. J' sais que c'est pas un cerf, ça, non, j'en suis sûr. Pour le reste, à toi d'y aller voir. C'est vingt francs sur place, ça te va-t-il ? »

L'homme hésitait encore :

« Tu ne pourrais pas me l'apporter ? »

Maillochon prit la parole :

« Alors pu de jeu. Si c'est un chevreuil, cinquante francs ; si c'est une biche, soixante-dix ; v'là nos prix. »

Le gargotier se décida :

« Ça va pour vingt francs. C'est dit. »

Et on se tapa dans la main.

Puis il sortit de son comptoir quatre grosses pièces de cent sous que les deux amis empochèrent.

Labouise se leva, vida son verre et sortit ; au moment d'entrer dans l'ombre, il se retourna pour spécifier :

« C'est pas un cerf, pour sûr. Mais, quoi ?... Pour y être, il y est. Je te rendrai l'argent si tu ne trouves rien. »

Et il s'enfonça dans la nuit.

Maillochon, qui le suivait, lui tapait dans le dos de grands coups de poing pour témoigner son allégresse.

Le mal d'André

À Edgar Courtois

LA MAISON DU NOTAIRE avait façade sur la place. Par-derrière, un beau jardin bien planté s'étendait jusqu'au passage des Piques, toujours désert, dont il était séparé par un mur.

C'est au bout de ce jardin que la femme de maître Moreau avait donné rendez-vous, pour la première fois, au capitaine Sommerive qui la poursuivait depuis longtemps.

Son mari était parti passer huit jours à Paris. Elle se trouvait donc libre pour la semaine entière. Le capitaine avait tant prié, l'avait implorée avec des paroles si douces ; elle était persuadée qu'il l'aimait si violemment, elle se sentait elle-même si isolée, si méconnue, si négligée au milieu des contrats dont s'occupait uniquement le notaire, qu'elle avait laissé prendre son cœur sans se demander si elle donnerait plus un jour.

Puis, après des mois d'amour platonique, de mains pressées, de baisers rapides volés derrière une porte, le capitaine avait déclaré qu'il quitterait immédiatement la ville en demandant son changement s'il n'obtenait pas un rendez-vous, un vrai rendez-vous, dans l'ombre des arbres, pendant l'absence du mari.

Elle avait cédé ; elle avait promis.

Elle l'attendait maintenant, blottie contre le mur, le cœur battant, tressaillant aux moindres bruits.

Tout à coup elle entendit qu'on escaladait le mur, et elle faillit se sauver. Si ce n'était pas lui ? Si c'était un voleur ? Mais non ; une voix appelait doucement « Mathilde ». Elle répondit « Étienne ». Et un homme tomba dans le chemin avec un bruit de ferraille.

C'était lui ! quel baiser !

Ils demeurèrent longtemps debout, enlacés, les lèvres unies. Mais tout à coup une pluie fine se mit à tomber, et les gouttes glissant de feuille en feuille faisaient dans l'ombre un frémissement d'eau. Elle tressaillit lorsqu'elle reçut la première goutte sur le cou.

Il lui disait : « Mathilde, ma chérie, mon ange, entrons chez vous. Il est minuit, nous n'avons rien à craindre. Allons chez vous ; je vous supplie. »

Elle répondait : « Non, mon bien-aimé, j'ai peur. Qui sait ce qui peut nous arriver. »

Mais il la tenait serrée en ses bras, et lui murmurait dans l'oreille : « Vos domestiques sont au troisième étage, sur la place. Votre chambre est au premier, sur le jardin. Personne ne nous entendra. Je vous aime, je veux t'aimer librement, tout entière, des pieds à la tête. » Et il l'étreignait avec violence, en l'affolant de baisers.

Elle résistait encore, effrayée, honteuse aussi. Mais il la saisit par la taille, l'enleva et l'emporta, sous la pluie qui devenait terrible.

La porte était restée ouverte ; ils montèrent à tâtons l'escalier ; puis, lorsqu'ils furent entrés dans la chambre, elle poussa les verrous, pendant qu'il enflammait une allumette.

Mais elle tomba défaillante dans un fauteuil. Il se mit à ses genoux, et, lentement, il la dévêtait, ayant commencé par les bottines et par les bas, pour baiser ses pieds.

Elle disait, haletante : « Non, non, Étienne, je vous en supplie, laissez-moi rester honnête ; je vous en voudrais trop, après ! c'est si laid, cela, si grossier ! Ne peut-on s'aimer avec les âmes seulement... Étienne. »

Avec une adresse de femme de chambre, et une vivacité d'homme pressé, il déboutonnait, dénouait, dégrafait, délaçait sans repos. Et quand elle voulut se lever et fuir pour échapper à ses audaces, elle sortit brusquement de ses robes, de ses jupes et de son linge toute nue, comme une main sort d'un manchon.

Éperdue, elle courut vers le lit pour se cacher sous les rideaux. La retraite était dangereuse. Il l'y suivit. Mais comme il voulait la joindre et qu'il se hâtait, son sabre, détaché trop vite, tomba sur le parquet avec un bruit retentissant.

Aussitôt une plainte prolongée, un cri aigu et continu, un cri d'enfant partit de la chambre voisine, dont la porte était restée ouverte.

Elle murmura : « Oh ! vous venez de réveiller André ; il ne pourra pas se rendormir. »

Son fils avait quinze mois et il couchait près de sa mère, afin qu'elle pût sans cesse veiller sur lui.

Le capitaine, fou d'ardeur, n'écoutait pas. « Qu'importe ? qu'importe ? Je t'aime ; tu es à moi, Mathilde. »

Mais elle se débattait, désolée, épouvantée. « Non, non ! écoute comme il crie ; il va réveiller la nourrice. Si elle venait, que ferions-nous ? Nous serions perdus ? Étienne, écoute, quand il fait ça, la nuit, son père le prend dans notre lit pour le calmer. Il se tait tout de suite, tout de suite, il n'y a pas d'autre moyen. Laisse-moi le prendre, Étienne... »

L'enfant hurlait, poussait ces clameurs perçantes qui traversent les murs les plus épais, qu'on entend de la rue en passant près des logis.

Le capitaine, consterné, se releva, et Mathilde, s'élançant, alla chercher le mioche qu'elle apporta dans sa couche. Il se tut.

Étienne s'assit à cheval sur une chaise et roula une cigarette. Au bout de cinq minutes à peine, André dormait. La mère murmura : « Je vais le reporter maintenant. » Et elle alla reposer l'enfant dans son berceau avec des précautions infinies.

Quand elle revint, le capitaine l'attendait les bras ouverts.

Il l'enlaça, fou d'amour. Et elle, vaincue enfin, l'étreignant, balbutiait :

« Étienne... Étienne... mon amour ! Oh ! si tu savais comme... comme... »

André se remit à crier. Le capitaine furieux, jura : « Nom de Dieu de chenapan ! Il ne va pas se taire, ce morveux-là ! »

Non, il ne se taisait pas, le morveux, il beuglait.

Mathilde crut entendre remuer au-dessus. C'était la nourrice qui venait sans doute. Elle s'élança, prit son fils, et le rapporta dans son lit. Il redevint muet aussitôt.

Trois fois de suite on le recoucha dans son berceau. Trois fois de suite il fallut le reprendre.

Le capitaine Sommerive partit une heure avant l'aurore en sacrant à bouche que veux-tu.

Mais, pour calmer son impatience, Mathilde lui avait promis de le recevoir encore, le soir même.

Il arriva comme la veille, mais plus impatient, plus enflammé, rendu furieux par l'attente.

Il eut soin de poser son sabre avec douceur, sur les deux bras d'un fauteuil ; il ôta ses bottes comme un voleur, et parla si bas que Mathilde ne l'entendait plus. Enfin, il allait être heureux, tout à fait heureux, quand le parquet ou quelque meuble, ou peut-être le lit lui-même, craqua. Ce fut un bruit sec comme si quelque support s'était brisé, et aussitôt un cri, faible d'abord, puis suraigu, y répondit. André s'était réveillé.

Il glapissait comme un renard. S'il continuait ainsi, certes, toute la maison allait se lever.

La mère affolée s'élança et le rapporta. Le capitaine ne se releva pas. Il rageait. Alors, tout doucement il étendit la main, prit entre deux doigts un peu de chair du marmot, n'importe où, à la cuisse ou bien au derrière, et il pinça. L'enfant se débattit, hurlant à déchirer les oreilles. Alors le capitaine, exaspéré, pinça plus fort, partout, avec fureur. Il saisissait vivement le bourrelet de peau et le tordait en le serrant violemment, puis le lâchait pour en prendre un autre à côté, puis un autre plus loin, puis encore un autre.

L'enfant poussait des clameurs de poulet qu'on égorge ou de chien qu'on flagelle. La mère éplorée l'embrassait, le caressait, tâchait de le calmer, d'étouffer ses cris sous les baisers. Mais André devenait violet comme s'il allait avoir des convulsions, et il agitait ses petits pieds et ses petites mains d'une façon effrayante et navrante.

Le capitaine dit d'une voix douce : « Essayez donc de le reporter dans son berceau ; il s'apaisera peut-être. » Et Mathilde s'en alla vers l'autre chambre avec son enfant dans ses bras.

Dès qu'il fut sorti du lit de sa mère, il cria moins fort ; et dès qu'il fut rentré dans le sien, il se tut, avec quelques sanglots encore, de temps en temps.

Le reste de la nuit fut tranquille ; et le capitaine fut heureux.

La nuit suivante, il revint encore. Comme il parlait un peu fort, André se réveilla de nouveau et se mit à glapir. Sa mère bien vite l'alla chercher ; mais le capitaine pinça si bien, si durement et si longtemps que le marmot suffoqua, les yeux tournés, l'écume aux lèvres.

On le remit en son berceau. Il se calma tout aussitôt.

Au bout de quatre jours, il ne pleurait plus pour aller dans le lit maternel.

Le notaire revint le samedi soir. Il reprit sa place au foyer et dans la chambre conjugale.

Il se coucha de bonne heure, étant fatigué du voyage ; puis, dès qu'il eut bien retrouvé ses habitudes et accompli scrupuleusement tous ses devoirs d'homme honnête et méthodique, il s'étonna : « Tiens, mais André ne pleure pas, ce soir. Va donc le chercher un peu, Mathilde, ça me fait plaisir de le sentir entre nous deux. »

La femme aussitôt se leva et alla prendre l'enfant ; mais dès qu'il se vit dans ce lit où il aimait tant s'endormir quelques jours auparavant, le marmot épouvanté se tordit, et hurla si furieusement qu'il fallut le reporter en son berceau.

Maître Moreau n'en revenait pas : « Quelle drôle de chose ? Qu'est-ce qu'il a ce soir ? Peut-être qu'il a sommeil ? »

Sa femme répondit : « Il a été toujours comme ça

pendant ton absence. Je n'ai pas pu le prendre une seule fois. »

Au matin, l'enfant réveillé se mit à jouer et à rire en remuant ses menottes.

Le notaire attendri accourut, embrassa son produit, puis l'enleva dans ses bras pour le rapporter dans la couche conjugale. André riait, du rire ébauché des petits êtres dont la pensée est vague encore. Tout à coup il aperçut le lit, sa mère dedans ; et sa petite figure heureuse se plissa, décomposée, tandis que des cris furieux sortaient de sa gorge et qu'il se débattait comme si on l'eût martyrisé.

Le père, étonné, murmura : « Il a quelque chose, cet enfant », et d'un mouvement naturel il releva sa chemise.

Il poussa un « ah ! » de stupeur. Les mollets, les cuisses, les reins, tout le derrière du petit étaient marbrés de taches bleues, grandes comme des sous.

Maître Moreau cria : « Mathilde, regarde, c'est affreux. » La mère, éperdue, se précipita. Le milieu de chacune des taches semblait traversé d'une ligne violette où le sang était venu mourir. C'était là, certes, quelque maladie effroyable et bizarre, le commencement d'une sorte de lèpre, d'une de ces affections étranges où la peau devient tantôt pustuleuse comme le dos des crapauds, tantôt écailleuse comme celui des crocodiles.

Les parents éperdus se regardaient. Maître Moreau s'écria : « Il faut aller chercher le médecin. »

Mais Mathilde, plus pâle qu'une morte, contemplait fixement son fils aussi tacheté qu'un léopard. Et, soudain, poussant un cri, un cri violent, irréfléchi, comme si elle eût aperçu quelqu'un qui l'emplissait d'horreur, elle jeta : « Oh ! le misérable !... »

M. Moreau, surpris, demanda : « Hein ? De qui parles-tu ? Quel misérable ? »

Elle devint rouge jusqu'aux cheveux et balbutia : « Rien... c'est... vois-tu... je devine... c'est... il ne faut pas aller chercher le médecin... c'est assurément cette misérable nourrice qui pince le petit pour le faire taire quand il crie. »

Le notaire, exaspéré, alla quérir la nourrice et faillit la battre. Elle nia avec effrontement, mais fut chassée.

Et sa conduite, signalée à la municipalité, l'empêcha de trouver d'autres places.

Le cas de Mme Luneau

À Georges Duval

LE JUGE DE PAIX, gros, avec un œil fermé et l'autre à peine ouvert, écoute les plaignants d'un air mécontent. Parfois il pousse une sorte de grognement qui fait préjuger son opinion, et il interrompt d'une voix grêle comme celle d'un enfant, pour poser des questions.

Il vient de régler l'affaire de M. Joly contre M. Petitpas, au sujet de la borne d'un champ qui aurait été déplacée par mégarde par le charretier de M. Petitpas en labourant.

Il appelle l'affaire d'Hippolyte Lacour, sacristain et quincaillier, contre Mme Céleste-Césarine Luneau, veuve d'Anthime Isidore.

Hippolyte Lacour a quarante-cinq ans ; grand, maigre, portant des cheveux longs, et rasé comme un homme d'Église, il parle d'une voix lente, traînante et chantante.

Mme Luneau semble avoir quarante ans. Charpentée en lutteur, elle gonfle de partout sa robe étroite et collante. Ses hanches énormes supportent une poitrine débordante par-devant, et, par-derrière, des omoplates grasses comme des seins. Son cou large soutient une tête aux traits saillants, et sa voix pleine, sans être grave, pousse des notes qui font vibrer les vitres et les tympans. Enceinte, elle présente en avant un ventre énorme comme une montagne.

Les témoins à décharge attendent leur tour.

M. le juge de paix attaque la question.

« Hippolyte Lacour, exposez votre réclamation. »

Le plaignant prend la parole.

« Voilà, monsieur le juge de paix. Il y aura neuf mois à la Saint-Michel que Mme Luneau est venue me trouver, un soir, comme j'avais sonné l'angelus, et elle m'exposa sa situation par rapport à sa stérilité... »

LE JUGE DE PAIX – Soyez plus explicite, je vous prie.

HIPPOLYTE – Je m'éclaircis, monsieur le juge. Or, qu'elle voulait un enfant et qu'elle me demandait ma participation. Je ne fis pas de difficultés, et elle me promit cent francs. La chose accordée et réglée, elle refuse aujourd'hui sa promesse. Je la réclame devant vous, monsieur le juge de paix.

LE JUGE DE PAIX – Je ne vous comprends pas du tout. Vous dites qu'elle voulait un enfant ? Comment ? Quel genre d'enfant ? Un enfant pour l'adopter ?

HIPPOLYTE – Non, monsieur le juge, un neuf.

LE JUGE DE PAIX – Qu'entendez-vous par ces mots : « Un neuf ? »

HIPPOLYTE – J'entends un enfant à naître que nous aurions ensemble, comme si nous étions mari et femme.

LE JUGE DE PAIX – Vous me surprenez infiniment. Dans quel but pouvait-elle vous faire cette proposition anormale ?

HIPPOLYTE – Monsieur le juge, le but ne m'apparut pas au premier abord et je fus aussi un peu intercepté. Comme je ne fais rien sans me rendre compte de tout, je voulus me pénétrer de ses raisons et elle me les énuméra.

Or son époux, Anthime Isidore, que vous avez connu comme vous et moi, était mort la semaine d'avant, avec tout son bien en retour à sa famille. Donc, la chose la contrariant, vu l'argent, elle s'en fut trouver un législateur qui la renseigna sur le cas d'une naissance dans les dix mois. Je veux dire que si elle accouchait dans les dix mois après l'extinction du feu Anthime Isidore, le produit était considéré comme légitime et donnait droit à l'héritage.

Elle se résolut sur-le-champ à courir les conséquences et elle s'en vint me trouver à la sortie de l'église comme j'ai eu l'honneur de vous le dire, vu que je suis père légitime de huit enfants, tous viables, dont mon premier est épicier à Caen, département du Calvados, et uni en légitime mariage à Victoire-Élisabeth Rabou...

LE JUGE DE PAIX – Ces détails sont inutiles. Revenez au fait.

HIPPOLYTE – J'y entre, monsieur le juge. Donc elle me dit : « Si tu réussis, je te donnerai cent francs dès que j'aurai fait constater la grossesse par le médecin. »

Or je me mis en état, monsieur le juge, d'être à même de la satisfaire. Au bout de six semaines ou deux mois, en effet, j'appris avec satisfaction la réussite. Mais ayant demandé les cent francs, elle me les refusa. Je les réclamai de nouveau à diverses reprises sans obtenir un radis. Elle me traita même de flibustier et d'impuissant, dont la preuve du contraire est de la regarder.

LE JUGE DE PAIX – Qu'avez-vous à dire, femme Luneau ?

MME LUNEAU – Je dis, monsieur le juge de paix, que cet homme est un flibustier !

LE JUGE DE PAIX – Quelle preuve apportez-vous à l'appui de cette assertion ?

MME LUNEAU (*rouge, suffoquant, balbutiant*) – Quelle preuve ? quelle preuve ? Je n'en ai pas eu une, de preuve, de vraie, de preuve que l'enfant n'est pas à lui. Non, pas à lui, monsieur le juge, j'en jure sur la tête de mon défunt mari, pas à lui.

LE JUGE DE PAIX – À qui est-il donc, dans ce cas ?

MME LUNEAU (*bégayant de colère*) – Je sais ti, moi, je sais ti ? À tout le monde, pardi. Tenez, v'là mes témoins, monsieur le juge ; les v'là tous. Ils sont six. Tirez-leur des dépositions, tirez-leur. Ils répondront...

LE JUGE DE PAIX – Calmez-vous, madame Luneau, calmez-vous et répondez froidement. Quelles raisons avez-vous de douter que cet homme soit le père de l'enfant que vous portez ?

MME LUNEAU – Quelles raisons ? J'en ai cent pour une, cent, deux cents, cinq cents, dix mille, un million et plus, de raisons. Vu qu'après lui avoir fait la proposition que vous savez avec promesse de cent francs, j'appris qu'il était cocu, sauf votre respect, monsieur le juge, et que les siens n'étaient pas à lui, ses enfants, pas à lui, pas un.

HIPPOLYTE LACOUR (*avec calme*) – C'est des menteries.

MME LUNEAU (*exaspérée*) – Des menteries ! des menteries ! Si on peut dire ! À preuve que sa femme s'est fait rencontrer par tout le monde, que je vous dis, par tout le monde. Tenez, v'là mes témoins, m'sieur le juge de paix. Tirez-leur des dépositions ?

HIPPOLYTE LACOUR (*froidement*) – C'est des menteries.

MME LUNEAU – Si on peut dire ! Et les rouges, c'est-il toi qui les a faits, les rouges ?

LE JUGE DE PAIX – Pas de personnalités, s'il vous plaît, ou je serai contraint de sévir.

MME LUNEAU – Donc, la doutance m'étant venue sur ses capacités, je me dis, comme on dit, que deux précautions valent mieux qu'une, et je contai mon affaire à César Lepic, que voilà, mon témoin ; qu'il me dit : « À votre disposition, madame Luneau », et qu'il m'a prêté son concours pour le cas où Hippolyte aurait fait défaut. Mais vu qu'alors ça fut connu des autres témoins que je voulais me prémunir, il s'en est trouvé plus de cent, si j'avais voulu, monsieur le juge.

Le grand que vous voyez là, celui qui s'appelle Lucas Chandelier, m'a juré alors que j'avais tort de donner les cent francs à Hippolyte Lacour, vu qu'il n'avait pas fait plus que l's' autres qui ne réclamaient rien.

HIPPOLYTE – Fallait point me les promettre, alors. Moi j'ai compté, monsieur le juge. Avec moi, pas d'erreur : chose promise, chose tenue.

MME LUNEAU (*hors d'elle*) – Cent francs ! cent francs ! Cent francs pour ça, flibustier, cent francs ! Ils ne m'ont rien demandé, eusse, rien de rien. Tiens, les v'là, ils sont six. Tirez-leur des dépositions, monsieur le juge de paix, ils répondront pour sûr, ils répondront. (*À Hippolyte.*) Guête-les donc, flibustier, s'ils te valent pas. Ils sont six, j'en aurais eu cent, deux cents, cinq cents, tant que j'aurais voulu, pour rien ! Flibustier !

HIPPOLYTE – Quand y en aurait cent mille !...

MME LUNEAU – Oui, cent mille, si j'avais voulu...

HIPPOLYTE – Je n'en ai pas moins fait mon devoir... ça ne change pas nos conventions.

MME LUNEAU (*tapant à deux mains sur son ventre*) – Eh bien, prouve que c'est toi, prouve-le, prouve-le, flibustier. J' t'en défie !

HIPPOLYTE (*avec calme*) – C'est p't-être pas plus moi qu'un autre. Ça n'empêche que vous m'avez promis cent francs pour ma part. Fallait pas vous adresser à tout le monde ensuite. Ça ne change rien. J' l'aurais bien fait tout seul.

MME LUNEAU – C'est pas vrai ! Flibustier ! Interpellez mes témoins, monsieur le juge de paix. Ils répondront pour sûr.

(*Le juge de paix appelle les témoins à décharge. Ils sont six, rouges, les mains ballantes, intimidés.*)

LE JUGE DE PAIX – Lucas Chandelier, avez-vous lieu de présumer que vous soyez le père de l'enfant que Mme Luneau porte dans son flanc ?

LUCAS CHANDELIER – Oui, m'sieu.

LE JUGE DE PAIX – Célestin-Pierre Sidoine, avez-vous lieu de présumer que vous soyez le père de l'enfant que Mme Luneau porte dans son flanc ?

CÉLESTIN-PIERRE SIDOINE. – Oui, m'sieu.

(*Les quatre autres témoins déposent identiquement de la même façon.*)

Le juge de paix, après s'être recueilli, prononce :

« Attendu que si Hippolyte Lacour a lieu de s'estimer le père de l'enfant que réclamait Mme Luneau, les nommés Lucas Chandelier, etc., etc., ont des raisons analogues, sinon prépondérantes, de réclamer la même paternité ;

« Mais attendu que Mme Luneau avait primitivement invoqué l'assistance de Hippolyte Lacour, moyennant une indemnité convenue et consentie de cent francs ;

« Attendu pourtant que si on peut estimer entière la bonne foi du sieur Lacour, il est permis de contester son droit strict de s'engager d'une pareille façon, étant donné que le plaignant est marié, et tenu par la loi à rester fidèle à son épouse légitime ;

« Attendu, en outre, etc., etc., etc.

« Condamne Mme Luneau à vingt-cinq francs de dommages-intérêts envers le sieur Hippolyte Lacour, pour perte de temps et détournement insolite. »

Une soirée

MAÎTRE SAVAL, NOTAIRE À VERNON, aimait passionnément la musique. Jeune encore, chauve déjà, rasé toujours avec soin, un peu gros comme il sied, portant un pince-nez d'or au lieu des antiques lunettes, actif, galant et joyeux, il passait dans Vernon pour un artiste. Il touchait du piano et jouait du violon, donnait des soirées musicales où l'on interprétait les opéras nouveaux.

Il avait même ce qu'on appelle un filet de voix, rien qu'un filet, un tout petit filet ; mais il le conduisait avec tant de goût que les « Bravo ! Exquis ! Surprenant ! Adorable ! » jaillissaient de toutes les bouches dès qu'il avait murmuré la dernière note.

Il était abonné chez un éditeur de musique de Paris, qui lui adressait les nouveautés, et il envoyait de temps en temps à la haute société de la ville des petits billets ainsi tournés :

> Vous êtes prié d'assister, lundi soir, chez maître Saval, notaire, à la première audition, à Vernon, du *Saïs.* »

Quelques officiers, doués de jolie voix, faisaient les chœurs. Deux ou trois dames du cru chantaient aussi. Le notaire remplissait le rôle de chef d'orchestre avec tant de sûreté, que le chef de musique du 190e de ligne avait dit de lui, un jour, au café de l'Europe :

« Oh ! maître Saval, c'est un maître, il est bien malheureux qu'il n'ait pas embrassé la carrière des arts. »

Quand on citait son nom dans un salon, il se trouvait toujours quelqu'un pour déclarer :

« Ce n'est pas un amateur, c'est un artiste, un véritable artiste. »

Et deux ou trois personnes répétaient, avec une conviction profonde :

« Oh ! oui, un véritable artiste » ; en appuyant beaucoup sur « véritable ».

Chaque fois qu'une œuvre nouvelle était interprétée sur une grande scène de Paris, maître Saval faisait le voyage.

Or, l'an dernier, il voulut, selon sa coutume, aller entendre *Henri VIII*. Il prit donc l'express qui arrive à Paris à quatre heures et trente minutes, étant résolu à repartir par le train de minuit trente-cinq, pour ne point coucher à l'hôtel. Il avait endossé chez lui la tenue de soirée, habit noir et cravate blanche, qu'il dissimulait sous son pardessus au col relevé.

Dès qu'il eut mit le pied rue d'Amsterdam, il se sentit tout joyeux. Il se disait :

« Décidément l'air de Paris ne ressemble à aucun air. Il a un je ne sais quoi de montant, d'excitant, de grisant, qui vous donne une drôle d'envie de gambader et de faire bien autre chose encore. Dès que je débarque ici, il me semble, tout d'un coup, que je viens de boire une bouteille de champagne. Quelle vie on pourrait mener dans cette ville, au milieu des artistes ! Heureux les élus, les grands hommes qui jouissent de la renommée dans une pareille ville ! Quelle existence est la leur ! »

Et il faisait des projets ; il aurait voulu connaître quelques-uns de ces hommes célèbres, pour parler d'eux à Vernon et passer de temps en temps une soirée chez eux lorsqu'il venait à Paris.

Mais tout à coup une idée le frappa. Il avait entendu citer de petits cafés des boulevards extérieurs, où se réunissaient des peintres déjà connus, des hommes de lettres, même des musiciens, et il se mit à monter vers Montmartre d'un pas lent.

Il avait deux heures devant lui. Il voulait voir. Il passa devant les brasseries fréquentées par les derniers bohèmes, regardant les têtes, cherchant à deviner les artistes. Enfin il entra au Rat-Mort, alléché par le titre.

Cinq ou six femmes accoudées sur les tables de marbre parlaient bas de leurs affaires d'amour, des querelles de Lucie avec Hortense, de la gredinerie d'Octave. Elles étaient mûres, trop grasses ou trop maigres, fatiguées, usées. On les devinait presque chauves ; et elles buvaient des bocks comme des hommes.

Maître Saval s'assit loin d'elles, et attendit, car l'heure de l'absinthe approchait.

Un grand jeune homme vint bientôt se placer près de lui. La patronne l'appela M. « Romantin ». Le notaire tressaillit. Est-ce ce Romantin qui venait d'avoir une première médaille au dernier Salon ?

Le jeune homme d'un geste fit venir le garçon :

« Tu vas me donner à dîner tout de suite, et puis tu porteras à mon nouvel atelier, 15, boulevard de Clichy, trente bouteilles de bière et le jambon que j'ai commandé ce matin. Nous allons pendre la crémaillère. »

Maître Saval aussitôt se fit servir à dîner. Puis il ôta son pardessus, montrant son habit et sa cravate blanche.

Son voisin ne paraissait point le remarquer. Il avait pris un journal et lisait. Maître Saval le regardait de côté, brûlant du désir de lui parler.

Deux jeunes hommes entrèrent vêtus de vestes de velours rouge, et portant des barbes en pointe à la Henri III. Ils s'assirent en face de Romantin.

Le premier dit :

« C'est pour ce soir ? »

Romantin lui serra la main :

« Je te crois, mon vieux, et tout le monde y sera. J'ai Bonnat, Guillemet, Gervex, Béraud, Hébert, Duez, Clairin, Jean-Paul Laurens ; ce sera une fête épatante. Et des femmes, tu verras ! Toutes les actrices sans exception, toutes celles qui n'ont rien à faire ce soir, bien entendu. »

Le patron de l'établissement s'était approché.

« Vous la pendez souvent, cette crémaillère ? »

Le peintre répondit :

« Je vous crois, tous les trois mois, à chaque terme. »

Maître Saval n'y tint plus et d'une voix hésitante :

« Je vous demande pardon de vous déranger, monsieur, mais j'ai entendu prononcer votre nom et je serais fort désireux de savoir si vous êtes bien M. Romantin dont j'ai tant admiré l'œuvre au dernier Salon. »

L'artiste répondit :

« Lui-même, en personne, monsieur. »

Le notaire alors fit un compliment bien tourné, prouvant qu'il avait des lettres.

Le peintre, séduit, répondit par des politesses. On causa.

Romantin en revint à sa crémaillère, détaillant les magnificences de la fête.

Maître Saval l'interrogea sur tous les hommes qu'il allait recevoir, ajoutant :

« Ce serait pour un étranger une extraordinaire bonne fortune que de rencontrer, d'un seul coup, tant de célébrités réunies chez un artiste de votre valeur. »

Romantin, conquis, répondit :

« Si ça peut vous être agréable, venez. »

Maître Saval accepta avec enthousiasme, pensant :

« J'aurai toujours le temps de voir *Henri VIII*. »

Tous deux avaient achevé leur repas. Le notaire s'acharna à payer les deux notes, voulant répondre aux gracieusetés de son voisin. Il paya aussi les consommations des jeunes gens en velours rouge ; puis il sortit avec son peintre.

Ils s'arrêtèrent devant une maison très longue et peu élevée, dont tout le premier étage avait l'air d'une serre interminable. Six ateliers s'alignaient à la file, en façade sur le boulevard.

Romantin entra le premier, monta l'escalier, ouvrit une porte, alluma une allumette, puis une bougie.

Ils se trouvaient dans une pièce démesurée dont le mobilier consistait en trois chaises, deux chevalets, et quelques esquisses posées par terre, le long des murs. Maître Saval, stupéfait, restait immobile sur la porte.

Le peintre prononça :

« Voilà, nous avons la place ; mais tout est à faire. »

Puis, examinant le haut appartement nu, dont le plafond se perdait dans l'ombre, il déclara :

« On pourrait tirer un grand parti de cet atelier. »

Il en fit le tour en le contemplant avec la plus grande attention, puis reprit :

« J'ai bien une maîtresse qui aurait pu nous aider. Pour draper des étoffes les femmes sont incomparables. Mais je l'ai envoyée à la campagne pour aujourd'hui, afin de m'en débarrasser ce soir. Ce n'est pas qu'elle m'ennuie, mais elle manque par trop d'usage ; cela m'aurait gêné pour mes invités. »

Il réfléchit quelques secondes, puis ajouta :

« C'est une bonne fille, mais pas commode. Si elle savait que je reçois du monde, elle m'arracherait les yeux. »

Maître Saval n'avait point fait un mouvement ; il ne comprenait pas.

L'artiste s'approcha de lui.

« Puisque je vous ai invité, vous allez m'aider à quelque chose. »

Le notaire déclara :

« Usez de moi comme vous voudrez. Je suis à votre disposition. »

Romantin ôta sa jaquette.

« Eh bien, citoyen, à l'ouvrage. Nous allons nettoyer. »

Il alla derrière le chevalet, qui portait une toile représentant un chat, et prit un balai très usé.

« Tenez, balayez pendant que je vais me préoccuper de l'éclairage. »

Maître Saval prit le balai, le considéra et se mit à frotter maladroitement le parquet en soulevant un ouragan de poussière.

Romantin indigné l'arrêta :

« Vous ne savez donc pas balayer, sacrebleu ! Tenez, regardez-moi. »

Et il commença à rouler devant lui des tas d'ordure grise, comme s'il n'eût fait que cela toute sa vie ; puis il rendit le balai au notaire, qui l'imita.

En cinq minutes, une telle fumée de poussière emplissait l'atelier que Romantin demanda :

« Où êtes-vous ? Je ne vous vois plus. »

Maître Saval, qui toussait, se rapprocha. Le peintre lui dit :

« Comment vous y prendriez-vous pour faire un lustre ? »

L'autre abasourdi demanda :

« Quel lustre ?

– Mais un lustre pour éclairer, un lustre avec des bougies. »

Le notaire ne comprenait point. Il répondit :

« Je ne sais pas. »

Le peintre se mit à gambader en jouant des castagnettes avec ses doigts.

« Eh bien ! moi, j'ai trouvé, monseigneur. »

Puis il reprit avec plus de calme.

« Vous avez bien cinq francs sur vous ? »

Maître Saval répondit :

« Mais oui. »

L'artiste reprit :

« Eh bien ! vous allez m'acheter pour cinq francs de bougies pendant que je vais aller chez le tonnelier. »

Et il poussa dehors le notaire en habit. Au bout de cinq minutes, ils étaient revenus rapportant, l'un des bougies, l'autre un cercle de futaille. Puis Romantin plongea dans un placard et en tira une vingtaine de bouteilles vides, qu'il attacha en couronne autour du cercle. Il descendit ensuite emprunter une échelle à la concierge, après avoir expliqué qu'il avait obtenu les faveurs de la vieille femme en faisant le portrait de son chat exposé sur le chevalet.

Lorsqu'il fut remonté avec un escabeau, il demanda à maître Saval :

« Êtes-vous souple ? »

L'autre, sans comprendre, répondit :

« Mais oui.

– Eh bien, vous allez grimper là-dessus et m'attacher ce lustre-là à l'anneau du plafond. Puis vous mettrez une bougie dans chaque bouteille et vous allumerez. Je vous dis que j'ai le génie de l'éclairage. Mais retirez votre habit, sacrebleu ! vous avez l'air d'un larbin. »

La porte s'ouvrit brutalement ; une femme parut, les yeux brillants, et demeura debout sur le seuil.

Romantin la considérait avec une épouvante dans le regard.

Elle attendit quelques secondes, croisa les bras sur sa poitrine ; puis d'une voix aiguë, vibrante, exaspérée :

« Ah ! sale mufle, c'est comme ça que tu me lâches ? »

Romantin ne répondit pas. Elle reprit :

« Ah ! gredin. Tu faisais le gentil encore en m'envoyant à la campagne. Tu vas voir un peu comme je vais l'arranger ta fête. Oui, c'est moi qui vais les recevoir tes amis... »

Elle s'animait :

« Je vais leur en flanquer par la figure des bouteilles et des bougies... »

Romantin prononça d'une voix douce :

« Mathilde... »

Mais elle ne l'écoutait pas, elle continuait :

« Attends un peu, mon gaillard, attends un peu ! »

Romantin s'approcha, essayant de lui prendre les mains :

« Mathilde... »

Mais elle était lancée, maintenant ; elle allait, vidant sa hotte aux gros mots et son sac aux reproches. Cela coulait de sa bouche comme un ruisseau qui roule des ordures. Les paroles précipitées semblaient se battre pour sortir. Elle bredouillait, bégayait, bafouillait, retrouvant soudain de la voix pour jeter une injure, un juron.

Il lui avait saisi les mains, sans qu'elle s'en aperçût ; elle ne semblait même pas le voir, tout occupée à parler, à soulager son cœur. Et soudain elle pleura. Les larmes lui coulaient des yeux sans qu'elle arrêtât le flux de ses plaintes. Mais les mots avaient pris des intonations criardes et fausses, des notes mouillées, puis des sanglots l'interrompirent. Elle repartit encore deux ou trois fois, arrêtée soudain par un étranglement, et enfin se tut, dans un débordement de larmes.

Alors il la serra dans ses bras, lui baisant les cheveux, attendri lui-même.

« Mathilde, ma petite Mathilde, écoute. Tu vas être bien raisonnable. Tu sais, si je donne une fête, c'est pour remercier ces messieurs de ma médaille du Salon. Je ne peux pas recevoir de femmes. Tu devrais comprendre ça. Avec les artistes, ça n'est pas comme avec tout le monde. »

Elle balbutia dans ses pleurs :

« Pourquoi ne me l'as-tu pas dit ? »

Il reprit :

« C'était pour ne pas te fâcher, ne point te faire de peine. Écoute, je vais te reconduire chez toi. Tu seras bien sage, bien gentille, tu resteras tranquillement à m'attendre dans le dodo et je reviendrai sitôt que ce sera fini. »

Elle murmura :

« Oui, mais tu ne recommenceras pas ?

– Non, je te le jure. »

Il se tourna vers maître Saval, qui venait d'accrocher enfin le lustre :

« Mon cher ami, je reviens dans cinq minutes. Si quelqu'un arrivait en mon absence, faites les honneurs pour moi, n'est-ce pas ? »

Et il entraîna Mathilde, qui s'essuyait les yeux et se mouchait coup sur coup.

Resté seul, maître Saval acheva de mettre de l'ordre autour de lui. Puis il alluma les bougies et attendit.

Il attendit un quart d'heure, une demi-heure, une heure. Romantin ne revenait pas. Puis, tout à coup, ce fut dans l'escalier un bruit effroyable, une chanson hurlée en chœur par vingt bouches, et un pas rythmé comme celui d'un régiment prussien. Les secousses régulières des pieds ébranlaient la maison tout entière. La porte s'ouvrit, une foule parut. Hommes et femmes à la file, se tenant par les bras, deux par deux, et tapant du talon en cadence, s'avancèrent dans l'atelier comme un serpent qui se déroule. Ils hurlaient :

Entrez dans mon établissement,
Bonnes d'enfants et soldats !...

Maître Saval, éperdu, en grande tenue, restait debout sous le lustre. La procession l'aperçut et poussa un hurlement : « Un larbin ! un larbin ! » et se mit à tourner autour de lui, l'enfermant dans un cercle de vociférations. Puis on se prit par la main et on dansa une ronde affolée.

Il essayait de s'expliquer :

« Messieurs... Messieurs... Mesdames... »

Mais on ne l'écoutait pas. On tournait, on sautait, on braillait.

À la fin la danse s'arrêta.

Maître Saval prononça :

« Messieurs... »

Un grand garçon blond et barbu jusqu'au nez lui coupa la parole :

« Comment vous appelez-vous, mon ami ? »

Le notaire, effaré, prononça :

« Je suis maître Saval. »

Une voix cria :

« Tu veux dire Baptiste. »

Une femme dit :

« Laissez-le donc tranquille, ce garçon ; il va se fâcher à la fin. Il est payé pour nous servir et pas pour se faire moquer de lui. »

Alors maître Saval s'aperçut que chaque invité apportait ses provisions. L'un tenait une bouteille et l'autre un pâté. Celui-ci un pain, celui-là un jambon.

Le grand garçon blond lui mit dans les bras un saucisson démesuré et commanda :

« Tiens, va dresser le buffet dans le coin, là-bas. Tu mettras les bouteilles à gauche et les provisions à droite. »

Saval, perdant la tête, s'écria :

« Mais, messieurs, je suis un notaire ! »

Il y eut un instant de silence, puis un rire fou. Un monsieur soupçonneux demanda :

« Comment êtes-vous ici ? »

Il s'expliqua, raconta son projet d'aller à l'Opéra,

son départ de Vernon, son arrivée à Paris, toute sa soirée.

On s'était assis autour de lui pour l'écouter ; on lui lançait des mots ; on l'appelait Schéhérazade.

Romantin ne revenait pas. D'autres invités arrivaient. On leur présentait maître Saval pour qu'il recommençât son histoire. Il refusait, on le forçait à raconter ; on l'attacha sur une des trois chaises, entre deux femmes qui lui versaient sans cesse à boire. Il buvait, il riait, il parlait, il chantait aussi. Il voulut danser avec sa chaise, il tomba.

À partir de ce moment, il oublia tout. Il lui sembla pourtant qu'on le déshabillait, qu'on le couchait, et qu'il avait mal au cœur.

Il faisait grand jour quand il s'éveilla, étendu, au fond d'un placard, dans un lit qu'il ne connaissait pas.

Une vieille femme, un balai à la main, le regardait d'un air furieux. À la fin, elle prononça :

« Salop, va ! Salop ! Si c'est permis de se soûler comme ça ! »

Il s'assit sur son séant, il se sentait mal à l'aise. Il demanda :

« Où suis-je ?

– Où vous êtes, salop ? Vous êtes gris. Allez-vous bientôt décaniller, et plus vite que ça ! »

Il voulut se lever. Il était nu dans ce lit. Ses habits avaient disparu. Il prononça :

« Madame, je... ! »

Puis il se souvint... Que faire ? Il demanda :

« M. Romantin n'est pas rentré ? »

La concierge vociféra :

« Voulez-vous bien décaniller, qu'il ne vous trouve pas ici au moins ! »

Maître Saval confus déclara :

« Je n'ai plus mes habits, on me les a pris. »

Il dut attendre, expliquer son cas, prévenir ses amis, emprunter de l'argent pour se vêtir. Il ne repartit que le soir.

Et quand on parle musique chez lui, dans son beau salon de Vernon, il déclare avec autorité que la peinture est un art fort inférieur.

La confession de Théodule Sabot

QUAND SABOT ENTRAIT dans le cabaret de Martinville, on riait d'avance. Ce bougre de Sabot était-il donc farce ! En voilà un qui n'aimait pas les curés, par exemple ! Ah ! mais non ! ah ! mais non ! Il en mangeait, le gaillard.

Sabot (Théodule), maître menuisier, représentait le parti avancé à Martinville. C'était un grand homme maigre, à l'œil gris et sournois, aux cheveux collés sur les tempes, à la bouche mince. Quand il disait : « Notre saint-père le paf » d'une certaine façon, tout le monde se tordait. Il avait soin de travailler le dimanche pendant la messe. Il tuait son cochon tous les ans le lundi de la semaine sainte pour avoir du boudin jusqu'à Pâques, et quand passait le curé il disait toujours, par manière de plaisanterie : « En voilà un qui vient d'avaler son bon Dieu sur le zinc. »

Le prêtre, un gros homme, très grand aussi, le redoutait à cause de sa blague, qui lui faisait des partisans. L'abbé Maritime était un homme politique, ami des moyens habiles. La lutte entre eux durait depuis dix ans, lutte secrète, acharnée, incessante. Sabot était conseiller municipal. On croyait qu'il serait maire, ce qui constituerait certainement la défaite définitive de l'Église.

Les élections allaient avoir lieu. Le camp religieux tremblait dans Martinville. Or, un matin, le curé partit pour Rouen, annonçant à sa servante qu'il allait à l'archevêché.

Il revint deux jours plus tard. Il avait l'air joyeux, triomphant. Et tout le monde sut le lendemain que le chœur de l'église allait être refait à neuf. Une somme de six cents francs avait été donnée par Monseigneur sur sa cassette particulière.

Toutes les anciennes stalles de sapin devaient être détruites et remplacées par des stalles nouvelles en cœur de chêne. C'était un travail de menuiserie considérable dont on parlait, le soir même, dans toutes les maisons.

Théodule Sabot ne riait pas.

Quand il sortit le lendemain par le village, les voisins, amis ou ennemis, lui demandaient, par manière de plaisanterie :

« C'est-il té qui vas faire le chœur de l'église ? »

Il ne trouvait rien à répondre, mais il rageait, il rageait ferme.

Les malins ajoutaient :

« C'est un bon ouvrage ; y aura pas moins de deux à trois cents de profit. »

Deux jours plus tard, on savait que la réparation serait confiée à Célestin Chambrelan, le menuisier de Percheville. Puis on démentit la nouvelle, puis on annonça que tous les bancs de l'église allaient aussi être refaits. Ça valait bien deux mille francs qu'on avait demandés au ministère. L'émotion fut grande.

Théodule Sabot n'en dormait plus. Jamais, de mémoire d'homme, un menuisier du pays n'avait exécuté une pareille besogne. Puis une rumeur courut. On disait tout bas que le curé se désolait de donner ce travail à un ouvrier étranger à la commune, mais que cependant les opinions de Sabot s'opposaient à ce qu'il lui fût confié.

Sabot le sut. Il se rendit au presbytère à la nuit tombante. La servante lui répondit que le curé était à l'église. Il y alla.

Deux demoiselles de la Vierge, vieilles filles suries, décoraient l'autel pour le mois de Marie, sous la direction du prêtre. Lui debout au milieu du chœur, gonflant son ventre énorme, dirigeait le travail des deux femmes qui, montées sur des chaises, disposaient des bouquets autour du tabernacle.

Sabot se sentait gêné là-dedans, comme s'il fût entré chez son plus grand ennemi, mais le désir du gain lui picotait le cœur. Il s'approcha, la casquette à la main, sans même s'occuper des demoiselles de la Vierge qui demeuraient saisies, stupéfaites, immobiles sur leurs chaises.

Il balbutia :

« Bonjour, monsieur le curé. »

Le prêtre répondit sans le regarder, tout occupé de son autel :

« Bonjour, monsieur le menuisier. »

Sabot, désorienté, ne trouvait plus rien. Après un silence, il dit cependant :

« Vous faites des préparatifs ? »

L'abbé Maritime répondit :

« Oui, nous approchons du mois de Marie. »

Sabot, encore, prononça : « Voilà, voilà », puis se tut.

Il avait envie maintenant de se retirer sans parler de rien, mais un coup d'œil jeté dans le chœur le retint. Il aperçut seize stalles à refaire, six à droite et huit à gauche, la porte de la sacristie occupant deux places. Seize stalles en chêne, cela valait au plus trois cents francs, et, en les fignolant bien, certes, on pouvait gagner deux cents francs sur le travail si on n'était pas maladroit.

Alors il bredouilla :

« Je viens pour l'ouvrage ? »

Le curé parut surpris. Il demanda :

« Quel ouvrage ? »

Sabot, éperdu, murmura :

« L'ouvrage à faire. »

Alors le prêtre se tourna vers lui, et le regarda dans les yeux :

« Est-ce que vous voulez parler des réparations du chœur de mon église ? »

Au ton que prit l'abbé Maritime, Théodule Sabot sentit un frisson lui courir dans le dos, et il eut encore une furieuse envie de détaler. Il répondit cependant avec humilité :

« Mais oui, monsieur le curé. »

Alors l'abbé croisa ses bras sur sa large bedaine, et comme perclus de stupéfaction :

« C'est vous... vous... vous, Sabot... qui venez me demander cela... Vous... le seul impie de ma paroisse... Mais ce serait un scandale, un scandale public. Monseigneur me réprimanderait, me changerait peut-être. »

Il respira quelques secondes, puis reprit d'un ton plus calme :

« Je comprends qu'il vous soit pénible de voir un travail de cette importance confié à un menuisier d'une paroisse voisine. Mais je ne peux faire autrement, à moins que... mais non... c'est impossible... Vous n'y consentiriez point, et, sans ça, jamais. »

Sabot regardait maintenant la file des bancs

alignés jusqu'à la porte de sortie. Cristi, si on changeait tout ça ?

Et il demanda :

« Qu'est-ce qu'il vous faudrait ? Dites toujours. »

Le prêtre, d'un ton ferme, répondit :

« Il me faudrait un gage éclatant de votre bon vouloir. »

Sabot murmura :

« Je ne dis pas. Je ne dis pas, p't-être qu'on s'entendrait. »

Le curé déclara :

« Il faut communier publiquement à la grand-messe de dimanche prochain. »

Le menuisier se sentit pâlir, et, sans répondre, il demanda :

« Et les bancs, est-ce qu'on va les refaire itou ? »

L'abbé répondit avec assurance :

« Oui, mais plus tard. »

Sabot reprit :

« Je n' dis pas, je n' dis pas. Je n' sieus point rédhibitoire, mé, je sieus consentant à la religion, pour sûr ; c' qui m' chiffonne c'est la pratique, mais, dans ce cas-là, je ne me montrerai pas réfractaire. »

Les demoiselles de la Vierge, descendues de leurs chaises, s'étaient cachées derrière l'autel ; et elles écoutaient, pâles d'émotion.

Le curé, se voyant victorieux, devint tout à coup bon enfant, familier :

« À la bonne heure, à la bonne heure. Voilà une parole sage, et pas bête, entendez-vous. Vous verrez, vous verrez. »

Sabot souriait d'un air gêné, il demanda :

« Y aurait-il pas moyen d' la r'mettre un brin, c'te communion ? »

Mais le prêtre reprit son visage sévère :

« Du moment que les travaux vous seront confiés, je veux être certain de votre conversion. »

Puis il continua plus doucement :

« Vous viendrez vous confesser demain ; car il faudra que je vous examine au moins deux fois. »

Sabot répéta :

« Deux fois ?

– Oui. »

Le prêtre souriait :

« Vous comprenez bien qu'il vous faudra un nettoyage général, un lessivage complet. Donc, je vous attends demain. »

Le menuisier, très ému, demanda :

« Ousque vous faites ça ?

– Mais... dans le confessionnal.

– Dans... c'te boîte, là-bas, au coin ? C'est que... c'est que... ça ne me va guère, votre boîte.

– Pourquoi ça ?

– Vu que... vu que je ne suis point accoutumé de ça. Et vu aussi que j'ai l'oreille un peu dure. »

Le curé se montra complaisant :

« Eh bien ! vous viendrez chez moi, dans ma salle. Nous ferons ça tous les deux, en tête à tête. Ça vous va-t-il ?

– Oui, pour ça, ça me va, mais votre boîte, non.

– Eh bien à demain, après la journée faite, à six heures.

– C'est entendu, c'est tout vu, c'est convenu ; à demain, monsieur le curé. Couillon qui s'en dédit ! »

Et il tendit sa grande main rude où le prêtre laissa tomber bruyamment la sienne.

Le bruit de la claque courut sous les voûtes, alla mourir là-bas, derrière les tuyaux de l'orgue.

Théodule Sabot ne fut pas tranquille pendant

toute la journée du lendemain. Il éprouvait quelque chose d'analogue à l'appréhension qu'on a quand on doit se faire arracher une dent. À tout moment cette pensée lui revenait : « Il faudra me confesser ce soir. » Et son âme troublée, une âme d'athée mal convaincu, s'affolait devant la peur confuse et puissante du mystère divin.

Il se dirigea vers le presbytère dès qu'il eut fini son travail. Le curé l'attendait dans le jardin en lisant son bréviaire le long d'une petite allée. Il semblait radieux et l'aborda avec un gros rire :

« Eh bien ! nous y voilà. Entrez, entrez, monsieur Sabot, on ne vous mangera pas. »

Et Sabot passa le premier. Il balbutia :

« Si ça ne vous faisait rien je s'rais d'avis d' terminer incontinent not' p'tite affaire. »

Le curé répondit :

« À votre service. J'ai là mon surplis. Une minute et je vous écoute. »

Le menuisier, ému à ne plus avoir deux idées, le regardait se couvrir du blanc vêtement à plis pressés. Le prêtre lui fit un signe :

« Mettez-vous à genoux sur ce coussin. »

Sabot restait debout, honteux d'avoir à s'agenouiller. Il bredouilla :

« C'est-il bien utile ? »

Mais l'abbé était devenu majestueux :

« On ne peut approcher qu'à genoux du tribunal de la pénitence. »

Et Sabot s'agenouilla.

Le prêtre dit :

« Récitez le *Confiteor.* »

Sabot demanda :

« Quoi ça ?

– Le *Confiteor*. Si vous ne le savez plus, répétez une à une les paroles que je vais prononcer. »

Et le curé articula la prière sacrée, d'une voix lente, en scandant les mots que le menuisier répétait ; puis il dit :

« Maintenant confessez-vous. »

Mais Sabot ne disait plus rien, ne sachant par où commencer.

Alors l'abbé Maritime vint à son aide.

« Mon enfant, je vais vous interroger puisque vous paraissez peu au courant. Nous allons prendre, un à un, les commandements de Dieu. Écoutez-moi et ne vous troublez pas. Parlez bien franchement et ne craignez jamais d'en dire trop.

Un seul Dieu tu adoreras
Et aimeras parfaitement.

« Avez-vous aimé quelqu'un ou quelque chose autant que Dieu ? L'avez-vous aimé de toute votre âme, de tout votre cœur, de toute l'énergie de votre amour ? »

Sabot suait de l'effort de sa pensée. Il répondit :

« Non. Oh non, m'sieu l' curé. J'aime l' bon Dieu autant que j' peux. Ça – oui – j' l'aime bien. Dire que j'aime point m's' éfants, non : j' peux pas. Dire que s'il fallait choisir entre eux et l' bon Dieu, pour ça je n' dis pas. Dire que s'il fallait perdre cent francs pour l'amour du bon Dieu, pour ça je n' dis pas. Mais j' l'aime bien, pour sûr, j' l'aime bien tout de même. »

Le prêtre, grave, prononça :

« Il faut l'aimer plus que tout. »

Et Sabot, plein de bonne volonté, déclara :

« J' f'rai mon possible, m'sieu le curé. »

L'abbé Maritime reprit :

Dieu en vain ne jureras
Ni autre chose pareillement.

« Avez-vous quelquefois prononcé quelque juron ?

– Non. Oh ! ça non ! – Je ne jure jamais, jamais. Quéquefois, dans un moment de colère, je dis bien sacré nom de Dieu ! Pour ça, je ne jure point. »

Le prêtre s'écria :

« C'est jurer, cela ! »

Et gravement :

« Ne le faites plus. Je continue :

Les dimanches tu garderas
En servant Dieu dévotement.

« Que faites-vous le dimanche ? »

Cette fois, Sabot se grattait l'oreille :

« Mais, je sers l' bon Dieu de mon mieux, m'sieu le curé. Je l' sers... chez moi. Je travaille le dimanche... »

Le curé, magnanime, l'interrompit :

« Je sais, vous serez plus convenable à l'avenir. Je passe les trois commandements suivants, sûr que vous n'avez point failli contre les deux premiers. Nous verrons le sixième avec le neuvième. Je reprends :

Le bien d'autrui tu ne prendras
Ni retiendras à ton escient.

« Avez-vous détourné, par quelque moyen, le bien d'autrui ? »

Mais Théodule Sabot s'indigna :

« Ah ! mais non. Ah ! mais non. Je sieus un honnête homme, m'sieu le curé. Ça, je le jure, pour sûr. Dire que j'ai point, quéquefois, compté quéque heure de plus de travail aux pratiques qu'ont des moyens, pour ça, je ne dis pas. Dire que je n' mets point quéqu' centimes de plus sur les notes, seulement quéqu' centimes, pour ça je ne dis pas. Mais pour volé, non ; ah ! mais ça, non. »

Le curé reprit sévèrement :

« Détourner un seul centime constitue un vol. Ne le faites plus.

Faux témoignage ne diras
Ni mentiras aucunement.

« Avez-vous menti ?

– Non, pour ça non. Je ne sieus point menteux. C'est ma qualité. Dire que j'ai point conté quéque blague, pour ça, je ne dis pas. Dire que j'ai point fait accroire ce qui n'était point, quand c'était d' mon intérêt, pour ça, je ne dis pas. Mais pour menteux, je ne sieus point menteux. »

Le prêtre dit simplement :

« Observez-vous davantage. »

Puis il prononça :

L'œuvre de chair ne désireras
Qu'en mariage seulement.

« Avez-vous désiré ou possédé quelque autre femme que la vôtre ? »

Sabot s'écria avec sincérité :

« Pour ça non ; oh ! pour ça non, m'sieu le curé. Ma pauvre femme, la tromper ! Non ! Non ! Pas seulement du bout du doigt ; pas plus-t-en pensée qu'en action. Bien vrai. »

Il se tut quelques secondes, puis, plus bas, comme si un doute lui fût venu :

« Quand j' vas-t-à la ville, dire que je n' vas jamais dans une maison, vous savez bien dans une maison de tolérance, histoire de rire et d' badiner un brin et d' changer d' peau pour voir, pour ça je n' dis pas... Mais j' paye, monsieur le curé, j' paye toujours, du moment qu'on paye, ni vu ni connu je t'embrouille. »

Le curé n'insista pas et donna l'absolution.

Théodule Sabot exécute les travaux du chœur et communie tous les mois.

Décoré !

Des gens naissent avec un instinct prédominant, une vocation ou simplement un désir éveillé, dès qu'ils commencent à parler, à penser.

M. Sacrement n'avait, depuis son enfance, qu'une idée en tête, être décoré. Tout jeune il portait des croix de la Légion d'honneur en zinc comme d'autres enfants portent un képi et il donnait fièrement la main à sa mère, dans la rue, en bombant sa petite poitrine ornée du ruban rouge et de l'étoile de métal.

Après de pauvres études il échoua au baccalauréat, et, ne sachant plus que faire, il épousa une jolie fille, car il avait de la fortune.

Ils vécurent à Paris comme vivent des bourgeois riches, allant dans leur monde, sans se mêler au monde, fiers de la connaissance d'un député qui pouvait devenir ministre, et amis de deux chefs de division.

Mais la pensée entrée aux premiers jours de sa vie dans la tête de M. Sacrement ne le quittait plus et il souffrait d'une façon continue de n'avoir point le droit de montrer sur sa redingote un petit ruban de couleur.

Les gens décorés qu'il rencontrait sur le boulevard lui portaient un coup au cœur. Il les regardait de coin avec une jalousie exaspérée. Parfois, par les longs après-midi de désœuvrement, il se mettait à les compter. Il se disait : « Voyons, combien j'en trouverai de la Madeleine à la rue Drouot. »

Et il allait lentement, inspectant les vêtements, l'œil exercé à distinguer de loin le petit point rouge. Quand il arrivait au bout de sa promenade, il s'étonnait toujours des chiffres : « Huit officiers, et dix-sept chevaliers. Tant que ça ! C'est stupide de prodiguer les croix d'une pareille façon. Voyons si j'en trouverai autant au retour. »

Et il revenait à pas lents, désolé quand la foule pressée des passants pouvait gêner ses recherches, lui faire oublier quelqu'un.

Il connaissait les quartiers où on en trouvait le plus. Ils abondaient au Palais-Royal. L'avenue de l'Opéra ne valait pas la rue de la Paix ; le côté droit du boulevard était mieux fréquenté que le gauche.

Ils semblaient aussi préférer certains cafés, certains théâtres. Chaque fois que M. Sacrement apercevait un groupe de vieux messieurs à cheveux blancs arrêtés au milieu du trottoir, et gênant la circulation, il se disait : « Voici des officiers de la Légion d'honneur ! » Et il avait envie de les saluer.

Les officiers (il l'avait souvent remarqué) ont une autre allure que les simples chevaliers. Leur port de tête est différent. On sent bien qu'ils possèdent officiellement une considération plus haute, une importance plus étendue.

Parfois aussi une rage saisissait M. Sacrement, une fureur contre tous les gens décorés ; et il se sentait pour eux une haine de socialiste.

Alors, en rentrant chez lui, excité par la rencontre de tant de croix, comme l'est un pauvre affamé après avoir passé devant les grandes boutiques de nourriture, il déclarait d'une voix forte : « Quand donc, enfin, nous débarrassera-t-on de ce sale gouvernement ? » Sa femme surprise, lui demandait : « Qu'est-ce que tu as aujourd'hui ? »

Et il répondait : « J'ai que je suis indigné par les injustices que je vois commettre partout. Ah ! que les communards avaient raison ! »

Mais il ressortait après son dîner, et il allait considérer les magasins de décorations. Il examinait tous ces emblèmes de formes diverses, de couleurs variées. Il aurait voulu les posséder tous, et, dans une cérémonie publique, dans une immense salle pleine de monde, pleine de peuple émerveillé, marcher en tête d'un cortège, la poitrine étincelante, zébrée de brochettes alignées l'une sur l'autre, suivant la forme de ses côtes, et passer gravement, le claque sous le bras, luisant comme un astre au milieu de chuchotements admiratifs, dans une rumeur de respect.

Il n'avait, hélas ! aucun titre pour aucune décoration.

Il se dit : « La Légion d'honneur est vraiment par trop difficile pour un homme qui ne remplit aucune fonction publique. Si j'essayais de me faire nommer officier d'Académie ! »

Mais il ne savait comment s'y prendre. Il en parla à sa femme qui demeura stupéfaite.

« Officier d'Académie ? Qu'est-ce que tu as fait pour cela ? »

Il s'emporta : « Mais comprends donc ce que je veux dire. Je cherche justement ce qu'il faut faire. Tu es stupide par moments. »

Elle sourit : « Parfaitement, tu as raison. Mais je ne sais pas, moi ? »

Il avait une idée : « Si tu en parlais au député

Rosselin, il pourrait me donner un excellent conseil. Moi, tu comprends que je n'ose guère aborder cette question directement avec lui. C'est assez délicat, assez difficile ; venant de toi, la chose devient toute naturelle. »

Mme Sacrement fit ce qu'il demandait. M. Rosselin promit d'en parler au ministre. Alors Sacrement le harcela. Le député finit par lui répondre qu'il fallait faire une demande et énumérer ses titres.

Ses titres ? Voilà. Il n'était même pas bachelier.

Il se mit cependant à la besogne et commença une brochure traitant : « Du droit du peuple à l'instruction. » Il ne la put achever par pénurie d'idées.

Il chercha des sujets plus faciles et en aborda plusieurs successivement. Ce fut d'abord : « L'instruction des enfants par les yeux. » Il voulait qu'on établît dans les quartiers pauvres des espèces de théâtres gratuits pour les petits enfants. Les parents les y conduiraient dès leur plus jeune âge, et on leur donnerait là, par le moyen d'une lanterne magique, des notions de toutes les connaissances humaines. Ce seraient de véritables cours. Le regard instruirait le cerveau, et les images resteraient gravées dans la mémoire, rendant pour ainsi dire visible la science.

Quoi de plus simple que d'enseigner ainsi l'histoire universelle, la géographie, l'histoire naturelle, la botanique, la zoologie, l'anatomie, etc., etc. ?

Il fit imprimer ce mémoire et en envoya un exemplaire à chaque député, dix à chaque ministre, cinquante au président de la République, dix également à chacun des journaux parisiens, cinq aux journaux de province.

Puis il traita la question des bibliothèques des rues, voulant que l'État fît promener par les rues des petites voitures pleines de livres, pareilles aux voitures des marchandes d'oranges. Chaque habitant aurait droit à dix volumes par mois en location, moyennant un sou d'abonnement.

« Le peuple, disait M. Sacrement, ne se dérange que pour ses plaisirs. Puisqu'il ne va pas à l'instruction ! il faut que l'instruction vienne à lui, etc. »

Aucun bruit ne se fit autour de ces essais. Il adressa cependant sa demande. On lui répondit qu'on prenait note, qu'on instruisait. Il se crut sûr du succès ; il attendit. Rien ne vint.

Alors il se décida à faire des démarches personnelles. Il sollicita une audience du ministre de l'Instruction publique, et il fut reçu par un attaché de cabinet tout jeune et déjà grave, important même, et qui jouait, comme d'un piano, d'une série de petits boutons blancs pour appeler les huissiers et les garçons de l'antichambre ainsi que les employés subalternes. Il affirma au solliciteur que son affaire était en bonne voie et il lui conseilla de continuer ses remarquables travaux.

Et M. Sacrement se remit à l'œuvre.

M. Rosselin, le député, semblait maintenant s'intéresser beaucoup à son succès, et il lui donnait même une foule de conseils pratiques excellents. Il était décoré d'ailleurs, sans qu'on sût quels motifs lui avaient valu cette distinction.

Il indiqua à Sacrement des études nouvelles à entreprendre, il le présenta à des sociétés savantes qui s'occupaient de points de science particulièrement obscurs, dans l'intention de parvenir à des honneurs. Il le patronna même au ministère.

Or, un jour, comme il venait déjeuner chez son ami (il mangeait souvent dans la maison depuis plusieurs mois) il lui dit tout bas en lui serrant les mains : « Je viens d'obtenir pour vous une grande faveur. Le comité des travaux historiques vous charge d'une mission. Il s'agit de recherches à faire dans diverses bibliothèques de France. »

Sacrement, défaillant, n'en put manger ni boire. Il partit huit jours plus tard.

Il allait de ville en ville, étudiant les catalogues, fouillant en des greniers bondés de bouquins poudreux, en proie à la haine des bibliothécaires.

Or, un soir, comme il se trouvait à Rouen, il voulut aller embrasser sa femme qu'il n'avait point vue depuis une semaine ; et il prit le train de neuf heures qui devait le mettre à minuit chez lui.

Il avait sa clef. Il entra sans bruit, frémissant de plaisir, tout heureux de lui faire cette surprise. Elle s'était enfermée, quel ennui ! Alors il cria à travers la porte : « Jeanne, c'est moi ! »

Elle dut avoir grand-peur, car il l'entendit sauter du lit et parler seule comme dans un rêve. Puis elle courut à son cabinet de toilette, l'ouvrit et le referma, traversa plusieurs fois sa chambre dans une course rapide, nu-pieds, secouant les meubles dont les verreries sonnaient. Puis, enfin, elle demanda : « C'est bien toi, Alexandre ? »

Il répondit : « Mais oui, c'est moi, ouvre donc ! »

La porte céda, et sa femme se jeta sur son cœur en balbutiant : « Oh ! quelle terreur ! quelle surprise ! quelle joie ! »

Alors, il commença à se dévêtir, méthodiquement, comme il faisait tout. Et il reprit, sur une chaise, son pardessus qu'il avait l'habitude d'accrocher dans le vestibule. Mais, soudain, il demeura stupéfait. La boutonnière portait un ruban rouge !

Il balbutia : « Ce... ce... ce paletot est décoré ! »

Alors sa femme, d'un bond, se jeta sur lui, et lui saisissant dans les mains le vêtement : « Non... tu te trompes... donne-moi ça. »

Mais il le tenait toujours par une manche, ne le lâchant pas, répétant dans une sorte d'affolement : « Hein ?... Pourquoi ?... Explique-moi ?... À qui ce pardessus ?... Ce n'est pas le mien, puisqu'il porte la Légion d'honneur ? »

Elle s'efforçait de le lui arracher, éperdue, bégayant : « Écoute... écoute... donne-moi ça... Je ne peux pas te dire... c'est un secret... écoute. »

Mais il se fâchait, devenait pâle : « Je veux savoir comment ce paletot est ici. Ce n'est pas le mien. »

Alors, elle lui cria dans la figure : « Si, tais-toi, jure-moi... écoute... eh bien ! tu es décoré ! »

Il eut une telle secousse d'émotion qu'il lâcha le pardessus et alla tomber dans un fauteuil.

« Je suis... tu dis... je suis... décoré.

– Oui... c'est un secret, un grand secret... »

Elle avait enfermé dans une armoire le vêtement glorieux, et revenait vers son mari, tremblante et pâle. Elle reprit : « Oui, c'est un pardessus neuf que je t'ai fait faire. Mais j'avais juré de ne te rien dire. Cela ne sera pas officiel avant un mois ou six semaines. Il faut que ta mission soit terminée. Tu ne devais le savoir qu'à ton retour. C'est M. Rosselin qui a obtenu ça pour toi... »

Sacrement, défaillant, bégayait : « Rosselin... décoré... Il m'a fait décorer... moi... lui... Ah !... »

Et il fut obligé de boire un verre d'eau.

Un petit papier blanc gisait par terre, tombé de la poche du pardessus. Sacrement le ramassa, c'était une carte de visite. Il lut : « Rosselin – député. »

« Tu vois bien », dit la femme.

Et il se mit à pleurer de joie.

Huit jours plus tard l'*Officiel* annonçait que M. Sacrement était nommé chevalier de la Légion d'honneur, pour services exceptionnels.

La farce

Mémoires d'un farceur

NOUS VIVONS DANS UN SIÈCLE où les farceurs ont des allures de croque-morts et se nomment : politiciens. On ne fait plus chez nous la vraie farce, la bonne farce, la farce joyeuse, saine et simple de nos pères. Et, pourtant, quoi de plus amusant et de plus drôle que la farce ? Quoi de plus amusant que de mystifier des âmes crédules, que de bafouer des niais, de duper les plus malins, de faire tomber les plus retors en des pièges inoffensifs et comiques ? Quoi de plus délicieux que de se moquer des gens avec talent, de les forcer à rire eux-mêmes de leur naïveté, ou bien, quand ils se fâchent, de se venger par une nouvelle farce ?

Oh ! j'en ai fait, j'en ai fait des farces, dans mon existence. Et on m'en a fait aussi, morbleu ! et de bien bonnes. Oui, j'en ai fait, de désopilantes et de terribles. Une de mes victimes est morte des suites. Ce ne fut une perte pour personne. Je dirai cela un jour ; mais j'aurai grand mal à le faire avec retenue, car ma farce n'était pas convenable, mais pas du tout, pas du tout. Elle eut lieu dans un petit village des environs de Paris. Tous les témoins pleurent encore de rire à ce souvenir, bien que le mystifié en soit mort. Paix à son âme !

J'en veux aujourd'hui raconter deux, la dernière que j'ai subie et la première que j'ai infligée.

Commençons par la dernière, car je la trouve moins amusante, vu que j'en fus victime.

J'allais chasser, à l'automne, chez des amis, en un château de Picardie. Mes amis étaient des farceurs, bien entendu. Je ne veux pas connaître d'autres gens.

Quand j'arrivai, on me fit une réception princière qui me mit en défiance. On tira des coups de fusil ; on m'embrassa, on me cajola comme si on attendait de moi de grands plaisirs ; je me dis : « Attention, vieux furet, on prépare quelque chose. »

Pendant le dîner la gaieté fut excessive, trop grande. Je pensais : « Voilà des gens qui s'amusent double, et sans raison apparente. Il faut qu'ils aient dans l'esprit l'attente de quelque bon tour. C'est à moi qu'on le destine assurément. Attention. »

Pendant toute la soirée on rit avec exagération. Je sentais dans l'air une farce, comme le chien sent le gibier. Mais quoi ? J'étais en éveil, en inquiétude. Je ne laissais passer ni un mot, ni une intention, ni un geste. Tout me semblait suspect, jusqu'à la figure des domestiques.

L'heure de se coucher sonna, et voilà qu'on se mit à me reconduire à ma chambre en procession. Pourquoi ? On me cria bonsoir. J'entrai, je fermai ma porte, et je demeurai debout, sans faire un pas, ma bougie à la main.

J'entendais rire et chuchoter dans le corridor. On m'épiait sans doute. Et j'inspectais de l'œil les murs, les meubles, le plafond, les tentures, le parquet. Je n'aperçus rien de suspect. J'entendis marcher derrière ma porte. On venait assurément regarder à la serrure.

Une idée me vint : « Ma lumière va peut-être s'éteindre tout à coup et me laisser dans l'obscurité. » Alors j'allumai toutes les bougies de la cheminée. Puis je regardai encore autour de moi sans rien découvrir. J'avançai à petits pas faisant le tour de l'appartement. – Rien. – J'inspectai tous les objets l'un après l'autre. – Rien. – Je m'approchai de la fenêtre. Les auvents, de gros auvents en bois plein, étaient demeurés ouverts. Je les fermai avec soin, puis je tirai les rideaux, d'énormes rideaux de velours, et je plaçai une chaise devant, afin de n'avoir rien à craindre du dehors.

Alors je m'assis avec précaution. Le fauteuil était solide. Je n'osais pas me coucher. Cependant le temps marchait. Et je finis par reconnaître que j'étais ridicule. Si on m'espionnait, comme je le supposais, on devait, en attendant le succès de la mystification préparée, rire énormément de ma terreur.

Je résolus donc de me coucher. Mais le lit m'était particulièrement suspect. Je tirai sur les rideaux. Ils semblaient tenir. Là était le danger pourtant. J'allais peut-être recevoir une douche glacée du ciel de lit, ou bien, à peine étendu, m'enfoncer sous terre avec mon sommier. Je cherchais en ma mémoire tous les souvenirs de farces accomplies. Et je ne voulais pas être pris. Ah ! mais non ! Ah ! mais non !

Alors je m'avisai soudain d'une précaution que je jugeai souveraine. Je saisis délicatement le bord du matelas, et je le tirai vers moi avec douceur. Il vint, suivi du drap et des couvertures. Je traînai tous ces objets au beau milieu de la chambre, en face de la porte d'entrée. Je refis là mon lit, le mieux que je pus, loin de la couche suspecte et de l'alcôve inquiétante. Puis, j'éteignis toutes les lumières, et je revins à tâtons me glisser dans mes draps.

Je demeurai au moins encore une heure éveillé tressaillant au moindre bruit. Tout semblait calme dans le château. Je m'endormis.

J'ai dû dormir longtemps, et d'un profond sommeil ; mais soudain je fus réveillé en sursaut par la chute d'un corps pesant abattu sur le mien, et, en même temps, je reçus sur la figure, sur le cou, sur la poitrine un liquide brûlant qui me fit pousser un hurlement de douleur. Et un bruit épouvantable comme si un buffet chargé de vaisselle se fût écroulé m'entra dans les oreilles.

J'étouffais sous la masse tombée sur moi, et qui ne remuait plus. Je tendis les mains, cherchant à reconnaître la nature de cet objet. Je rencontrai une figure ; un nez, des favoris. Alors, de toute ma force, je lançai un coup de poing dans ce visage. Mais je reçus immédiatement une grêle de gifles qui me firent sortir, d'un bond, de mes draps trempés, et me sauver, en chemise, dans le corridor, dont j'apercevais la porte ouverte.

Ô stupeur ! il faisait grand jour. On accourut au bruit et on trouva, étendu sur mon lit, le valet de chambre éperdu qui, m'apportant le thé du matin, avait rencontré sur sa route ma couche improvisée, et m'était tombé sur le ventre en me versant, bien malgré lui, mon déjeuner sur la figure.

Les précautions prises de bien fermer les auvents et de me coucher au milieu de ma chambre m'avaient seules fait la farce redoutée.

Ah ! on a ri, ce jour-là !

L'autre farce que je veux dire date de ma première jeunesse. J'avais quinze ans, et je venais passer chaque vacance chez mes parents, toujours dans un château, toujours en Picardie.

Nous avions souvent en visite une vieille dame d'Amiens, insupportable, prêcheuse, hargneuse, grondeuse, mauvaise et vindicative. Elle m'avait pris en haine, je ne sais pourquoi, et elle ne cessait de rapporter contre moi, tournant en mal mes moindres paroles et mes moindres actions. Oh ! la vieille chipie !

Elle s'appelait Mme Dufour, portait une perruque du plus beau noir, bien qu'elle fût âgée d'au moins soixante ans, et posait là-dessus des petits bonnets ridicules à rubans roses. On la respectait parce qu'elle était riche. Moi, je la détestais du fond du cœur et je résolus de me venger de ses mauvais procédés.

Je venais de terminer ma classe de seconde et j'avais été frappé particulièrement, dans le cours de chimie, par les propriétés d'un corps qui s'appelle le phosphure de calcium, et qui, jeté dans l'eau, s'enflamme, détone et dégage des couronnes de vapeur blanche d'une odeur infecte. J'avais chipé, pour m'amuser pendant les vacances, quelques poignées de cette matière assez semblable à l'œil à ce qu'on nomme communément du cristau.

J'avais un cousin du même âge que moi. Je lui communiquai mon projet. Il fut effrayé de mon audace.

Donc, un soir, pendant que toute la famille se tenait encore au salon, je pénétrai furtivement dans la chambre de Mme Dufour, et je m'emparai (pardon, mesdames) d'un récipient de forme ronde qu'on cache ordinairement non loin de la tête du lit. Je m'assurai qu'il était parfaitement sec et je déposai dans le fond une poignée, une grosse poignée, de phosphure de calcium.

Puis j'allai me cacher dans le grenier, attendant l'heure. Bientôt un bruit de voix et de pas m'annonça qu'on montait dans les appartements ; puis le silence se fit. Alors, je descendis nu-pieds, retenant mon souffle, et j'allai placer mon œil à la serrure de mon ennemie.

Elle rangeait avec soin ses petites affaires. Puis elle ôta peu à peu ses hardes, endossa un grand peignoir blanc qui semblait collé sur ses os. Elle prit un verre, l'emplit d'eau, et enfonçant une main dans sa bouche comme si elle eût voulu s'arracher la langue, elle en fit sortir quelque chose de rose et blanc, qu'elle déposa aussitôt dans l'eau. J'eus peur comme si je venais d'assister à quelque mystère honteux et terrible. Ce n'était que son râtelier.

Puis elle enleva sa perruque brune et apparut avec un petit crâne poudré de quelques cheveux blancs, si comique que je faillis, cette fois, éclater de rire derrière la porte. Puis elle fit sa prière, se releva, s'approcha de mon instrument de vengeance, le déposa par terre au milieu de la chambre, et se baissant, le recouvrit entièrement de son peignoir.

J'attendais, le cœur palpitant. Elle était tranquille, contente, heureuse. J'attendais... heureux aussi, moi, comme on l'est quand on se venge.

J'entendis d'abord un très léger bruit, un clapotement, puis aussitôt une série de détonations sourdes comme une fusillade lointaine.

Il se passa, en une seconde, sur le visage de Mme Dufour, quelque chose d'affreux et de surprenant. Ses yeux s'ouvrirent, se fermèrent, se rouvrirent, puis elle se leva tout à coup avec une souplesse dont je ne l'aurais pas crue capable, et elle regarda...

L'objet blanc crépitait, détonait, plein de flammes rapides et flottantes comme le feu grégeois des anciens. Et une fumée épaisse s'en élevait, montant vers le plafond, une fumée mystérieuse, effrayante, comme un sortilège.

Que dut-elle penser, la pauvre femme ? Crut-elle à une ruse du diable ? À une maladie épouvantable ? Crut-elle que ce feu, sorti d'elle, allait lui ronger les entrailles, jaillir comme d'une gueule de volcan ou la faire éclater comme un canon trop chargé ?

Elle demeurait debout, folle d'épouvante, le regard tendu sur le phénomène. Puis tout à coup elle poussa un cri comme je n'en ai jamais entendu et s'abattit sur le dos.

Je me sauvai et je m'enfonçai dans mon lit et je fermai les yeux avec force comme pour me prouver à moi-même que je n'avais rien fait, rien vu, que je n'avais pas quitté ma chambre.

Je me disais : « Elle est morte ! Je l'ai tuée ! » Et j'écoutais anxieusement les rumeurs de la maison.

On allait ; on venait ; on parlait ; puis, j'entendis qu'on riait ; puis, je reçus une pluie de calottes envoyées par la main paternelle.

Le lendemain Mme Dufour était fort pâle. Elle buvait de l'eau à tout moment. Peut-être, malgré les assurances du médecin, essayait-elle d'éteindre l'incendie qu'elle croyait enfermé dans son flanc.

Depuis ce jour, quand on parle devant elle de maladie, elle pousse un profond soupir, et murmure : « Oh ! Madame, si vous saviez ! Il y a des maladies si singulières... »

Elle n'en dit jamais davantage.

Le parapluie

À Camille Oudinot

Mme Oreille était économe. Elle savait la valeur d'un sou et possédait un arsenal de principes sévères sur la multiplication de l'argent. Sa bonne, assurément, avait grand mal à faire danser l'anse du panier ; et M. Oreille n'obtenait sa monnaie de poche qu'avec une extrême difficulté. Ils étaient à leur aise, pourtant, et sans enfants ; mais Mme Oreille éprouvait une vraie douleur à voir les pièces blanches sortir de chez elle. C'était comme une déchirure pour son cœur ; et, chaque fois qu'il lui avait fallu faire une dépense de quelque importance, bien qu'indispensable, elle dormait fort mal la nuit suivante.

Oreille répétait sans cesse à sa femme :

« Tu devrais avoir la main plus large, puisque nous ne mangeons jamais nos revenus. »

Elle répondait :

« On ne sais jamais ce qui peut arriver. Il vaut mieux avoir plus que moins. »

C'était une petite femme de quarante ans, vive, ridée, propre et souvent irritée.

Son mari, à tout moment, se plaignait des

privations qu'elle lui faisait endurer. Il en était certaines qui lui devenaient particulièrement pénibles, parce qu'elles atteignaient sa vanité.

Il était commis principal au ministère de la Guerre, demeuré là uniquement pour obéir à sa femme, pour augmenter les rentes inutilisées de la maison.

Or, pendant deux ans, il vint au bureau avec le même parapluie rapiécé qui donnait à rire à ses collègues. Las enfin de leurs quolibets, il exigea que Mme Oreille lui achetât un nouveau parapluie. Elle en prit un de huit francs cinquante, article de réclame d'un grand magasin. Les employés, en apercevant cet objet jeté dans Paris par milliers, recommencèrent leurs plaisanteries, et Oreille en souffrit horriblement. Le parapluie ne valait rien. En trois mois, il fut hors de service, et la gaieté devint générale dans le ministère. On fit même une chanson qu'on entendait du matin au soir, du haut en bas de l'immense bâtiment.

Oreille, exaspéré, ordonna à sa femme de lui choisir un nouveau riflard, en soie fine, de vingt francs, et d'apporter une facture justificative.

Elle en acheta un de dix-huit francs, et déclara, rouge d'irritation, en le remettant à son époux :

« Tu en as là pour cinq ans au moins. »

Oreille, triomphant, obtint un vrai succès au bureau.

Lorsqu'il rentra le soir, sa femme, jetant un regard inquiet sur le parapluie, lui dit :

« Tu ne devrais pas le laisser serré avec l'élastique, c'est le moyen de couper la soie. C'est à toi d'y veiller, parce que je ne t'en achèterai pas un de sitôt. »

Elle le prit, dégrafa l'anneau et secoua les plis.

Mais elle demeura saisie d'émotion. Un trou rond, grand comme un centime, lui apparut au milieu du parapluie. C'était une brûlure de cigare !

Elle balbutia :

« Qu'est-ce qu'il a ? »

Son mari répondit tranquillement, sans regarder :

« Qui, quoi ? Que veux-tu dire ? »

La colère l'étranglait maintenant ; elle ne pouvait plus parler :

« Tu... tu... tu as brûlé... ton... ton... parapluie. Mais tu... tu... tu es donc fou !... Tu veux nous ruiner ! »

Il se retourna, se sentant pâlir :

« Tu dis ?

– Je dis que tu as brûlé ton parapluie. Tiens !... »

Et, s'élançant vers lui comme pour le battre, elle lui mit violemment sous le nez la petite brûlure circulaire.

Il restait éperdu devant cette plaie, bredouillant :

« Ça, ça... qu'est-ce que c'est ? Je ne sais pas, moi ! Je n'ai rien fait, rien, je te le jure. Je ne sais pas ce qu'il a, moi, ce parapluie ! »

Elle criait maintenant :

« Je parie que tu as fait des farces avec lui dans ton bureau, que tu as fait le saltimbanque, que tu l'as ouvert pour le montrer. »

Il répondit :

« Je l'ai ouvert une seule fois pour montrer comme il était beau. Voilà tout. Je te le jure. »

Mais elle trépignait de fureur, et elle lui fit une de ces scènes conjugales qui rendent le foyer familial plus redoutable pour un homme pacifique qu'un champ de bataille où pleuvent les balles.

Elle ajusta une pièce avec un morceau de soie

coupé sur l'ancien parapluie, qui était de couleur différente ; et, le lendemain Oreille partit, d'un air humble, avec l'instrument raccommodé. Il le posa dans son armoire et n'y pensa plus que comme on pense à quelque mauvais souvenir.

Mais à peine fut-il rentré, le soir, sa femme lui saisit son parapluie dans les mains, l'ouvrit pour constater son état, et demeura suffoquée devant un désastre irréparable. Il était criblé de petits trous provenant évidemment de brûlures, comme si on eût vidé dessus la cendre d'une pipe allumée. Il était perdu, perdu sans remède.

Elle contemplait cela sans dire un mot, trop indignée pour qu'un son pût sortir de sa gorge. Lui aussi, il constatait le dégât et il restait stupide, épouvanté, consterné.

Puis ils se regardèrent ; puis il baissa les yeux ; puis il reçut par la figure l'objet crevé qu'elle lui jetait ; puis elle cria, retrouvant sa voix dans un emportement de fureur :

« Ah ! canaille ! canaille ! Tu en as fait exprès ! Mais tu me le payeras ! Tu n'en auras plus... »

Et la scène recommença. Après une heure de tempête, il put enfin s'expliquer. Il jura qu'il n'y comprenait rien ; que cela ne pouvait provenir que de malveillance ou de vengeance.

Un coup de sonnette le délivra. C'était un ami qui devait dîner chez eux.

Mme Oreille lui soumit le cas. Quant à acheter un nouveau parapluie, c'était fini, son mari n'en aurait plus.

L'ami argumenta avec raison :

« Alors, madame, il perdra ses habits, qui valent certes davantage. »

La petite femme, toujours furieuse, répondit :

« Alors il prendra un parapluie de cuisine, je ne lui en donnerai pas un nouveau en soie. »

À cette pensée, Oreille se révolta.

« Alors je donnerai ma démission, moi ! Mais je n'irai pas au ministère avec un parapluie de cuisine. »

L'ami reprit :

« Faites recouvrir celui-là, ça ne coûte pas très cher. »

Mme Oreille, exaspérée, balbutiait :

« Il faut au moins huit francs pour le faire recouvrir. Huit francs et dix-huit, cela fait vingt-six ! Vingt-six francs pour un parapluie, mais c'est de la folie ! c'est de la démence ! »

L'ami, bourgeois pauvre, eut une inspiration :

« Faites-le payer par votre assurance. Les compagnies payent les objets brûlés, pourvu que le dégât ait eu lieu dans votre domicile. »

À ce conseil, la petite femme se calma net ; puis, après une minute de réflexion, elle dit à son mari :

« Demain, avant de te rendre à ton ministère, tu iras dans les bureaux de La Maternelle faire constater l'état de ton parapluie et réclamer le payement. »

M. Oreille eut un soubresaut.

« Jamais de la vie je n'oserai ! C'est dix-huit francs de perdus, voilà tout. Nous n'en mourrons pas. »

Et il sortit le lendemain avec une canne. Il faisait beau, heureusement.

Restée seule à la maison, Mme Oreille ne pouvait se consoler de la perte de ses dix-huit francs. Elle avait le parapluie sur la table de la salle à manger, et elle tournait autour, sans parvenir à prendre une résolution.

La pensée de l'assurance lui revenait à tout

instant, mais elle n'osait pas non plus affronter les regards railleurs des messieurs qui la recevraient, car elle était timide devant le monde, rougissant pour un rien, embarrassée dès qu'il lui fallait parler à des inconnus.

Cependant le regret des dix-huit francs la faisait souffrir comme une blessure. Elle n'y voulait plus songer, et sans cesse le souvenir de cette perte la martelait douloureusement. Que faire cependant ? Les heures passaient ; elle ne se décidait à rien. Puis, tout à coup, comme les poltrons qui deviennent crânes, elle prit sa résolution :

« J'irai, et nous verrons bien ! »

Mais il lui fallait d'abord préparer le parapluie pour que le désastre fût complet et la cause facile à soutenir. Elle prit une allumette sur la cheminée et fit, entre les baleines, une grande brûlure, large comme la main ; puis elle roula délicatement ce qui restait de la soie, le fixa avec le cordelet élastique, mit son châle et son chapeau, et descendit d'un pied pressé vers la rue de Rivoli où se trouvait l'assurance.

Mais, à mesure qu'elle approchait, elle ralentissait le pas. Qu'allait-elle dire ? Qu'allait-on lui répondre ?

Elle regardait les numéros des maisons. Elle en avait encore vingt-huit. Très bien ! elle pouvait réfléchir. Elle allait de moins en moins vite. Soudain elle tressaillit. Voici la porte, sur laquelle brille en lettres d'or : « La Maternelle, Compagnie d'assurances contre l'incendie. » Déjà ! Elle s'arrêta une seconde, anxieuse, honteuse, puis passa, puis revint, puis passa de nouveau, puis revint encore.

Elle se dit enfin :

« Il faut y aller, pourtant. Mieux vaut plus tôt que plus tard. »

Mais, en pénétrant dans la maison, elle s'aperçut que son cœur battait.

Elle entra dans une vaste pièce avec des guichets tout autour, et, par chaque guichet, on apercevait une tête d'homme dont le corps était masqué par un treillage.

Un monsieur parut, portant des papiers. Elle s'arrêta et, d'une petite voix timide :

« Pardon, monsieur, pourriez-vous me dire où il faut s'adresser pour se faire rembourser les objets brûlés. »

Il répondit, avec un timbre sonore :

« Premier, à gauche. Au bureau des sinistres. »

Ce mot l'intimida davantage encore ; et elle eut envie de se sauver, de ne rien dire, de sacrifier ses dix-huit francs. Mais à la pensée de cette somme, un peu de courage lui revint, et elle monta, essoufflée, s'arrêtant à chaque marche.

Au premier, elle aperçut une porte, elle frappa. Une voix claire cria :

« Entrez ! »

Elle entra, et se vit dans une grande pièce où trois messieurs, debout, décorés, solennels, causaient.

Un d'eux lui demanda :

« Que désirez-vous, madame ? »

Elle ne trouvait plus ses mots, elle bégaya :

« Je viens... je viens... pour... pour un sinistre. »

Le monsieur, poli, montra un siège.

« Donnez-vous la peine de vous asseoir, je suis à vous dans une minute. »

Et, retournant vers les deux autres, il reprit la conversation.

« La compagnie, messieurs, ne se croit pas

engagée envers vous pour plus de quatre cent mille francs. Nous ne pouvons admettre vos revendications pour les cent mille francs que vous prétendez nous faire payer en plus. L'estimation d'ailleurs... »

Un des deux autres l'interrompit :

« Cela suffit, monsieur, les tribunaux décideront. Nous n'avons plus qu'à nous retirer. »

Et ils sortirent après plusieurs saluts cérémonieux.

Oh ! si elle avait osé partir avec eux, elle l'aurait fait ; elle aurait fui, abandonnant tout ! Mais le pouvait-elle ? Le monsieur revint et, s'inclinant :

« Qu'y a-t-il pour votre service, madame ? »

Elle articula péniblement :

« Je viens pour... pour ceci. »

Le directeur baissa les yeux, avec un étonnement naïf, vers l'objet qu'elle lui tendait.

Elle essayait, d'une main tremblante, de détacher l'élastique. Elle y parvint après quelques efforts, et ouvrit brusquement le squelette loqueteux du parapluie.

L'homme prononça, d'un ton compatissant :

« Il me paraît bien malade. »

Elle déclara avec hésitation :

« Il m'a coûté vingt francs. »

Il s'étonna :

« Vraiment ! Tant que ça.

– Oui, il était excellent. Je voulais vous faire constater son état.

– Fort bien ; je vois. Fort bien. Mais je ne saisis pas en quoi cela peut me concerner. »

Une inquiétude la saisit. Peut-être cette compagnie-là ne payait-elle pas les menus objets, et elle dit :

« Mais... il est brûlé... »

Le monsieur ne nia pas :

« Je le vois bien. »

Elle restait bouche béante, ne sachant plus que dire ; puis, soudain, comprenant son oubli, elle prononça avec précipitation :

« Je suis Mme Oreille. Nous sommes assurés à La Maternelle, et je viens vous réclamer le prix de ce dégât. »

Elle se hâta d'ajouter dans la crainte d'un refus positif :

« Je demande seulement que vous le fassiez recouvrir. »

Le directeur, embarrassé, déclara :

« Mais... madame... nous ne sommes pas marchands de parapluies. Nous ne pouvons nous charger de ces genres de réparations. »

La petite femme sentait l'aplomb lui revenir. Il fallait lutter. Elle lutterait donc ! Elle n'avait plus peur ; elle dit :

« Je demande seulement le prix de la réparation. Je la ferai bien faire moi-même. »

Le monsieur semblait confus.

« Vraiment, madame, c'est bien peu. On ne nous demande jamais d'indemnité pour des accidents d'une si minime importance. Nous ne pouvons rembourser, convenez-en, les mouchoirs, les gants, les balais, les savates, tous les petits objets qui sont exposés chaque jour à subir des avaries par la flamme. »

Elle devint rouge, sentant la colère l'envahir :

« Mais, monsieur, nous avons eu, au mois de décembre dernier, un feu de cheminée qui nous a causé au moins pour cinq cents francs de dégâts ; M. Oreille n'a rien réclamé à la compagnie ; aussi il est bien juste aujourd'hui qu'elle me paye mon parapluie ! »

Le directeur, devinant le mensonge, dit en souriant :

« Vous avouerez, madame, qu'il est bien étonnant que M. Oreille, n'ayant rien demandé pour un dégât de cinq cents francs, vienne réclamer une réparation de cinq ou six francs pour un parapluie. »

Elle ne se troubla point et répliqua :

« Pardon, monsieur, le dégât de cinq cents francs concernait la bourse de M. Oreille, tandis que le dégât de dix-huit francs concerne la bourse de Mme Oreille, ce qui n'est pas la même chose. »

Il vit qu'il ne s'en débarrasserait pas et qu'il allait perdre sa journée, et il demanda avec résignation :

« Veuillez me dire alors comment l'accident est arrivé. »

Elle sentit la victoire et se mit à raconter :

« Voilà, monsieur : j'ai dans mon vestibule une espèce de chose en bronze où l'on pose les parapluies et les cannes. L'autre jour donc, en rentrant, je plaçai dedans celui-là. Il faut vous dire qu'il y a juste au-dessus une planchette pour mettre les bougies et les allumettes. J'allonge le bras et je prends quatre allumettes. J'en frotte une ; elle rate. J'en frotte une autre ; elle s'allume et s'éteint aussitôt. J'en frotte une troisième ; elle en fait autant. »

Le directeur l'interrompit pour placer un mot d'esprit :

« C'étaient donc des allumettes du gouvernement ? »

Elle ne comprit pas et continua :

« Ça se peut bien. Toujours est-il que la quatrième prit feu et j'allumai ma bougie ; puis je rentrai dans ma chambre pour me coucher. Mais au bout d'un quart d'heure, il me sembla qu'on sentait le brûlé. Moi j'ai toujours peur du feu. Oh ! si nous avons jamais un sinistre, ce ne sera pas ma faute ! Surtout depuis le feu de cheminée dont je vous ai parlé, je ne vis pas. Je me relève donc, je sors, je cherche, je sens partout comme un chien de chasse, et je m'aperçois enfin que mon parapluie brûle. C'est probablement une allumette qui était tombée dedans. Vous voyez dans quel état ça l'a mis... »

Le directeur en avait pris son parti ; il demanda :

« À combien estimez-vous le dégât ? »

Elle demeura sans parole, n'osant pas fixer un chiffre. Puis elle dit, voulant être large :

« Faites-le réparer vous-même. Je m'en rapporte à vous. »

Il refusa :

« Non, madame, je ne peux pas. Dites-moi combien vous demandez.

– Mais... il me semble... que... Tenez, monsieur, je ne veux pas gagner sur vous, moi... nous allons faire une chose. Je porterai mon parapluie chez un fabricant qui le recouvrira en bonne soie, en soie durable, et je vous apporterai la facture. Ça vous va-t-il ?

– Parfaitement, madame ; c'est entendu. Voici un mot pour la caisse, qui remboursera votre dépense. »

Et il tendit une carte à Mme Oreille, qui la saisit, puis se leva et sortit en remerciant, ayant hâte d'être dehors, de crainte qu'il ne changeât d'avis.

Elle allait maintenant d'un pas gai par la rue, cherchant un marchand de parapluies qui lui parût élégant. Quand elle eut trouvé une boutique d'allure riche, elle entra et dit, d'une voix assurée :

« Voici un parapluie à recouvrir en soie, en très bonne soie. Mettez-y ce que vous avez de meilleur. Je ne regarde pas au prix. »

Une vente

LES NOMMÉS BRUMENT (Césaire-Isidore) et Cornu (Prosper-Napoléon) comparaissaient devant la cour d'assises de la Seine-Inférieure sous l'inculpation de tentative d'assassinat, par immersion, sur la femme Brument, épouse légitime du premier des prévenus.

Les deux accusés sont assis côte à côte sur le banc traditionnel. Ce sont deux paysans. Le premier est petit, gros, avec des bras courts, des jambes courtes et une tête ronde, rouge, bourgeonnante, plantée directement sur le torse, rond aussi, court aussi, sans une apparence de cou. Il est éleveur de porcs et demeure à Cacheville-la-Goupil, canton de Criquetot.

Cornu (Prosper-Napoléon) est maigre, de taille moyenne, avec des bras démesurés. Il a la tête de travers, la mâchoire torse et il louche. Une blouse bleue, longue comme une chemise, lui tombe aux genoux, et ses cheveux jaunes, rares et collés sur le crâne, donnent à sa figure un air usé, un air sale, un air abîmé tout à fait affreux. On l'a surnommé « le curé » parce qu'il sait imiter dans la perfection les chants d'église et même le bruit du serpent. Ce talent attire en son café, car il est cabaretier à

Criquetot, un grand nombre de clients qui préfèrent la « messe à Cornu » à la messe au bon Dieu.

Mme Brument, assise au banc des témoins, est une maigre paysanne qui semble toujours endormie. Elle demeure immobile, les mains croisées sur ses genoux, le regard fixe, l'air stupide.

Le président continue l'interrogatoire :

« Ainsi donc, femme Brument, ils sont entrés dans votre maison et ils vous ont jetée dans un baril plein d'eau. Dites-nous les faits par le détail. Levez-vous. »

Elle se lève. Elle semble haute comme un mât avec son bonnet qui la coiffe d'une calotte blanche. Elle s'explique d'une voix traînante :

« J'écossais d'z' haricots. V'là qu'ils entrent. Je m' dis : "Qué qu'ils ont. Ils sont pas naturels, ils sont malicieux." Ils me guettaient comme ça, de travers, surtout Cornu, vu qu'il louche. J'aime point à les voir ensemble, car c'est deux pas-grand-chose en société. J' leur dis : "Qué qu' vous m' voulez ?" Ils répondent point. J'avais quasiment une méfiance... »

Le prévenu Brument interrompt avec vivacité la déposition et déclare :

« J'étais bu. »

Alors Cornu, se tournant vers son complice, prononce d'une voix profonde comme une note d'orgue :

« Dis qu' j'étions bus tous deux et tu n' mentiras point. »

LE PRÉSIDENT (*avec sévérité*) – Vous voulez dire que vous étiez ivres ?

BRUMENT – Ça n' se demande pas.

CORNU – Ça peut arriver à tout l' monde.

LE PRÉSIDENT (*à la victime*) – Continuez votre déposition, femme Brument.

Donc, v'là Brument qui m' dit : « Veux-tu gagner cent sous ? » Oui, que j' dis, vu qu' cent sous, ça s' trouve point dans l' pas d'un cheval. Alors i m' dit : « Ouvre l'œil et fais comme mé », et le v'là qui s'en va quérir l' grand baril défoncé qu'est sous la gouttière du coin ; et pi qu'il le renverse, et pi qu'il l'apporte dans ma cuisine, et pi qu'il le plante droit au milieu, et pi qu'il me dit : « Va quérir d' l'iau jusqu'à tant qu'il sera plein. »

Donc me v'là que j' vas à la mare avec deux siaux et qu' j'apporte de l'iau, et pi encore de l'iau pendant ben une heure, vu que çu baril il était grand comme une cuve, sauf vot' respect, m'sieu l' président.

Pendant çu temps-là, Brument et Cornu ils buvaient un coup, et pi encore un coup, et pi encore un coup. Ils se complétaient de compagnie que je leur dis : « C'est vous qu'êtes pleins, pu pleins qu' çu baril. » Et v'là Brument qui m' répond : « Ne te tracasse point, va ton train, ton tour viendra, chacun son comptant. » Mé je m'occupe point d' son propos, vu qu'il était bu.

Quand l' baril fut empli rasibus, j' dis :

« V'là, c'est fait. »

Et v'là Cornu qui m' donne cent sous. Pas Brument, Cornu ; c'est Cornu qui m' les a donnés. Et Brument m' dit :

« Veux-tu gagner encore cent sous ?

– Oui, que j' dis, vu que j' suis pas accoutumée à des étrennes comme ça. »

Alors il me dit :

« Débille-té.

– Que j' me débille ?

– Oui, qu'il m' dit.

– Jusqu'où qu' tu veux que j' me débille ? »

Il me dit :

« Si ça te dérange, garde ta chemise, ça ne nous oppose point. »

Cent sous, c'est cent sous, v'là que je m' débille, mais qu' ça ne m'allait point de m' débiller d'vant ces deux propres-à-rien. J'ôte ma coiffe, et pi mon caraco, et pi ma jupe, et pi mes sabots. Brument m' dit : « Garde tes bas itou ; j' sommes bons enfants. »

Et Cornu qui réplique : « J' sommes bons enfants. »

Donc me v'là quasiment comme not' mère Ève. Et qu'ils se lèvent, qu'ils ne tenaient pu debout, tant ils étaient bus, sauf vot' respect, m'sieu l' président.

Je m' dis : « Qué qui manigancent ? »

Et Brument dit : « Ça y est ? »

Cornu dit : « Ça y est ! »

Et v'là qu'ils me prennent, Brument par la tête et Cornu par les pieds, comme on prendrait, comme qui dirait un drap de lessive. Mé, v'là que j' gueule.

Et Brument m' dit : « Tais-té, misère. »

Et qu'ils me lèvent au-dessus d' leurs bras, et qu'ils me piquent dans le baril qu'était plein d'iau, que je n'ai eu une révolution des sangs, une glaçure jusqu'aux boyaux.

Et Brument dit :

« Rien que ça ? »

Cornu dit :

« Rien de pu. »

Brument dit :

« La tête y est point, ça compte. »

Cornu dit :

« Mets-y la tête. »

Et v'là Brument qui m' pousse la tête quasiment pour me néyer, que l'iau me faufilait dans l' nez, que j' véyais déjà l' paradis. Et v'là qu'il pousse. Et j' disparais.

Et pi qu'il aura eu eune peurance. Il me tire de là et il me dit : « Va vite te sécher, carcasse. »

Mé, je m'ensauve, et j' m'en vas courant chez m'sieu l' curé qui m' prête une jupe d' sa servante, vu qu' j'étais en naturel, et i va quérir maît' Chicot l' garde champêtre qui s'en va ta Criquetot quérir les gendarmes qui vont ta la maison m'accompagnant.

V'là que j' trouvons Brument et Cornu qui s' tapaient comme deux béliers.

Brument gueulait : « Pas vrai, j' te dis qu'y en a t'au moins un mètre cube. C'est l' moyen qu'est pas bon. »

Cornu gueulait : « Quatre siaux, ça fait pas quasiment un demi-mètre cube. T'as pas ta répliquer, ça y est. »

Le brigadier leur y met la main sur le poil. J'ai pu rien.

Elle s'assit. Le public riait. Les jurés stupéfaits se regardaient. Le président prononça :

« Prévenu Cornu, vous paraissez être l'instigateur de cette infâme machination. Expliquez-vous ! »

Et Cornu, à son tour, se leva :

« Mon président, j'étions bus. »

Le président répliqua gravement :

« Je le sais. Continuez !

– J'y vas. »

Donc, Brument vint à mon établissement vers les neuf heures, et il se fit servir deux fil-en-dix, et il me dit : « Y en a pour toi, Cornu. » Et je m'assieds vis-à-vis, et je bois, et par politesse, j'en offre un autre. Alors, il a réitéré, et moi aussi, si bien que de fil en fil, vers midi, nous étions toisés.

Alors Brument se met à pleurer ; ça m'attendrit. Je lui demande ce qu'il a. Il me dit : « Il me faut mille francs pour jeudi. » Là-dessus, je deviens froid, vous comprenez. Et il me propose à brûle tout le foin : « J' te vends ma femme. »

J'étais bu, et j' suis veuf. Vous comprenez, ça me remue. Je ne la connaissais point, sa femme ; mais une femme, c'est une femme, n'est-ce pas ? Je lui demande : « Combien ça que tu me la vends ? »

Il réfléchit ou bien il fait semblant. Quand on est bu, on n'est pas clair, et il me répond : « Je te la vends au mètre cube. »

Moi, ça n' m'étonne pas, vu que j'étais autant bu que lui, et que le mètre cube ça me connaît dans mon métier. Ça fait mille litres, ça m'allait.

Seulement, le prix restait à débattre. Tout dépend de la qualité. Je lui dis : « Combien ça, le mètre cube ? »

Il me répond :

« Deux mille francs. »

Je fais un saut comme un lapin, et puis je réfléchis qu'une femme ça ne doit pas mesurer plus de trois cents litres. J' dis tout de même : « C'est trop cher. »

Il répond :

« J' peux pas à moins. J'y perdrais. »

Vous comprenez : on n'est pas marchand de cochons pour rien. On connaît son métier. Mais s'il est ficelle, le vendeux de lard, moi je suis fil, vu que j'en vends. Ah ! ah ! ah ! Donc je lui dis : « Si elle était neuve, j' dis pas ; mais a t'a servi, pas vrai, donc c'est du r'tour. J' t'en donne quinze cents francs l' mètre cube, pas un sou de plus. Ça va-t-il ? »

Il répond :

« Ça va. Tope là ! »

J' tope et nous v'là partis, bras dessus, bras dessous. Faut bien qu'on s'entraide dans la vie.

Mais eune peur me vint : « Comment qu' tu vas la litrer à moins d' la mettre en liquide ? »

Alors i m'explique son idée, pas sans peine, vu qu'il était bu. Il me dit : « J' prends un baril, j' l'emplis d'eau rasibus. Je la mets d'dans. Tout ce qui sortira d'eau, je l' mesurerons, ça fait l' compte. »

Je lui dis :

« C'est vu, c'est compris. Mais c't' eau qui sortira, a coulera ; comment que tu feras pour la reprendre ? »

Alors i me traite d'andouille, et il m'explique qu'il n'y aura qu'à remplir le baril du déficit une fois qu' sa femme en sera partie. Tout ce qu'on remettra d'eau, ça f'ra la mesure. Je suppose dix seaux : ça donne un mètre cube. Il n'est pas bête tout de même quand il est bu, c'te rosse-là !

Bref, nous v'là chez lui, et j' contemple la particulière. Pour une belle femme, c'est pas une belle femme. Tout le monde peut le voir, vu que la v'là. Je me dis : « J' suis r'fait, n'importe, ça compte ; belle ou laide, ça fait pas moins le même usage, pas vrai, monsieur le président ? Et pi je constate qu'elle est maigre comme une gaule. Je me dis : « Y en a pas quatre cents litres. » Je m'y connais, étant dans les liquides.

L'opération, elle vous l'a dite. J'y avons même laissé les bas et la chemise à mon détriment.

Quand ça fut fait, v'là qu'elle se sauve.

Je dis : « Attention ! Brument, elle s'écape. »

Il réplique : « As pas peur, j' la rattraperons toujours. Faudra bien qu'elle revienne gîter. J'allons mesurer l' déficit. »

J' mesurons. Pas quatre seaux. Ah ! ah ! ah ! ah !

Le prévenu se met à rire avec tant de persistance qu'un gendarme est obligé de lui taper dans le dos. S'étant calmé, il reprend :

Bref Brument déclare : « Rien de fait, c'est pas assez. » Moi je gueule, il gueule, je surgueule, il tape, je cogne. Ça dure autant que le jugement dernier, vu que j'étions bus.

« V'là les gendarmes ! Ils nous sacréandent, ils nous carottent. En prison. Je demande des dommages. »

Il s'assit.

Brument déclara vrais en tous points les aveux de son complice. Le jury, consterné, se retira pour délibérer.

Il revint au bout d'une heure et acquitta les prévenus avec des considérants sévères appuyés sur la majesté du mariage, et établissant la délimitation précise des transactions commerciales.

Brument s'achemina en compagnie de son épouse vers le domicile conjugal.

Cornu retourna à son commerce.

Le crime au père Boniface

Ce jour-là le facteur Boniface, en sortant de la maison de poste, constata que sa tournée serait moins longue que de coutume, et il en ressentit une joie vive. Il était chargé de la campagne autour du bourg de Vireville, et quand il revenait, le soir, de son long pas fatigué, il avait parfois plus de quarante kilomètres dans les jambes.

Donc la distribution serait vite faite ; il pourrait même flâner un peu en route et rentrer chez lui vers trois heures de relevée. Quelle chance !

Il sortit du bourg par le chemin de Sennemare et commença sa besogne. On était en juin, dans le mois vert et fleuri, le vrai mois des plaines.

L'homme, vêtu de sa blouse bleue et coiffé d'un képi noir à galon rouge, traversait par des sentiers étroits les champs de colza, d'avoine ou de blé, enseveli jusqu'aux épaules dans les récoltes ; et sa tête, passant au-dessus des épis, semblait flotter sur une mer calme et verdoyante qu'une brise légère faisait mollement onduler.

Il entrait dans les fermes par la barrière de bois plantée dans les talus qu'ombrageaient deux rangées de hêtres, et saluant par son nom le paysan : « Bonjour maît' Chicot », il lui tendait son journal *Le Petit Normand*. Le fermier essuyait sa main à son fond de culotte, recevait la feuille de papier et la glissait dans sa poche pour la lire à son aise après le repas de midi. Le chien, logé dans un baril, au pied d'un pommier penchant, jappait avec fureur en tirant sur sa chaîne, et le piéton, sans se retourner, repartait de son allure militaire, en allongeant ses grandes jambes, le bras gauche sur sa sacoche, et le droit manœuvrant sur sa canne qui marchait comme lui d'une façon continue et pressée.

Il distribua ses imprimés et ses lettres dans le hameau de Sennemare, puis il se remit en route à travers champs pour porter le courrier du percepteur qui habitait une petite maison isolée à un kilomètre du bourg.

C'était un nouveau percepteur, M. Chapatis, arrivé la semaine dernière, et marié depuis peu.

Il recevait un journal de Paris, et, parfois, le facteur Boniface, quand il avait le temps, jetait un coup d'œil sur l'imprimé, avant de le remettre au destinataire.

Donc, il ouvrit sa sacoche, prit la feuille, la fit glisser hors de sa bande, la déplia, et se mit à lire tout en marchant. La première page ne l'intéressait guère ; la politique le laissait froid ; il passait toujours la finance, mais les faits divers le passionnaient.

Ils étaient très nourris ce jour-là. Il s'émut même si vivement au récit d'un crime accompli dans le logis d'un garde-chasse, qu'il s'arrêta au milieu d'une pièce de trèfle, pour le relire lentement. Les détails étaient affreux. Un bûcheron, en passant au matin auprès de la maison forestière, avait remarqué un peu de sang sur le seuil, comme si on avait saigné du nez. « Le garde aura tué quelque lapin cette nuit », pensa-t-il ; mais en approchant il s'aperçut que la porte demeurait entrouverte et que la serrure avait été brisée.

Alors, saisi de peur, il courut au village prévenir le maire, celui-ci prit comme renfort le garde champêtre et l'instituteur ; et les quatre hommes revinrent ensemble. Ils trouvèrent le forestier égorgé devant la cheminée, sa femme étranglée sous le lit, et leur petite fille, âgée de six ans, étouffée entre deux matelas.

Le facteur Boniface demeura tellement ému à la pensée de cet assassinat dont toutes les horribles circonstances lui apparaissaient coup sur coup, qu'il se sentit une faiblesse dans les jambes, et il prononça tout haut :

« Nom de nom, y a-t-il tout de même des gens qui sont canailles ! »

Puis il repassa le journal dans sa ceinture de papier et repartit, la tête pleine de la vision du crime. Il atteignit bientôt la demeure de M. Chapatis ; il ouvrit la barrière du petit jardin et s'approcha de la maison. C'était une construction basse, ne contenant qu'un rez-de-chaussée, coiffé d'un toit mansardé. Elle était éloignée de cinq cents mètres au moins de la maison la plus voisine.

Le facteur monta les deux marches du perron, posa la main sur la serrure, essaya d'ouvrir la porte, et constata qu'elle était fermée. Alors il s'aperçut que les volets n'avaient point été ouverts, et que personne encore n'était sorti ce jour-là.

Une inquiétude l'envahit, car M. Chapatis, depuis son arrivée, s'était levé assez tôt. Boniface tira sa montre. Il n'était encore que sept heures dix minutes du matin, il se trouvait donc en avance de près d'une heure. N'importe, le percepteur aurait dû être debout.

Alors il fit le tour de la demeure en marchant avec précaution, comme s'il eût couru quelque danger. Il ne remarqua rien de suspect, que des pas d'homme dans une plate-bande de fraisiers.

Mais tout à coup, il demeura immobile, perclus d'angoisse, en passant devant une fenêtre. On gémissait dans la maison.

Il s'approcha, et enjambant une bordure de thym, colla son oreille contre l'auvent, pour mieux écouter ; assurément on gémissait. Il entendait fort bien de longs soupirs douloureux, une sorte de râle, un bruit de lutte. Puis, les gémissements devinrent plus forts, plus répétés, s'accentuèrent encore, se changèrent en cris.

Alors Boniface, ne doutant plus qu'un crime s'accomplissait en ce moment-là même, chez le percepteur, partit à toutes jambes, retraversa le petit jardin, s'élança à travers la plaine, à travers les récoltes, courant à perdre haleine, secouant sa sacoche qui lui battait les reins, et il arriva, exténué, haletant, éperdu à la porte de la gendarmerie.

Le brigadier Malautour raccommodait une chaise brisée au moyen de pointes et d'un marteau. Le gendarme Rautier tenait entre ses jambes le meuble avarié et présentait un clou sur les bords de la cassure ; alors le brigadier, mâchant sa moustache, les yeux ronds et mouillés d'attention, tapait à tous coups sur les doigts de son subordonné.

Le facteur, dès qu'il les aperçut, s'écria :

« Venez vite, on assassine le percepteur, vite ! vite ! »

Les deux hommes cessèrent leur travail et levèrent la tête, ces têtes étonnées de gens qu'on surprend et qu'on dérange.

Boniface, les voyant plus surpris que pressés, répéta :

« Vite ! vite ! Les voleurs sont dans la maison, j'ai entendu les cris, il n'est que temps. »

Le brigadier, posant son marteau par terre, demanda :

« Qu'est-ce qui vous a donné connaissance de ce fait ? »

Le facteur reprit :

« J'allais porter le journal avec deux lettres quand je remarquai que la porte était fermée et que le percepteur n'était pas levé. Je fis le tour de la maison pour me rendre compte, et j'entendis qu'on gémissait comme si on eût étranglé quelqu'un ou qu'on lui eût coupé la gorge, alors je m'en suis parti au plus vite pour vous chercher. Il n'est que temps. »

Le brigadier se redressant, reprit :

« Et vous n'avez pas porté secours en personne ? »

Le facteur effaré répondit :

« Je craignais de n'être pas en nombre suffisant. »

Alors le gendarme, convaincu, annonça :

« Le temps de me vêtir et je vous suis. »

Et il entra dans la gendarmerie, suivi par son soldat qui rapportait la chaise.

Ils reparurent presque aussitôt, et tous trois se mirent en route, au pas gymnastique, pour le lieu du crime.

En arrivant près de la maison, ils ralentirent leur allure avec précaution, et le brigadier tira son revolver, puis ils pénétrèrent tout doucement dans le jardin et s'approchèrent de la muraille. Aucune trace nouvelle n'indiquait que les malfaiteurs fussent partis. La porte demeurait fermée, les fenêtres closes.

« Nous les tenons », murmura le brigadier.

Le père Boniface, palpitant d'émotion, le fit passer de l'autre côté, et, lui montrant un auvent :

« C'est là », dit-il.

Et le brigadier s'avança tout seul, et colla son oreille contre la planche. Les deux autres attendaient, prêts à tout, les yeux fixés sur lui.

Il demeura longtemps immobile, écoutant.

Pour mieux approcher sa tête du volet de bois, il avait ôté son tricorne et le tenait de sa main droite.

Qu'entendait-il ? Sa figure impassible ne révélait rien, mais soudain sa moustache se retroussa, ses joues se plissèrent comme pour un rire silencieux, et enjambant de nouveau la bordure de buis, il revint vers les deux hommes, qui le regardaient avec stupeur.

Puis il leur fit signe de le suivre en marchant sur la pointe des pieds ; et, revenant devant l'entrée, il enjoignit à Boniface de glisser sous la porte le journal et les lettres.

Le facteur, interdit, obéit cependant avec docilité.

« Et maintenant, en route », dit le brigadier.

Mais dès qu'ils eurent passé la barrière il se retourna vers le piéton, et, d'un air goguenard, la lèvre narquoise, l'œil retroussé et brillant de joie :

« Que vous êtes un malin, vous ! »

Le vieux demanda :

« De quoi ? j'ai entendu, j' vous jure que j'ai entendu. »

Mais le gendarme, n'y tenant plus, éclata de rire. Il riait comme on suffoque, les deux mains sur le ventre, plié en deux, l'œil plein de larmes, avec d'affreuses grimaces autour du nez. Et les deux autres, affolés, le regardaient.

Mais comme il ne pouvait parler, ni cesser de rire, ni faire comprendre ce qu'il avait, il fit un geste, un geste populaire et polisson.

Comme on ne le comprenait toujours pas, il le répéta, plusieurs fois de suite, en désignant d'un signe de tête la maison toujours close.

Et son soldat, comprenant brusquement à son tour, éclata d'une gaieté formidable.

Le vieux demeurait stupide entre ces deux hommes, qui se tordaient.

Le brigadier, à la fin, se calma, et lançant dans le ventre du vieux une grande tape d'homme qui rigole, il s'écria :

« Ah ! farceur, sacré farceur, je le retiendrai l' crime au père Boniface ! »

Le facteur ouvrait des yeux énormes et il répéta :

« J' vous jure que j'ai entendu. »

Le brigadier se remit à rire. Son gendarme s'était assis sur l'herbe du fossé pour se tordre tout à son aise.

« Ah ! t'as entendu. Et ta femme, c'est-il comme ça que tu l'assassines, hein, vieux farceur ?

– Ma femme ?... »

Et il se mit à réfléchir longuement, puis il reprit :

« Ma femme... Oui, all' gueule quand j'y fiche des coups... Mais all' gueule, que c'est gueuler, quoi. C'est-il donc que M. Chapatis battait la sienne ? »

Alors le brigadier, dans un délire de joie, le fit tourner comme une poupée par les épaules, et il lui souffla dans l'oreille quelque chose dont l'autre demeura abruti d'étonnement.

Puis le vieux, pensif, murmura :

« Non... point comme ça..., point comme ça..., point comme ça... all' n' dit rien, la mienne...

J'aurais jamais cru... si c'est possible... on aurait juré une martyre... »

Et, confus, désorienté, honteux, il reprit son chemin à travers les champs, tandis que le gendarme et le brigadier, riant toujours et lui criant, de loin, de grasses plaisanteries de caserne, regardaient s'éloigner son képi noir, sur la mer tranquille des récoltes.

Tribunaux rustiques

LA SALLE DE LA JUSTICE de paix de Gorgeville est pleine de paysans, qui attendent, immobiles le long des murs, l'ouverture de la séance.

Il y en a des grands et des petits, des gros rouges et des maigres qui ont l'air taillés dans une souche de pommier. Ils ont posé par terre leurs paniers et ils restent tranquilles, silencieux, préoccupés par leur affaire. Ils ont apporté avec eux des odeurs d'étable et de sueur, de lait aigre et de fumier. Des mouches bourdonnent sous le plafond blanc. On entend, par la porte ouverte, chanter les coqs.

Sur une sorte d'estrade s'étend une longue table couverte d'un tapis vert. Un vieux homme ridé écrit, assis à l'extrémité gauche. Un gendarme, raide sur sa chaise, regarde en l'air à l'extrémité droite. Et sur la muraille nue, un grand Christ de bois, tordu dans une pose douloureuse, semble offrir encore sa souffrance éternelle pour la cause de ces brutes aux senteurs de bêtes.

M. le juge de paix entre enfin. Il est ventru, coloré, et il secoue, dans son pas rapide de gros homme pressé, sa grande robe noire de magistrat ; il s'assied, pose sa toque sur la table et regarde l'assistance avec un air de profond mépris.

C'est un lettré de province et un bel esprit

d'arrondissement, un de ceux qui traduisent Horace, goûtent les petits vers de Voltaire et savent par cœur Vert-Vert ainsi que les poésies grivoises de Parny.

Il prononce :

« Allons, monsieur Potel, appelez les affaires. »

Puis souriant, il murmure :

Quidquid tentabam dicere versus erat.

Le greffier alors, levant son front chauve, bredouille d'une voix inintelligible : « Mme Victoire Bascule contre Isidore Paturon. »

Une énorme femme s'avance, une dame de campagne, une dame de chef-lieu de canton, avec un chapeau à rubans, une chaîne de montre en feston sur le ventre, des bagues aux doigts et des boucles d'oreilles luisantes comme des chandelles allumées.

Le juge de paix la salue d'un coup d'œil de connaissance où perce une raillerie, et dit :

« Madame Bascule, articulez vos griefs. »

La partie adverse se tient de l'autre côté. Elle est représentée par trois personnes. Au milieu, un jeune paysan de vingt-cinq ans, joufflu comme une pomme et rouge comme un coquelicot. À sa droite, sa femme toute jeune, maigre, petite, pareille à une poule cayenne, avec une tête mince et plate que coiffe, comme une crête, un bonnet rose. Elle a un œil rond, étonné et colère, qui regarde de côté comme celui des volailles. À la gauche du garçon se tient son père, vieux homme courbé, dont le corps tortu disparaît dans sa blouse empesée, comme sous une cloche.

Mme Bascule s'explique :

« Monsieur le juge de paix, voici quinze ans que j'ai recueilli ce garçon. Je l'ai élevé et aimé comme une mère, j'ai tout fait pour lui, j'en ai fait un homme. Il m'avait promis, il m'avait juré de ne pas me quitter, il m'en a même fait un acte, moyennant lequel je lui ai donné un petit bien, ma terre de Bec-de-Mortin, qui vaut dans les six mille. Or voilà qu'une petite chose, une petite rien du tout, une petite morveuse... »

LE JUGE DE PAIX – Modérez-vous, madame Bascule.

MME BASCULE – Une petite... une petite... je m'entends, lui a tourné la tête, lui a fait je ne sais quoi, non, je ne sais quoi... et il s'en va l'épouser, ce sot, ce grand bête, et il lui porte mon bien en mariage, mon bien du Bec-de-Mortin... Ah ! mais non, ah ! mais non... J'ai un papier, le voilà... Qu'il me rende mon bien, alors. Nous avons fait un acte de notaire pour le bien et un acte de papier privé pour l'amitié. L'un vaut l'autre. Chacun son droit, est-ce pas vrai ?

(*Elle tend au juge de paix un papier timbré grand ouvert.*)

ISIDORE PATURON – C'est pas vrai.

LE JUGE – Taisez-vous. Vous parlerez à votre tour. (*Il lit.*)

Je soussigné, Isidore Paturon, promets par la présente à Mme Bascule, ma bienfaitrice, de ne jamais la quitter de mon vivant, et de la servir avec dévouement.

Gorgeville, le 5 août 1883.

LE JUGE – Il y a une croix comme signature ; vous ne savez donc pas écrire ?

ISIDORE – Non. J' sais point.

LE JUGE – C'est vous qui l'avez faite, cette croix ?

ISIDORE – Non, c'est point mé.

LE JUGE – Qu'est-ce qui l'a faite, alors ?

ISIDORE – C'est elle.

LE JUGE – Vous êtes prêt à jurer que vous n'avez pas fait cette croix ?

ISIDORE (*avec précipitation*) – Sur la tête d' mon pé, d' ma mé, d' mon grand-pé, de ma grand-mé, et du bon Dieu qui m'entend, je jure que c'est point mé. (*Il lève la main et crache de côté pour appuyer son serment.*)

LE JUGE (*riant*) – Quels ont dont été vos rapports avec Mme Bascule, ici présente ?

ISIDORE – A ma servi de traînée. (*Rires dans l'auditoire.*)

LE JUGE – Modérez vos expressions. Vous voulez dire que vos relations n'ont pas été aussi pures qu'elle le prétend.

LE PÈRE PATURON (*prenant la parole*) – I n'avait point quinze ans, point quinze ans, m'sieu l' juge, quant à m' la débouché...

LE JUGE – Vous voulez dire débauché ?

LE PÈRE – Je sais ti mé ? I n'avait point quinze ans. Y en avait déjà ben quatre qu'a l'élevait en brochette, qu'a l' nourrissait comme un poulet gras, à l' faire crever de nourriture, sauf votre respect. Et pi, quand l' temps fut v'nu qui lui sembla prêt, qu'a la détravé...

LE JUGE – Dépravé... Et vous avez laissé faire ?...

LE PÈRE – Celle-là ou ben une autre, fallait ben qu' ça arrive !...

LE JUGE – Alors de quoi vous plaignez-vous ?

LE PÈRE – De rien ! Oh ! me plains de rien mé, de

rien, seulement qu'i n'en veut pu, li, qu'il est ben libre. Jé demande protection à la loi.

MME BASCULE – Ces gens m'accablent de mensonges, monsieur le juge. J'en ai fait un homme.

LE JUGE – Parbleu.

MME BASCULE – Et il me renie, il m'abandonne, il me vole mon bien...

ISIDORE – C'est pas vrai, m'sieu l' juge. J' voulus la quitter, v'là cinq ans, vu qu'ell' avait grossi d'excès, et que ça m'allait point. Ça me déplaisait, quoi ? Je li dis donc que j' vas partir ? Alors v'là qu'a pleure comme une gouttière et qu'a me promet son bien du Bec-de-Mortin pour rester quéque z'années, rien que quatre ou cinq. Mé, je dis « oui » pardi ! Quéque vous auriez fait, vous ?

Je suis donc resté cinq ans, jour pour jour, heure pour heure. J'étais quitte. Chacun son dû. Ça valait ben ça ! (*La femme d'Isidore, muette jusque-là, crie avec une voix perçante de perruche :*)

« Mais guétez-la, guétez-là, m'sieu l' juge, c'te meule, et dites-mé que ça valait ben ça ? »

LE PÈRE (*hoche la tête d'un air convaincu et répète*) – Pardi, oui, ça valait ben ça. (*Mme Bascule s'affaisse sur le banc derrière elle, et se met à pleurer.*)

LE JUGE (*paternel*) – Que voulez-vous, chère dame, je n'y peux rien. Vous lui avez donné votre terre du Bec-de-Mortin par acte parfaitement régulier. C'est à lui, bien à lui. Il avait le droit incontestable de faire ce qu'il a fait et de l'apporter en dot à sa femme. Je n'ai pas à entrer dans les questions de... de... délicatesse... Je ne peux envisager les faits qu'au point de vue de la loi. Je n'y peux rien.

LE PÈRE PATURON (*d'une voix fière*) – J' pourrais ti r'tourner cheuz nous ?

LE JUGE – Parfaitement. (*Ils s'en vont sous les*

regards sympathiques des paysans, comme des gens dont la cause est gagnée. Mme Bascule sanglote sur son banc.)

LE JUGE (*souriant*) – Remettez-vous, chère dame. Voyons, voyons, remettez-vous... et... si j'ai un conseil à vous donner, c'est de chercher un autre... un autre élève...

MME BASCULE (*à travers ses larmes*) – Je n'en trouverai pas... pas...

LE JUGE – Je regrette de ne pouvoir vous en indiquer un. (*Elle jette un regard désespéré vers le Christ douloureux et tordu sur sa croix, puis elle se lève et s'en va, à petits pas, avec des hoquets de chagrin, cachant sa figure dans son mouchoir.*)

LE JUGE (*se tourne vers son greffier, et, d'une voix goguenarde*) – Calypso ne pouvait se consoler du départ d'Ulysse. *(Puis d'une voix grave)* – Appelez les affaires suivantes.

LE GREFFIER (*bredouille*) – Célestin Polyte Lecacheur. – Prosper Magloire Dieulafait...

Toine

1

ON LE CONNAISSAIT à dix lieues aux environs le père Toine, le gros Toine, Toine-ma-Fine, Antoine Mâcheblé, dit Brûlot, le cabaretier de Tournevent.

Il avait rendu célèbre le hameau enfoncé dans un pli du vallon qui descendait vers la mer, pauvre hameau paysan composé de dix maisons normandes entourées de fossés et d'arbres.

Elles étaient là, ces maisons, blotties dans ce ravin couvert d'herbe et d'ajonc, derrière la courbe qui avait fait nommer ce lieu Tournevent. Elles semblaient avoir cherché un abri dans ce trou comme les oiseaux qui se cachent dans les sillons les jours d'ouragan, un abri contre le grand vent de mer, le vent du large, le vent dur et salé, qui ronge et brûle comme le feu, dessèche et détruit comme les gelées d'hiver.

Mais le hameau tout entier semblait être la propriété d'Antoine Mâcheblé, dit Brûlot, qu'on appelait d'ailleurs aussi souvent Toine et Toine-ma-Fine, par suite d'une locution dont il se servait sans cesse :

« Ma fine est la première de France. »

Sa fine, c'était son cognac, bien entendu.

Depuis vingt ans il abreuvait le pays de sa fine et de ses brûlots, car chaque fois qu'on lui demandait :

« Qu'est-ce que j'allons bé, pé Toine ? »

Il répondait invariablement :

« Un brûlot, mon gendre, ça chauffe la tripe et ça nettoie la tête ; y a rien de meilleur pour le corps. »

Il avait aussi cette coutume d'appeler tout le monde « mon gendre », bien qu'il n'eût jamais eu de fille mariée ou à marier.

Ah ! oui, on le connaissait Toine Brûlot, le plus gros homme du canton, et même de l'arrondissement. Sa petite maison semblait dérisoirement trop étroite et trop basse pour le contenir, et quand on le voyait debout sur sa porte où il passait des journées entières, on se demandait comment il pourrait entrer dans sa demeure. Il y entrait chaque fois que se présentait un consommateur, car Toine-ma-Fine était invité de droit à prélever son petit verre sur tout ce qu'on buvait chez lui.

Son café avait pour enseigne : Au Rendez-vous des amis, et il était bien, le pé Toine, l'ami de toute la contrée. On venait de Fécamp et de Montivilliers pour le voir et pour rigoler en l'écoutant, car il aurait fait rire une pierre de tombe, ce gros homme. Il avait une manière de blaguer les gens sans les fâcher, de cligner de l'œil pour exprimer ce qu'il ne disait pas, de se taper sur la cuisse dans ses accès de gaieté qui vous tirait le rire du ventre malgré vous, à tous les coups. Et puis c'était une curiosité rien que de le regarder boire. Il buvait tant qu'on lui en offrait, et de tout, avec une joie dans son œil malin, une joie qui venait de son double plaisir, plaisir de se régaler d'abord et d'amasser des gros sous, ensuite, pour sa régalade.

Les farceurs du pays lui demandaient :

« Pourquoi que tu ne bé point la mé, pé Toine ? »

Il répondait :

« Y a deux choses qui m'opposent, primo qu'a l'est salée, et deusio qu'i faudrait la mettre en bouteille, vu que mon abdomin n'est point pliable pour bé à c'te tasse-là ! »

Et puis il fallait l'entendre se quereller avec sa femme ! C'était une telle comédie qu'on aurait payé sa place de bon cœur. Depuis trente ans qu'ils étaient mariés, ils se chamaillaient tous les jours. Seulement Toine rigolait tandis que sa bourgeoise se fâchait. C'était une grande paysanne, marchant à longs pas d'échassier, et portant sur un corps maigre et plat une tête de chat-huant en colère. Elle passait son temps à élever des poules dans une petite cour, derrière le cabaret, et elle était renommée pour la façon dont elle savait engraisser les volailles.

Quand on donnait un repas à Fécamp chez les gens de la haute, il fallait, pour que le dîner fût goûté, qu'on y mangeât une pensionnaire de la mé Toine.

Mais elle était née de mauvaise humeur et elle avait continué à être mécontente de tout. Fâchée contre le monde entier, elle en voulait principalement à son mari. Elle lui en voulait de sa gaieté, de sa renommée, de sa santé et de son embonpoint. Elle le traitait de propre-à-rien, parce qu'il gagnait de l'argent sans rien faire, de sapas, parce qu'il mangeait et buvait comme dix hommes ordinaires, et il ne se passait point de jour sans qu'elle déclarât d'un air exaspéré :

« Ça serait-il point mieux dans l'étable à cochons nu quétou comme ça ? C'est que d' la graisse que ça en fait mal au cœur. »

Et elle lui criait dans la figure :

– Espère, espère un brin ; j' verrons c' qu'arrivera, j' verrons ben ! Ça crèvera comme un sac à grain, ce gros bouffi ! »

Toine riait de tout son cœur en se tapant sur le ventre et répondait :

« Eh ! la mé Poule, ma planche, tâche d'engraisser comme ça d' la volaille. Tâche pour voir. »

Et relevant sa manche sur son bras énorme :

« En v'là un aileron, la mé, en v'là un. »

Et les consommateurs tapaient du poing sur les tables en se tordant de joie, tapaient du pied sur la terre du sol, et crachaient par terre dans un délire de gaieté.

La vieille furieuse reprenait :

« Espère un brin... espère un brin... j' verrons c' qu'arrivera... ça crèvera comme un sac à grain... »

Et elle s'en allait furieuse, sous les rires des buveurs.

Toine, en effet, était surprenant à voir, tant il était devenu épais et gros, rouge et soufflant. C'était un de ces êtres énormes sur qui la mort semble s'amuser, avec des ruses, des gaietés et des perfidies bouffonnes, rendant irrésistiblement comique son travail lent de destruction. Au lieu de se montrer comme elle fait chez les autres, la gueuse, de se montrer dans les cheveux blancs, dans la maigreur, dans les rides, dans l'affaissement croissant qui fait dire avec un frisson : « Bigre ! comme il a changé ! » elle prenait plaisir à l'engraisser, celui-là, à le faire monstrueux et drôle, à l'enluminer de rouge et de bleu, à le souffler, à lui donner l'apparence d'une santé surhumaine ; et les déformations qu'elle inflige à tous les êtres devenaient chez lui risibles, cocasses, divertissantes, au lieu d'être sinistres et pitoyables.

« Espère un brin, espère un brin, répétait la mère Toine, j' verrons c' qu'arrivera. »

2

Il arriva que Toine eut une attaque et tomba paralysé. On coucha ce colosse dans la petite chambre derrière la cloison du café, afin qu'il pût entendre ce qu'on disait à côté, et causer avec les amis, car sa tête était demeurée libre, tandis que son corps, un corps énorme, impossible à remuer, à soulever, restait frappé d'immobilité. On espérait, dans les premiers temps, que ses grosses jambes reprendraient quelque énergie, mais cet espoir disparut bientôt, et Toine-ma-Fine passa ses jours et ses nuits dans son lit qu'on ne retapait qu'une fois par semaine, avec le secours de quatre voisins qui enlevaient le cabaretier par les quatre membres pendant qu'on retournait sa paillasse.

Il demeurait gai pourtant, mais d'une gaieté différente, plus timide, plus humble, avec des craintes de petit enfant devant sa femme qui piaillait toute la journée :

« Le v'là, le gros sapas, le v'là, le propre-à-rien, le faigniant, ce gros soûlot ! C'est du propre, c'est du propre ! »

Il ne répondait plus. Il clignait seulement de l'œil derrière le dos de la vieille et il se retournait sur sa couche, seul mouvement qui lui demeurât possible. Il appelait cet exercice faire un « va-t-au nord », ou un « va-t-au sud ».

Sa grande distraction maintenant c'était d'écouter les conversations du café, et de dialoguer à travers le mur quand il reconnaissait les voix des amis ; il criait :

« Hé, mon gendre, c'est té Célestin ? »

Et Célestin Maloisel répondait :

« C'est mé, pé Toine. C'est-il que tu regalopes, gros lapin ? »

Toine-ma-Fine prononçait :

« Pour galoper, point encore. Mais je n'ai point maigri, l' coffre est bon. »

Bientôt il fit venir les plus intimes dans sa chambre et on lui tenait compagnie, bien qu'il se désolât de voir qu'on buvait sans lui. Il répétait :

« C'est ça qui me fait deuil, mon gendre, de n' pus goûter d' ma fine, nom d'un nom. L' reste, j' m'en gargarise, mais de ne point bé mé ça fait deuil. »

Et la tête de chat-huant de la mère Toine apparaissait dans la fenêtre. Elle criait :

« Guêtez-le, guêtez-le, à c't' heure ce gros faigniant, qu'i faut nourrir, qu'i faut laver, qu'i faut nettoyer comme un porc. »

Et quand la vieille avait disparu, un coq aux plumes rouges sautait parfois sur la fenêtre, regardait d'un œil rond et curieux dans la chambre, puis poussait son cri sonore. Et parfois aussi, une ou deux poules volaient jusqu'au pied du lit, cherchant des miettes sur le sol.

Les amis de Toine-ma-Fine désertèrent bientôt la salle du café, pour venir, chaque après-midi, faire la causette autour du lit du gros homme. Tout couché qu'il était, ce farceur de Toine, il les amusait encore. Il aurait fait rire le diable, ce malin-là. Ils étaient trois qui reparaissaient tous les jours : Célestin Maloisel, un grand maigre, un peu tordu comme un tronc de pommier, Prosper Horslaville, un petit sec avec un nez de furet, malicieux, futé comme un renard, et Césaire Paumelle, qui ne parlait jamais, mais qui s'amusait tout de même.

On apportait une planche de la cour, on la posait au bord du lit et on jouait aux dominos pardi, et on faisait de rudes parties, depuis deux heures jusqu'à six.

Mais la mère Toine devint bientôt insupportable. Elle ne pouvait tolérer que son gros faigniant d'homme continuât à se distraire, en jouant aux dominos dans son lit ; et chaque fois qu'elle voyait une partie commencée, elle s'élançait avec fureur, culbutait la planche, saisissait le jeu, le rapportait dans le café et déclarait que c'était assez de nourrir ce gros suiffeux à ne rien faire sans le voir encore se divertir comme pour narguer le pauvre monde qui travaillait toute la journée.

Célestin Maloisel et Césaire Paumelle courbaient la tête, mais Prosper Horslaville excitait la vieille, s'amusait de ses colères.

La voyant un jour plus exaspérée que de coutume, il lui dit :

« Hé ! la mé, savez-vous c' que j' f'rais, mé, si j'étais de vous ? »

Elle attendit qu'il s'expliquât, fixant sur lui son œil de chouette.

Il reprit :

« Il est chaud comme un four, vot' homme, qui n' sort point d' son lit. Eh ben, mé j' li f'rais couver des œufs. »

Elle demeura stupéfaite, pensant qu'on se moquait d'elle, considérant la figure mince et rusée du paysan qui continua :

« J'y mettrais cinq sous un bras, cinq sous l'autre, l' même jour que je donnerais la couvée à une poule. Ça naîtrait d' même. Quand ils seraient éclos j' porterais à vot' poule les poussins de vot' homme pour qu'a les élève. Ça vous en f'rait d' la volaille, la mé ! »

La vieille interdite demanda :

« Ça se peut-il ? »

L'homme reprit :

« Si ça s' peut ? Pourqué que ça n' se pourrait point ? Pisqu'on fait ben couver d's œufs dans une boîte chaude, on peut ben en mett' couver dans un lit. »

Elle fut frappée par ce raisonnement et s'en alla, songeuse et calmée.

Huit jours plus tard elle entra dans la chambre de Toine avec son tablier plein d'œufs. Et elle dit :

« J' viens d' mett' la jaune au nid avec dix œufs. En v'là dix pour té. Tâche de n' point les casser. »

Toine éperdu, demanda :

« Qué que tu veux ? »

Elle répondit :

« J' veux, qu' tu les couves, propre-à-rien. »

Il rit d'abord ; puis, comme elle insistait, il se fâcha, il résista, il refusa résolument de laisser mettre sous ses gros bras cette graine de volaille que sa chaleur ferait éclore.

Mais la vieille, furieuse, déclara :

« Tu n'auras point d' fricot tant que tu n' les prendras point. J' verrons ben c' qu'arrivera. »

Toine, inquiet, ne répondit rien.

Quand il entendit sonner midi, il appela :

« Hé ! la mé, la soupe est-il cuite ? »

La vieille cria de sa cuisine :

« Y a point de soupe pour té, gros faigniant. »

Il crut qu'elle plaisantait et attendit, puis il pria, supplia, jura, fit des « va-t-au nord » et des « va-t-au sud » désespérés, tapa la muraille à coups de poing, mais il dut se résigner à laisser introduire dans sa couche cinq œufs contre son flanc gauche. Après quoi il eut sa soupe. Quand ses amis arrivèrent, ils le crurent tout à fait mal, tant il paraissait drôle et gêné.

Puis on fit la partie de tous les jours. Mais Toine semblait n'y prendre aucun plaisir et n'avançait la main qu'avec des lenteurs et des précautions infinies.

« T'as donc l' bras noué », demandait Horslaville.

Toine répondit :

« J'ai quasiment t'une lourdeur dans l'épaule. »

Soudain, on entendit entrer dans le café. Les joueurs se turent.

C'était le maire avec l'adjoint. Ils demandèrent deux verres de fine et se mirent à causer des affaires du pays. Comme ils parlaient à voix basse, Toine Brûlot voulut coller son oreille contre le mur, et, oubliant ses œufs, il fit un brusque « va-t-au nord » qui le coucha sur une omelette.

Au juron qu'il poussa, la mère Toine accourut, et devinant le désastre, le découvrit d'une secousse. Elle demeura d'abord immobile, indignée, trop suffoquée pour parler devant le cataplasme jaune collé sur le flanc de son homme.

Puis, frémissant de fureur, elle se rua sur le paralytique et se mit à lui taper de grands coups sur le ventre, comme lorsqu'elle lavait son linge au bord de la mare. Ses mains tombaient l'une après l'autre avec un bruit sourd, rapides comme les pattes d'un lapin qui bat du tambour.

Les trois amis de Toine riaient à suffoquer, toussant, éternuant, poussant des cris, et le gros homme effaré parait les attaques de sa femme avec prudence, pour ne point casser encore les cinq œufs qu'il avait de l'autre côté.

3

Toine fut vaincu. Il dut couver, il dut renoncer aux parties de domino, renoncer à tout mouvement, car la vieille le privait de nourriture avec férocité chaque fois qu'il cassait un œuf.

Il demeurait sur le dos, l'œil au plafond, immobile, les bras soulevés comme des ailes, échauffant contre lui les germes de volailles enfermés dans les coques blanches.

Il ne parlait plus qu'à voix basse comme s'il eût craint le bruit autant que le mouvement, et il s'inquiétait de la couveuse jaune qui accomplissait dans le poulailler la même besogne que lui.

Il demandait à sa femme :

« La jaune a-t-elle mangé anuit ? »

Et la vieille allait de ses poules à son homme et de son homme à ses poules, obsédée, possédée par la préoccupation des petits poulets qui mûrissaient dans le lit et dans le nid.

Les gens du pays qui savaient l'histoire s'en venaient, curieux et sérieux, prendre des nouvelles de Toine. Ils entraient à pas légers comme on entre chez les malades et demandaient avec intérêt :

« Eh bien ! ça va-t-il ? »

Toine répondait :

« Pour aller, ça va, mais j'ai maujeure tant que ça m'échauffe. J'ai des fremis qui me galopent sur la peau. »

Or, un matin, sa femme entra très émue et déclara :

« La jaune en a sept. Y avait trois œufs de mauvais. »

Toine sentit battre son cœur. – Combien en aurait-il, lui ?

Il demanda :

« Ce sera tantôt ? » avec une angoisse de femme qui va devenir mère.

La vieille répondit d'un air furieux, torturée par la crainte d'un insuccès :

« Faut croire ! »

Ils attendirent. Les amis prévenus que les temps étaient proches arrivèrent bientôt inquiets eux-mêmes.

On en jasait dans les maisons. On allait s'informer aux portes voisines.

Vers trois heures, Toine s'assoupit. Il dormait maintenant la moitié des jours. Il fut réveillé soudain par un chatouillement inusité sous le bras droit. Il y porta aussitôt la main gauche et saisit une bête couverte de duvet jaune, qui remuait dans ses doigts.

Son émotion fut telle, qu'il se mit à pousser des cris, et il lâcha le poussin qui courut sur sa poitrine. Le café était plein de monde. Les buveurs se précipitèrent, envahirent la chambre, firent cercle comme autour d'un saltimbanque, et la vieille étant arrivée cueillit avec précaution la bestiole blottie sous la barbe de son mari.

Personne ne parlait plus. C'était par un jour chaud d'avril. On entendait par la fenêtre ouverte glousser la poule jaune appelant ses nouveau-nés.

Toine, qui suait d'émotion, d'angoisse, d'inquiétude, murmura :

« J'en ai encore un sous le bras gauche, à c't' heure. »

Sa femme plongea dans le lit sa grande main maigre, et ramena un second poussin, avec des mouvements soigneux de sage-femme.

Les voisins voulurent le voir. On se le repassa, en le considérant attentivement comme s'il eût été un phénomène.

Pendant vingt minutes, il n'en naquit pas, puis quatre sortirent en même temps de leurs coquilles.

Ce fut une grande rumeur parmi les assistants. Et Toine sourit, content de son succès, commençant à s'enorgueillir de cette paternité singulière. On n'en avait pas souvent vu comme lui, tout de même ! C'était un drôle d'homme vraiment !

Il déclara :

« Ça fait six. Nom de nom qué baptême. »

Et un grand rire s'éleva dans le public. D'autres personnes emplissaient le café. D'autres encore attendaient devant la porte.

On se demandait :

« Combien qu'i en a ?

– Y en a six. »

La mère Toine portait à la poule cette famille nouvelle, et la poule gloussait éperdument, hérissait ses plumes, ouvrait les ailes toutes grandes pour abriter la troupe grossissante de ses petits.

« En v'là encore un ! » cria Toine.

Il s'était trompé, il y en avait trois ! Ce fut un triomphe. Le dernier creva son enveloppe à sept heures du soir. Tous les œufs étaient bons ! Et Toine, affolé de joie, délivré, glorieux, baisa sur le dos le frêle animal, faillit l'étouffer avec ses lèvres. Il voulut le garder dans son lit, celui-là, jusqu'au lendemain, saisi par une tendresse de mère pour cet être si petiot qu'il avait donné à la vie ; mais la vieille l'emporta comme les autres sans écouter les supplications de son homme.

Les assistants, ravis, s'en allèrent en devisant de l'événement, et Horslaville, resté le dernier, demanda :

« Dis donc, pé Toine, tu m'invites à fricasser l' premier, pas vrai ? »

À cette idée de fricassée, le visage de Toine s'illumina, et le gros homme répondit :

« Pour sûr que je t'invite, mon gendre. »

Nos Anglais

UN PETIT CAHIER RELIÉ gisait sur la banquette capitonnée du wagon. Je le pris et je l'ouvris. C'était un journal de voyage, perdu par un voyageur.

J'en copie ici les trois dernières pages.

. . . .

1er février. – Menton, capitale des Poitrinaires, célèbre par ses tubercules pulmonaires. Tout différent du tubercule de la patate qui vit et pousse dans la terre pour nourrir et engraisser l'homme, ce genre de végétation vit et pousse dans l'homme pour nourrir et engraisser la terre.

Je tiens cette définition scientifique d'un aimable et savant médecin du pays.

Je cherche un hôtel. On m'indique le grrrand hôtel de Russie, d'Angleterre, d'Allemagne et des Pays-Bas. En rendant hommage à l'intelligence cosmopolite du patron, je m'installe dans cet hôpital qui me paraît vide, tant il est grand.

Puis je fais un tour dans la ville, jolie et bien située au pied d'une montagne imposante (voir les guides), je rencontre des gens qui ont l'air malade, promenés par d'autres qui ont l'air de s'ennuyer. On retrouve ici des cache-nez. (Avis aux naturalistes qui s'inquiéteraient de leur disparition.)

Six heures. – Je rentre pour dîner. Le couvert est mis dans une vaste salle qui devrait contenir trois cents convives et qui en abrite juste vingt-deux. Ils entrent l'un après l'autre. Voici d'abord un Anglais grand, rasé, maigre, avec une longue redingote à jupe et à taille, dont les manches emprisonnent les bras minces du monsieur comme des étuis à parapluie enserrent un parapluie. Ce vêtement, qui rappelle l'uniforme civil des vieux capitaines, celui des invalides, et la soutane des ecclésiastiques, porte, sur sa façade, une rangée de boutons, vêtus de drap noir comme leur maître, et serrés l'un contre l'autre, à la façon d'un bataillon de cloportes. En face, une rangée de boutonnières semble les attendre et donne des idées inconvenantes.

Le gilet est clôturé par la même méthode. Le propriétaire de ce vêtement ne paraît pas folichon.

Il me salue ; je lui rends sa politesse.

Deuxième entrée. – Trois dames, trois Anglaises, la mère, deux filles. Chacune d'elles porte sur la tête un œuf à la neige, ce qui m'étonne. Les filles sont vieilles comme la mère. La mère est vieille comme les filles. Toutes trois sont minces, à façades planes, hautes, lentes, raides ; et elles ont des dents extérieures pour faire peur aux plats et aux hommes.

D'autres habitués arrivent, tous anglais. Un seul est gros et rouge, avec des favoris blancs. Chaque femme (elles sont quatorze) porte sur la tête un œuf à la neige. Je m'aperçois que cet entremets couvre-chef est en dentelle blanche ou en tulle mousseux, je ne sais pas trop. Il ne semble pas sucré. Toutes ces dames d'ailleurs ont l'air de conserves au vinaigre, bien qu'il y ait, parmi elles, cinq jeunes filles, pas trop laides, mais plates, sans espoir visible.

Je songe aux vers de Bouilhet :

Qu'importe ton sein maigre, ô mon objet aimé !
On est plus près du cœur quand la poitrine est plate ;
Et je vois comme un merle en sa cage enfermé,
L'amour entre tes os, rêvant sur une patte !

Deux jeunes messieurs, plus jeunes que le premier, sont également enfermés en des redingotes sacerdotales. Ce sont des prêtres laïques, à femmes et à enfants, nommés pasteurs. Ils ont l'air plus propres, plus sérieux, moins aimables que nos curés. Je ne changerais pas une tonne de ceux-ci contre une barrique de ceux-là. Chacun son goût.

Dès que les convives sont au complet, le pasteur-chef prend la parole et prononce, en anglais, une sorte de bénédicité très long, que toute la table écoute avec des mines confites.

Ma nourriture se trouvant ainsi consacrée, malgré moi, au Dieu d'Israël et d'Albion, chacun se mit à manger le potage.

Un silence solennel règne dans la grande salle, un silence qui ne doit pas être normal. Je suppose que ma présence est désagréable à cette colonie, où n'était entrée jusque-là aucune brebis impure.

Les femmes surtout gardent une attitude gourmée et roide comme si elles avaient peur de laisser tomber dans leur assiette leur petite coiffure de crème fouettée.

Cependant, le maître pasteur adresse quelques

mots à son voisin le sous-pasteur. Comme j'ai le malheur d'entendre un peu l'anglais, je remarque avec stupéfaction qu'ils reprennent une conversation interrompue avant le dîner sur les textes des prophètes.

Tout le monde écoute avec recueillement.

Alors on me nourrit, malgré moi toujours, de citations incroyables.

« Je répandrai de l'eau pour celui qui est altéré », a dit Isaïe.

Je l'ignorais. J'ignorais aussi toutes les vérités émises par Jérémie, Malachie, Ézéchiel, Élie et Gagachie.

Elles m'entraient dans les oreilles, comme des mouches, ces vérités simples et me bourdonnaient dans la tête.

« Que celui qui a faim demande à manger.

– L'air appartient aux oiseaux comme la mer appartient aux poissons.

– Le figuier produit des figues et le palmier des dattes.

– L'homme qui n'écoute pas ne retiendra pas la science. »

Combien plus vaste et plus profond, notre grand Henry Monnier, qui a fait sortir de la bouche d'un seul homme, de l'immortel Prudhomme, plus de vérités éclatantes que n'en ont répandu tous les prophètes réunis.

Il s'écrie en face de la mer : « C'est beau, l'Océan, mais que de terrain perdu ! »

Il formule l'éternelle politique du monde : « Ce sabre est le plus beau jour de ma vie. Je saurai m'en servir pour défendre le Pouvoir qui me l'offre, et, au besoin, pour l'attaquer. »

Si j'avais eu l'honneur d'être présenté à la société anglaise qui m'entourait, je l'aurais assurément édifiée avec des citations choisies de notre prophète français.

Une fois le dîner fini, on passa au salon.

J'étais assis, seul, dans mon coin. La tribu britannique semblait conspirer à l'autre bout de la vaste pièce.

Soudain une dame se dirigea vers le piano.

Je pensai :

« Ah ! un peu de miousique. Tant mieux. » Elle ouvre l'instrument, s'assied, et voilà que toute la colonie l'entoure comme un bataillon, les femmes au premier rang, les hommes derrière.

Vont-ils chanter un opéra ?

Le pasteur-chef, devenu pasteur-chef de chœur, lève la main, l'abaisse, et une clameur innommable, affreuse, s'échappe de toutes ces bouches, qui entonnent un cantique !

Les femmes piaillaient, les hommes mugissaient, les vitres tremblaient. Le chien de l'hôtel se mit à hurler dans la cour. Un autre répondit dans une chambre.

Je me sauvai, effaré, furieux. Et j'allai faire un tour en ville. N'ayant trouvé ni théâtre, ni casino, ni aucun lieu de plaisir, il me fallut rentrer.

Les Anglais chantaient encore.

Je me couchai. Ils chantaient toujours. Ils chantèrent jusqu'à minuit les louanges du Seigneur avec les voix les plus fausses, les plus criardes, les plus odieuses que j'aie jamais entendues, et moi, affolé par cet horrible esprit d'imitation qui emportait un peuple entier dans une danse macabre, je fredonnais sous mes draps :

Je plains le seigneur, le seigneur dieu d'Albion
Dont on chante la gloire au salon.
Si le seigneur a plus d'oreille
Que son peuple fidèle
S'il aime le talent, la beauté,
La grâce, l'esprit, la gaieté,
L'excellente mimique
Et la bonne musique,
Je plains le seigneur
De tout mon cœur.

Et quand je pus enfin m'endormir, j'eus des cauchemars épouvantables. Je vis des prophètes à cheval sur des pasteurs manger des œufs à la neige sur des têtes de mort.

Horreur ! horreur !

2 février. – Aussitôt levé, je demande au patron si ces barbares qui ont envahi son hôtel recommencent chaque jour leur épouvantable distraction.

Il me répondit en souriant :

« Oh ! non, monsieur, c'était hier dimanche, et vous savez que le dimanche, chez eux, c'est sacré. »

Je réponds :

Rien n'est sacré pour un pasteur,
Ni le sommeil du voyageur,
Ni son dîner, ni son oreille ;
Mais veillez que chose pareille
Ne recommence pas, ou bien,
Sans hésiter, je prends le train.

Un peu surpris, l'hôtelier me promet qu'il fera des observations.

Je fais, dans le jour, une fort jolie promenade dans la montagne.

Le soir venu, j'assiste au même bénédicité. Puis je passe au salon. Que vont-ils faire ? Pendant une heure, ils ne font rien.

Tout à coup, la même dame qui, la veille, accompagnait les cantiques, se dirige vers le piano, l'ouvre. – Je frémis de terreur. – Et elle se met à jouer... une valse.

Et les jeunes filles commencent à danser.

Le pasteur-chef bat la mesure sur son genou par suite de l'habitude prise. Les Anglais à leur tour invitent les femmes, et les œufs à la neige tournent, tournent, tournent, les œufs à la neige tournent comme des sauces.

J'aime mieux ça ! Après la valse, un quadrille, une polka.

N'ayant pas été présenté, je reste coi dans un coin.

3 février. – Autre jolie promenade au vieux castelar, admirable ruine dans la montagne, qui porte sur chaque pic quelques restes de châteaux forts.

Rien de beau comme ces débris de citadelles dans ces chaos de pierres qui dominent les neiges des Alpes (voir les guides). Ce pays est admirable.

Pendant le dîner, je me présente, tout seul, à la manière française, à ma voisine de table. Elle ne me répond pas. – Politesse anglaise.

Dans la soirée, bal anglais.

4 février. – Excursion à Monaco (voir les guides).

Le soir, bal anglais. J'y assiste en pestiféré.

5 février. – Excursion à San Remo (voir les guides).

Le soir, bal anglais. Ma quarantaine persiste.

6 février. – Excursion à Nice (voir les guides).

Le soir, bal anglais. Je me couche.

7 février. – Excursion à Cannes (voir les guides).

Le soir, bal anglais. Je prends du thé dans mon coin.

8 février. – Dimanche, grande revanche. Je les attendais, les gueux.

Ils avaient repris leurs mines confites de jour sacré, et ils préparaient leurs voix à cantiques.

Or, avant le dîner, je me glisse dans le salon, puis je mets dans ma poche la clef du piano, et je dis au garçon de service dans le bureau :

« Si messieurs les pasteurs demandent la clef, vous leur direz que je l'ai prise et vous les prierez de venir me trouver. »

Pendant le dîner, on discute sur plusieurs points douteux des Écritures, on élucide des textes, on éclaircit les généalogies de personnages bibliques.

Puis on passe au salon. On se dirige vers le piano. – Stupeur. – On se consulte. La tribu semble atterrée. Les œufs à la neige paraissent prêts à s'envoler. Enfin le pasteur-chef se détache, sort, puis rentre. On discute, on me regarde avec des yeux indignés, et voilà que les trois pasteurs se dirigent vers moi, en ordre, en ligne, en ambassadeurs. Ils ont vraiment quelque chose d'imposant.

Ils me saluent. Je me lève. Le plus vieux prend la parole :

« Mosieu, on me avé dit que vô avé pris la clef de la piano. Les dames vôdraient le avoir, pour chanté le cantique. »

Je réponds :

« Monsieur l'abbé, je comprends parfaitement la demande de ces dames ; mais je ne puis y faire droit. Vous êtes un homme religieux, moi aussi, monsieur, et mes principes, plus sévères que les vôtres sans doute, me décident à empêcher la profanation à laquelle vous vous livrez.

« Je ne puis admettre, messieurs, que vous vous serviez, pour chanter la gloire de Dieu, d'un instrument qui a servi toute la semaine à faire danser des jeunes filles. Nous ne donnons pas de bals publics dans nos églises, nous, monsieur, et nous ne jouons pas des quadrilles avec nos orgues. L'usage que vous faites de ce piano m'indigne et me révolte. Vous pouvez porter ma réponse à ces dames. »

Les trois pasteurs, abasourdis, se retirèrent. Les dames parurent stupéfaites. Et on se mit à chanter le cantique sans piano.

9 février, midi. – Le patron vient de me donner congé. On m'expulse, à la demande générale des Anglais.

Je rencontre les trois pasteurs, qui semblent surveiller mon départ. Je vais droit à eux. Je les salue.

« Messieurs, dis-je, vous paraissez fort instruits sur les Écritures. J'ai, moi-même, étudié pas mal ces questions. Je sais même un peu l'hébreu. Or, je serais désireux de vous soumettre un cas qui trouble beaucoup ma conscience de catholique.

« L'inceste est considéré par vous comme une chose abominable, n'est-ce pas ? Or, la Bible nous en indique un exemple très inquiétant pour la foi.

« Loth, fuyant Sodome, fut séduit, vous ne l'ignorez pas, par ses deux filles, et, étant privé de sa femme changée en statue de sel, il succomba. De ce double et horrible inceste naquirent Ammon et Moab, d'où sortirent deux grands peuples, les Ammonites et les Moabites. Or, Ruth, la moissonneuse qui réveilla Booz endormi pour le rendre père, était une Moabite.

« Victor Hugo n'a-t-il pas dit :

... Ruth, une Moabite,
Vint se coucher aux pieds de Booz, le sein nu,
Espérant on ne sait quel rayon inconnu
Quand viendrait du réveil la lumière subite.

« Le rayon inconnu donna naissance à Obed, qui fut l'aïeul de David.

Or Notre-Seigneur Jésus-Christ n'était-il pas un descendant de David ?... »

Les trois pasteurs ne répondirent pas et se regardèrent avec consternation.

Je repris :

« Vous me direz que je vous parle là de la généalogie de Joseph, époux légitime, mais inutile, de Marie, mère du Christ. Or Joseph, comme chacun sait, ne fut pour rien dans la naissance de son fils. Donc c'est Joseph qui descendait d'un inceste et non l'homme-Dieu. Je vous l'accorde. J'ajouterai cependant deux considérations. La première, c'est que Joseph et Marie, étant cousins, devaient avoir la même origine ; la seconde, c'est qu'il est scandaleux de nous faire lire dix pages de généalogie pour des prunes.

« Nous nous abîmons les yeux afin de savoir que A. engendra B., qui engendra C., qui engendra D., qui engendra E., qui engendra F., et quand nous allons devenir fous par cette scie interminable, nous arrivons au dernier qui n'engendre rien. On peut appeler cela, messieurs, le comble de la mystification ! »

Alors, brusquement, les trois pasteurs me tournèrent le dos comme un seul homme et s'enfuirent.

Deux heures. – Je prends le train pour Nice.

. . . .

Le journal finissait là. Bien que ces notes révèlent de la part de leur auteur un extrême mauvais goût, un esprit commun et beaucoup de grossièreté, j'ai pensé qu'elles pourraient mettre en garde certains voyageurs contre le danger des Anglais en voyage.

Je dois ajouter qu'il existe des Anglais charmants, j'en connais, et beaucoup. Mais ce ne sont pas, en général, nos voisins d'hôtel.

La bête à maît' Belhomme

LA DILIGENCE DU HAVRE allait quitter Criquetot ; et tous les voyageurs attendaient l'appel de leur nom dans la cour de l'hôtel du Commerce tenu par Malandain fils.

C'était une voiture jaune, montée sur des roues jaunes aussi autrefois, mais rendues presque grises par l'accumulation des boues. Celles de devant étaient toutes petites ; celles de derrière, hautes et frêles, portaient le coffre difforme et enflé comme un ventre de bête. Trois rosses blanches, dont on remarquait, au premier coup d'œil, les têtes énormes et les gros genoux ronds, attelées en arbalète, devaient traîner cette carriole qui avait du monstre dans sa structure et son allure. Les chevaux semblaient endormis déjà devant l'étrange véhicule.

Le cocher Césaire Horlaville, un petit homme à gros ventre, souple cependant, par suite de l'habitude constante de grimper sur ses roues et d'escalader l'impériale, la face rougie par le grand air des champs, les pluies, les bourrasques et les petits verres, les yeux devenus clignotants sous les coups de vent et de grêle, apparut sur la porte de l'hôtel en s'essuyant la bouche d'un revers de main. De larges paniers ronds, pleins de volailles effarées, attendaient devant les paysannes immobiles.

Césaire Horlaville les prit l'un après l'autre et les posa sur le toit de sa voiture ; puis il y plaça plus doucement ceux qui contenaient des œufs ; il y jeta ensuite, d'en bas, quelques petits sacs de grain, de menus paquets enveloppés de mouchoirs, de bouts de toile ou de papiers. Puis il ouvrit la porte de derrière et, tirant une liste de sa poche, il lut en appelant :

« Monsieur le curé de Gorgeville. »

Le prêtre s'avança, un grand homme puissant, large, gros, violacé et d'air aimable. Il retroussa sa soutane pour lever le pied, comme les femmes retroussent leurs jupes, et grimpa dans la guimbarde.

« L'instituteur de Rollebosc-les-Grinets. »

L'homme se hâta, long, timide, enredingoté jusqu'aux genoux ; et il disparut à son tour dans la porte ouverte.

« Maît' Poiret, deux places. »

Poiret s'en vint, haut et tortu, courbé par la charrue, maigri par l'abstinence, osseux, la peau séchée par l'oubli des lavages. Sa femme le suivait, petite et maigre, pareille à une bique fatiguée, portant à deux mains un immense parapluie vert.

« Maît' Rabot, deux places. »

Rabot hésita, étant de nature perplexe. Il demanda :

« C'est ben mé qu' t'appelles ? »

Le cocher, qu'on avait surnommé « dégourdi », allait répondre une facétie, quand Rabot piqua une tête vers la portière, lancé en avant par une poussée de sa femme, une gaillarde haute et carrée dont le ventre était vaste et rond comme une futaille, les mains larges comme des battoirs.

Et Rabot fila dans la voiture à la façon d'un rat qui rentre dans son trou.

« Maît' Caniveau. »

Un gros paysan, plus lourd qu'un bœuf, fit plier les ressorts et s'engouffra à son tour dans l'intérieur du coffre jaune.

« Maît' Belhomme. »

Belhomme, un grand maigre, s'approcha, le cou de travers, la face dolente, un mouchoir appliqué sur l'oreille comme s'il souffrait d'un fort mal de dents.

Tous portaient la blouse bleue par-dessus d'antiques et singulières vestes de drap noir ou verdâtre, vêtements de cérémonie qu'ils découvriraient dans les rues du Havre ; et leurs chefs étaient coiffés de casquettes de soie, hautes comme des tours, suprême élégance dans la campagne normande.

Césaire Horlaville referma la portière de sa boîte, puis monta sur son siège et fit claquer son fouet.

Les trois chevaux parurent se réveiller et, remuant le cou, firent entendre un vague murmure de grelots.

Le cocher, alors, hurlant : « Hue ! » de toute sa poitrine, fouailla les bêtes à tour de bras. Elles s'agitèrent, firent un effort, et se mirent en route d'un petit trot boiteux et lent. Et derrière elles, la voiture, secouant ses carreaux branlants et toute la ferraille de ses ressorts, faisait un bruit surprenant de ferblanterie et de verrerie, tandis que chaque ligne de voyageurs, ballottée et balancée par les secousses, avait des reflux de flots à tous les remous des cahots.

On se tut d'abord, par respect pour le curé, qui gênait les épanchements. Il se mit à parler le premier, étant d'un caractère loquace et familier.

« Eh bien, maît' Caniveau, dit-il, ça va-t-il comme vous voulez ? »

L'énorme campagnard, qu'une sympathie de taille, d'encolure et de ventre liait avec l'ecclésiastique, répondit en souriant :

« Tout d' même, m'sieu l' curé, tout d' même, et d' vote part ?

– Oh ! d' ma part, ça va toujours.

– Et vous, maît' Poiret ? demanda l'abbé.

– Oh ! mé, ça irait, n'étaient les cossards (colzas) qui n' donneront guère c't' année ; et, vu les affaires, c'est là-dessus qu'on s' rattrape.

– Que voulez-vous, les temps sont durs.

– Que oui, qu'i sont durs », affirma d'une voix de gendarme la grande femme de maît' Rabot.

Comme elle était d'un village voisin, le curé ne la connaissait que de nom.

« C'est vous, la Blondel ? dit-il.

– Oui, c'est mé, qu'a épousé Rabot. »

Rabot, fluet, timide et satisfait, salua en souriant ; il salua d'une grande inclinaison de tête en avant, comme pour dire : « C'est bien moi Rabot, qu'a épousé la Blondel. »

Soudain maît' Belhomme, qui tenait toujours son mouchoir sur son oreille, se mit à gémir d'une façon lamentable. Il faisait « gniau... gniau... gniau » en tapant du pied pour exprimer son affreuse souffrance.

« Vous avez donc bien mal aux dents ? » demanda le curé.

Le paysan cessa un instant de geindre pour répondre :

« Non point.... m'sieu le curé... C'est point des dents... c'est d' l'oreille, du fond d' l'oreille.

– Qu'est-ce que vous avez donc dans l'oreille. Un dépôt ?

– J' sais point si c'est un dépôt, mais j' sais ben qu' c'est eune bête, un' grosse bête, qui m'a entré d'dans, vu que j' dormais su l' foin dans l' grenier.

– Un' bête. Vous êtes sûr ?

– Si j'en suis sûr ? Comme du paradis, m'sieu le curé, vu qu'a m' grignote l' fond d' l'oreille. A m' mange la tête, pour sûr ! a m' mange la tête ! Oh ! gniau... gniau... gniau... » Et il se remit à taper du pied.

Un grand intérêt s'était éveillé dans l'assistance. Chacun donnait son avis. Poiret voulait que ce fût une araignée, l'instituteur que ce fût une chenille. Il avait vu ça une fois déjà à Campemuret, dans l'Orne, où il était resté six ans ; même la chenille était entrée dans la tête et sortie par le nez. Mais l'homme était demeuré sourd de cette oreille-là, puisqu'il avait le tympan crevé.

« C'est plutôt un ver », déclara le curé.

Maît' Belhomme, la tête renversée de côté et appuyée contre la portière, car il était monté le dernier, gémissait toujours.

« Oh ! gniau... gniau... gniau... j' crairais ben qu' c'est eune frémi, eune grosse frémi tant qu'a mord... T'nez, m'sieu le curé... a galope... a galope... Oh ! gniau... gniau... gniau... qué misère ! !...

– T'as point vu l' médecin ? demanda Caniveau.

– Pour sûr, non.

– D'où vient ça ? »

La peur du médecin sembla guérir Belhomme. Il se redressa, sans toutefois lâcher son mouchoir.

« D'où vient ça ! T'as des sous pour eusse, té, pour ces fainéants-là ? Y s'rait v'nu eune fois, deux fois, trois fois, quat' fois, cinq fois ! Ça fait, deusse écus de cent sous, deusse écus, pour sûr... Et qu'est-ce qu'il aurait fait, dis, çu fainéant, dis, qu'est-ce qu'il aurait fait ? Sais-tu, té ? »

Caniveau riait.

« Non, j' sais point ? Ousquè tu vas, comme ça ?

– J' vas au Havre vé Chambrelan.

– Qué Chambrelan ?

– L' guérisseux, donc.

– Qué guérisseux ?

– L' guérisseux qu'a guéri mon pé.

– Ton pé ?

– Oui, mon pé, dans l' temps.

– Qué qu'il avait, ton pé ?

– Un vent dans l' dos, qui n'en pouvait pu r'muer pied ni gambe.

– Qué qui li a fait ton Chambrelan ?

– Il y a manié l' dos comm' pou' fé du pain, avec les deux mains donc ! Et ça y a passé en une couple d'heures ! »

Belhomme pensait bien aussi que Chambrelan avait prononcé des paroles, mais il n'osait pas dire ça devant le curé.

Caniveau reprit en riant :

« C'est-il point quéque lapin qu' t'as dans l'oreille. Il aura pris çu trou-là pour son terrier, vu la ronce. Attends, j' vas l' fé sauver. »

Et Caniveau, formant un porte-voix de ses mains, commença à imiter les aboiements des chiens courants en chasse. Il jappait, hurlait, piaulait, aboyait. Et tout le monde se mit à rire dans la voiture, même l'instituteur qui ne riait jamais.

Cependant, comme Belhomme paraissait fâché qu'on se moquât de lui, le curé détourna la conversation et, s'adressant à la grande femme de Rabot :

« Est-ce que vous n'avez pas une nombreuse famille ?

– Que oui, m'sieu le curé... Que c'est dur à élever ! »

Rabot opina de la tête, comme pour dire : « Oh ! oui, c'est dur à élever. »

« Combien d'enfants ? »

Elle déclara avec autorité, d'une voix forte et sûre :

« Seize enfants, m'sieu l' curé ! Quinze de mon homme ! »

Et Rabot se mit à sourire plus fort, en saluant du front. Il en avait fait quinze, lui, lui tout seul, Rabot ! Sa femme l'avouait ! Donc, on n'en pouvait point douter. Il en était fier, parbleu !

De qui le seizième ? Elle ne le dit pas. C'était le premier, sans doute ? On le savait peut-être, car on ne s'étonna point. Caniveau lui-même demeura impassible.

Mais Belhomme se mit à gémir :

« Oh ! gniau... gniau... gniau... a me trifouille dans l' fond... Oh ! misère !... »

La voiture s'arrêtait au café Polyte. Le curé dit :

« Si on vous coulait un peu d'eau dans l'oreille, on la ferait peut-être sortir. Voulez-vous essayer ?

– Pour sûr ! J' veux ben. »

Et tout le monde descendit pour assister à l'opération.

Le prêtre demanda une cuvette, une serviette et un verre d'eau ; et il chargea l'instituteur de tenir bien inclinée la tête du patient ; puis, dès que le liquide aurait pénétré dans le canal, de la renverser brusquement.

Mais Caniveau, qui regardait déjà dans l'oreille

de Belhomme pour voir s'il ne découvrirait pas la bête à l'œil nu, s'écria :

« Cré nom d'un nom, qué marmelade ! Faut déboucher ça, mon vieux. Jamais ton lapin sortira dans c'te confiture-là. Il s'y collerait les quat' pattes. »

Le curé examina à son tour le passage et le reconnut trop étroit et trop embourbé pour tenter l'expulsion de la bête. Ce fut l'instituteur qui débarrassa cette voie au moyen d'une allumette et d'une loque. Alors, au milieu de l'anxiété générale, le prêtre versa, dans ce conduit nettoyé, un demi-verre d'eau qui coula sur le visage, dans les cheveux et dans le cou de Belhomme. Puis l'instituteur retourna vivement la tête sur la cuvette, comme s'il eût voulu la dévisser. Quelques gouttes retombèrent dans le vase blanc. Tous les voyageurs se précipitèrent. Aucune bête n'était sortie.

Cependant Belhomme déclarant : « Je sens pu rien », le curé, triomphant, s'écria :

« Certainement elle est noyée. »

Tout le monde était content. On remonta dans la voiture.

Mais à peine se fut-elle remise en route que Belhomme poussa des cris terribles. La bête s'était réveillée et était devenue furieuse. Il affirmait même qu'elle était entrée dans la tête maintenant, qu'elle lui dévorait la cervelle. Il hurlait avec de telles contorsions que la femme de Poiret, le croyant possédé du diable, se mit à pleurer en faisant le signe de la croix. Puis, la douleur se calmant un peu, le malade raconta qu'ELLE faisait le tour de son oreille. Il imitait avec son doigt les mouvements de la bête, semblait la voir, la suivre du regard :

« Tenez, v'là qu'a r'monte... gniau... gniau... gniau... qué misère ! »

Caniveau s'impatientait.

« C'est l'iau qui la rend enragée, c'te bête. All' est p't-être ben accoutumée au vin. »

On se remit à rire. Il reprit :

« Quand j'allons arriver au café Bourbeux, donne-li du fil-en-six et all' n' bougera pu, j' te le jure. »

Mais Belhomme n'y tenait plus de douleur. Il se mit à crier comme si on lui arrachait l'âme. Le curé fut obligé de lui soutenir la tête. On pria Césaire Horlaville d'arrêter à la première maison rencontrée.

C'était une ferme en bordure sur la route. Belhomme y fut transporté ; puis on le coucha sur la table de cuisine pour recommencer l'opération. Caniveau conseillait toujours de mêler de l'eau-de-vie à l'eau, afin de griser et d'endormir la bête, de la tuer peut-être. Mais le curé préféra du vinaigre.

On fit couler le mélange goutte à goutte, cette fois, afin qu'il pénétrât jusqu'au fond, puis on le laissa quelques minutes dans l'organe habité.

Une cuvette ayant été de nouveau apportée, Belhomme fut retourné tout d'une pièce par le curé et Caniveau, ces deux colosses, tandis que l'instituteur tapait avec ses doigts sur l'oreille saine, afin de bien vider l'autre.

Césaire Horlaville, lui-même, était entré pour voir, son fouet à la main.

Et soudain, on aperçut au fond de la cuvette un petit point brun, pas plus gros qu'un grain d'oignon. Cela remuait, pourtant. C'était une puce ! Des cris d'étonnement s'élevèrent, puis des rires éclatants. Une puce ! Ah ! elle était bien bonne, bien bonne ! Caniveau se tapait sur la cuisse, Césaire Horlaville fit claquer son fouet ; le curé s'esclaffait à la façon des ânes qui braient, l'instituteur riait comme on éternue, et les deux femmes poussaient de petits cris de gaieté pareils au gloussement des poules.

Belhomme s'était assis sur la table, et ayant pris sur ses genoux la cuvette, il contemplait avec une attention grave et une colère joyeuse dans l'œil la bestiole vaincue qui tournait dans sa goutte d'eau.

Il grogna : « Te v'là, charogne », et cracha dessus.

Le cocher, fou de gaieté, répétait ;

« Eune puce, eune puce, ah ! te v'là, sacré puçot, sacré puçot, sacré puçot ! »

Puis, s'étant un peu calmé, il cria :

« Allons, en route ! V'là assez de temps perdu. »

Et les voyageurs, riant toujours, s'en allèrent vers la voiture.

Cependant Belhomme, venu le dernier, déclara :

« Mé, j' m'en r'tourne à Criquetot. J'ai pu que fé au Havre à cette heure. »

Le cocher lui dit :

« N'importe, paye ta place !

– Je t'en dé que la moitié pisque j'ai point passé mi-chemin.

– Tu dois tout pisque t'as r'tenu jusqu'au bout. »

Et une dispute commença qui devint bientôt une querelle furieuse : Belhomme jurait qu'il ne donnerait que vingt sous, Césaire Horlaville affirmait qu'il en recevrait quarante.

Et ils criaient, nez contre nez, les yeux dans les yeux.

Caniveau redescendit.

« D'abord, tu dés quarante sous au curé, t'entends, et pi une tournée à tout le monde, ça fait chiquante-chinq, et pi t'en donneras vingt à Césaire. Ça va-t-il, dégourdi ? »

Le cocher, enchanté de voir Belhomme débourser trois francs soixante et quinze, répondit :

« Ça va !

– Allons, paye.

– J' payerai point. L' curé n'est pas médecin d'abord.

– Si tu n' payes point, j' te r'mets dans la voiture à Césaire et j' t'emporte au Havre. »

Et le colosse, ayant saisi Belhomme par les reins, l'enleva comme un enfant.

L'autre vit bien qu'il faudrait céder. Il tira sa bourse, et paya.

Puis la voiture se remit en marche vers Le Havre, tandis que Belhomme retournait à Criquetot, et tous les voyageurs, muets à présent, regardaient sur la route blanche la blouse bleue du paysan, balancée sur ses longues jambes.

Ça ira

J'ÉTAIS DESCENDU À BARVILLER uniquement parce que j'avais lu dans un guide (je ne sais plus lequel) : « Beau musée, deux Rubens, un Teniers, un Ribera. »

Donc je pensais : « Allons voir ça. Je dînerai à l'hôtel de l'Europe, que le guide affirme excellent ; et je repartirai le lendemain. »

Le musée était fermé : on ne l'ouvre que sur la demande des voyageurs ; il fut donc ouvert à ma requête, et je pus contempler quelques croûtes attribuées par un conservateur fantaisiste aux premiers maîtres de la peinture.

Puis je me trouvai tout seul, et n'ayant absolument rien à faire, dans une longue rue de la petite ville inconnue, bâtie au milieu de plaines interminables, je parcourus cette *artère*, j'examinai quelques pauvres magasins ; puis, comme il était quatre heures, je fus saisi par un de ces découragements qui rendent fous les plus énergiques.

Que faire ? Mon Dieu, que faire ? J'aurais payé cinq cents francs l'idée d'une distraction quelconque ? Me trouvant à sec d'inventions, je me décidai, tout simplement, à fumer un bon cigare et je cherchai le bureau de tabac. Je le reconnus bientôt à sa lanterne rouge, j'entrai. La marchande me tendit plusieurs boîtes au choix : ayant regardé les cigares, que je jugeai détestables, je considérai, par hasard, la patronne.

C'était une femme de quarante-cinq ans environ, forte et grisonnante. Elle avait une figure grasse, respectable, en qui il me sembla trouver quelque chose de familier. Pourtant je ne connaissais point cette dame ! Non, je ne la connaissais pas assurément ! Mais ne se pouvait-il faire que je l'eusse rencontrée ? Oui, c'était possible ! Ce visage-là devait être une connaissance de mon œil, une vieille connaissance perdue de vue, et changée, engraissée énormément sans doute.

Je murmurai :

« Excusez-moi, madame, de vous examiner ainsi, mais il me semble que je vous connais depuis longtemps. »

Elle répondit en rougissant :

« C'est drôle... Moi aussi. »

Je poussai un cri :

« Ah ? Ça ira ! »

Elle leva ses deux mains avec un désespoir comique, épouvantée de ce mot et balbutiant :

« Oh ! oh ! Si on vous entendait... »

Puis soudain elle s'écria à son tour :

« Tiens, c'est toi, Georges ! »

Puis elle regarda avec frayeur si on ne l'avait point écoutée. Mais nous étions seuls, bien seuls !

« Ça ira. » Comment avais-je pu reconnaître « Ça ira », la pauvre Ça ira, la maigre Ça ira ! la désolée Ça ira, dans cette tranquille et grasse fonctionnaire du gouvernement ?

Ça ira ! Que de souvenirs s'éveillèrent brusquement en moi : Bougival, La Grenouillère, Chatou, le restaurant Fournaise, les longues journées en yole au bord des berges, dix ans de ma vie passés dans ce coin de pays, sur ce délicieux bout de rivière.

Nous étions alors une bande d'une douzaine, habitant la maison Galopois, à Chatou, et vivant là d'une drôle de façon, toujours à moitié nus et à moitié gris. Les mœurs des canotiers d'aujourd'hui ont bien changé. Ces messieurs portent des monocles.

Or notre bande possédait une vingtaine de canotières, régulières et irrégulières. Dans certains dimanches, nous en avions quatre ; dans certains autres, nous les avions toutes. Quelques-unes étaient là, pour ainsi dire, à demeure, les autres venaient quand elles n'avaient rien de mieux à faire. Cinq ou six vivaient sur le commun, sur les hommes sans femmes, et, parmi celles-là, Ça ira.

C'était une pauvre fille maigre et qui boitait. Cela lui donnait des allures de sauterelle. Elle était timide, gauche, maladroite en tout ce qu'elle faisait. Elle s'accrochait avec crainte, au plus humble, au plus inaperçu, au moins riche de nous, qui la gardait un jour ou un mois, suivant ses moyens. Comment s'était-elle trouvée parmi nous, personne ne le savait plus. L'avait-on rencontrée, un soir de pochardise, au bal des Canotiers et emmenée dans une de ces rafles de femmes que nous faisions souvent ? L'avions-nous invitée à déjeuner, en la voyant seule, assise à une petite table, dans un coin. Aucun de nous ne l'aurait pu dire ; mais elle faisait partie de la bande.

Nous l'avions baptisée Ça ira, parce qu'elle se plaignait toujours de la destinée, de sa malchance, de ses déboires. On lui disait chaque dimanche :

« Eh bien, Ça ira, ça va-t-il ? »

Et elle répondait toujours :

« Non, pas trop, mais faut espérer que ça ira mieux un jour. »

Comment ce pauvre être disgracieux et gauche était-il arrivé à faire le métier qui demande le plus de grâce, d'adresse, de ruse et de beauté ? Mystère. Paris, d'ailleurs, est plein de filles d'amour laides à dégoûter un gendarme.

Que faisait-elle pendant les six autres jours de la semaine ? Plusieurs fois, elle nous avait dit qu'elle travaillait. À quoi ? nous l'ignorions, indifférents à son existence.

Et puis, je l'avais à peu près perdue de vue. Notre groupe s'était émietté peu à peu, laissant la place à une autre génération, à qui nous avions aussi laissé Ça ira. Je l'appris en allant déjeuner chez Fournaise de temps en temps.

Nos successeurs, ignorant pourquoi nous l'avions baptisée ainsi, avaient cru à un nom d'Orientale et la nommaient Zaïra ; puis ils avaient cédé à leur tour leurs canots et quelques canotières à la génération suivante. (Une génération de canotiers vit, en général, trois ans sur l'eau, puis quitte la Seine pour entrer dans la magistrature, la médecine ou la politique.)

Zaïra était alors devenue Zara, puis, plus tard, Zara s'était encore modifié en Sarah. On la crut alors israélite.

Les tout derniers, ceux à monocle, l'appelaient donc tout simplement « La Juive ».

Puis elle disparut.

Et voilà que je la retrouvais marchande de tabac à Barviller.

Je lui dis :

« Eh bien, ça va donc, à présent ? »

Elle répondit :

« Un peu mieux. »

Une curiosité me saisit de connaître la vie de cette femme. Autrefois je n'y aurais point songé ; aujourd'hui, je me sentais intrigué, attiré, tout à fait intéressé. Je lui demandai :

« Comment as-tu fait pour avoir de la chance ?

– Je ne sais pas. Ça m'est arrivé comme je m'y attendais le moins.

– Est-ce à Chatou que tu l'as rencontrée !

– Oh non !

– Où ça donc ?

– À Paris, dans l'hôtel que j'habitais.

– Ah ! Est-ce que tu n'avais pas une place à Paris.

– Oui, j'étais chez Mme Ravelet.

– Qui ça, Mme Ravelet ?

– Tu ne connais pas Mme Ravelet ? Oh !

– Mais non.

– La modiste, la grande modiste de la rue de Rivoli. »

Et la voilà qui se met à me raconter mille choses de sa vie ancienne, mille choses secrètes de la vie parisienne, l'intérieur d'une maison de modes, l'existence de ces demoiselles, leurs aventures, leurs idées, toute l'histoire d'un cœur d'ouvrière, cet épervier de trottoir qui chasse par les rues, le matin, en allant au magasin, le midi, en flânant, nu-tête, après le repas, et le soir en montant chez elle.

Elle disait, heureuse de parler de l'autrefois :

Si tu savais comme on est canaille... et comme on

en fait des roides. Nous nous les racontions chaque jour. Vrai, on se moque des hommes, tu sais !

Moi, la première rosserie que j'ai faite, c'est au sujet d'un parapluie. J'en avais un vieux, en alpaga, un parapluie à en être honteuse. Comme je le fermais en arrivant, un jour de pluie, voilà la grande Louise qui me dit :

« Comment ! tu oses sortir avec ça !

– Mais je n'en ai pas d'autre, et, en ce moment, les fonds sont bas. »

Ils étaient toujours bas les fonds !

Elle me répond :

« Va en chercher un à la Madeleine. »

Moi, ça m'étonne.

Elle reprend :

« C'est là que nous les prenons, toutes ; on en a autant qu'on veut. »

Et elle m'explique la chose. C'est bien simple.

Donc, je m'en allai avec Irma à la Madeleine. Nous trouvons le sacristain et nous lui expliquons comment nous avons oublié un parapluie la semaine d'avant. Alors il nous demande si nous nous rappelons son manche, et je lui fais l'explication d'un manche avec une pomme d'agate. Il nous introduit dans une chambre où il y avait plus de cinquante parapluies perdus ; nous les regardons tous et nous ne trouvons pas le mien ; mais moi j'en choisis un beau, un très beau, à manche d'ivoire sculpté. Louise est allée le réclamer quelques jours après. Elle l'a décrit avant de l'avoir vu, et on le lui a donné sans méfiance.

Pour faire ça, on s'habillait très chic.

Et elle riait en ouvrant et laissant retomber le couvercle à charnières de la grande boîte à tabac.

Elle reprit :

Oh ! on en avait des tours, et on en avait de si drôles. Tiens, nous étions cinq à l'atelier, quatre ordinaires et une très bien, Irma, la belle Irma. Elle était très distinguée, et elle avait un amant au Conseil d'État. Ça ne l'empêchait pas de lui en faire porter joliment. Voilà qu'un hiver elle nous dit :

« Vous ne savez pas, nous allons en faire une bien bonne. »

Et elle nous conta son idée.

Tu sais, Irma, elle avait une tournure à troubler la tête de tous les hommes, et puis une taille, et puis des hanches qui leur faisaient venir l'eau à la bouche. Donc elle imagina de nous faire gagner cent francs à chacune pour nous acheter des bagues, et elle arrangea la chose que voici :

Tu sais que je n'étais pas riche, à ce moment-là, les autres non plus ; ça n'allait guère, nous gagnions cent francs par mois au magasin, rien de plus. Il fallait trouver. Je sais bien que nous avions chacune deux ou trois amants habitués qui donnaient un peu, mais pas beaucoup. À la promenade de midi, il arrivait quelquefois qu'on amorçait un monsieur qui revenait le lendemain ; on le faisait poser quinze jours, et puis on cédait. Mais ces hommes-là, ça ne rapporte jamais gros. Ceux de Chatou, c'était pour le plaisir. Oh ! si tu savais les ruses que nous avions ; vrai, c'était à mourir de rire. Donc, quand Irma nous proposa de nous faire gagner cent francs, nous voilà toutes allumées. C'est très vilain ce que je vais te raconter, mais ça ne fait rien ; tu connais la vie, toi, et puis quand on est resté quatre ans à Chatou...

Donc elle nous dit :

« Nous allons lever au bal de l'Opéra ce qu'il y a de mieux à Paris comme hommes, les plus distingués et les plus riches. Moi, je les connais. »

Nous n'avons pas cru, d'abord, que c'était vrai ; parce que ces hommes-là ne sont pas faits pour les modistes, pour Irma oui, mais pour nous, non. Oh ! elle était d'un chic, cette Irma. Tu sais, nous avions coutume de dire à l'atelier que, si l'empereur l'avait connue, il l'aurait certainement épousée.

Pour lors, elle nous fit habiller de ce que nous avions de mieux et elle nous dit :

« Vous, vous n'entrerez pas au bal, vous allez rester chacune dans un fiacre dans les rues voisines. Un monsieur viendra qui montera dans votre voiture. Dès qu'il sera entré, vous l'embrasserez le plus gentiment que vous pourrez ; et puis vous pousserez un grand cri pour montrer que vous vous êtes trompée, que vous en attendiez un autre. Ça allumera le pigeon de voir qu'il prend la place d'un autre et il voudra rester par force ; vous résisterez, vous ferez les cent coups pour le chasser... et puis... vous irez souper avec lui... Alors il vous devra un bon dédommagement. »

Tu ne comprends point encore, n'est-ce pas ? Eh bien, voici ce qu'elle fit, la rosse.

Elle nous fit monter toutes les quatre dans quatre voitures, des voitures de cercle, des voitures bien comme il faut, puis elle nous plaça dans des rues voisines de l'Opéra. Alors, elle alla au bal, toute seule. Comme elle connaissait, par leur nom, les hommes les plus marquants de Paris, parce que la patronne fournissait leurs femmes, elle en choisit d'abord un pour l'intriguer. Elle lui en dit de toutes les sortes, car elle a de l'esprit aussi. Quand elle le vit bien emballé, elle ôta son loup, et il fut pris comme dans un filet. Donc il voulut l'emmener tout de suite, et elle lui donna rendez-vous, dans une demi-heure, dans une voiture en face du numéro 20 de la rue Taitbout. C'était moi, dans cette voiture-là ! J'étais bien enveloppée et la figure voilée. Donc, tout à coup, un monsieur passa sa tête à la portière, et il dit :

« C'est vous ? »

Je réponds tout bas :

« Oui, c'est moi, montez vite. »

Il monte ; et moi je le saisis dans mes bras et je l'embrasse, mais je l'embrasse à lui couper la respiration ; puis je reprends :

« Oh ! que je suis heureuse ! que je suis heureuse ! »

Et, tout d'un coup, je crie :

« Mais ce n'est pas toi ! Oh ! mon Dieu ! Oh ! mon Dieu ! »

Et je me mets à pleurer.

Tu juges si voilà un homme embarrassé ! Il cherche d'abord à me consoler ; il s'excuse, proteste qu'il s'est trompé aussi !

Moi, je pleurais toujours, mais moins fort ; et je poussais de gros soupirs. Alors il me dit des choses très douces. C'était un homme tout à fait comme il faut ; et puis ça l'amusait maintenant de me voir pleurer de moins en moins.

Bref, de fil en aiguille, il m'a proposé d'aller souper. Moi, j'ai refusé ; j'ai voulu sauter de la voiture ; il m'a retenue par la taille ; et puis embrassée ; comme j'avais fait à son entrée.

Et puis... et puis... nous avons... soupé... tu comprends... et il m'a donné... devine... voyons, devine... il m'a donné cinq cents francs !... Crois-tu qu'il y en a des hommes généreux !

Enfin, la chose a réussi pour tout le monde. C'est Louise qui a eu le moins avec deux cents francs. Mais, tu sais, Louise, vrai, elle était trop maigre !

La marchande de tabac allait toujours, vidant d'un seul coup tous ses souvenirs amassés depuis si longtemps dans son cœur fermé de débitante officielle. Tout l'autrefois pauvre et drôle remuait son âme. Elle regrettait cette vie galante et bohème du trottoir parisien, faite de privations et de caresses payées, de rire et de misère, de ruses et d'amour vrai par moments.

Je lui dis :

« Mais comment as-tu obtenu ton débit de tabac ? »

Elle sourit :

« Oh ! c'est toute mon histoire. Figure-toi que j'avais dans mon hôtel, porte à porte, un étudiant en droit, mais, tu sais, un de ces étudiants qui ne font rien. Celui-là, il vivait au café, du matin au soir ; et il aimait le billard, comme je n'ai jamais vu aimer personne.

« Quand j'étais seule, nous passions la soirée ensemble quelquefois. C'est de lui que j'ai eu Roger.

– Qui ça, Roger ?

– Mon fils.

– Ah !

– Il me donna une petite pension pour élever le gosse, mais je pensais bien que ce garçon-là ne me rapporterait rien, d'autant plus que je n'ai jamais vu un homme aussi fainéant, mais là, jamais. Au bout de dix ans, il en était encore à son premier examen. Quand sa famille vit qu'on n'en pourrait rien tirer, elle le rappela chez elle en province ; mais nous étions demeurés en correspondance à cause de l'enfant. Et puis, figure-toi qu'aux dernières élections, il y a deux ans, j'apprends qu'il a été nommé député dans son pays. Et puis il a fait des discours à la Chambre. Vrai, dans le royaume des aveugles, comme on dit... Mais, pour finir, j'ai été le trouver et il m'a fait obtenir, tout de suite, un bureau de tabac comme fille de déporté... C'est vrai que mon père a été déporté, mais je n'avais jamais pensé non plus que ça pourrait me servir.

« Bref... Tiens, voilà Roger. »

Un grand jeune homme entrait, correct, grave, poseur.

Il embrassa sur le front sa mère, qui me dit :

« Tenez, monsieur, c'est mon fils, chef de bureau à la mairie... Vous savez... c'est un futur sous-préfet. »

Je saluai dignement ce fonctionnaire, et je sortis pour gagner l'hôtel, après avoir serré, avec gravité, la main tendue de Ça ira.

Voyage de santé

MONSIEUR PANARD ÉTAIT un homme prudent qui avait peur de tout dans la vie. Il avait peur des tuiles, des chutes, des fiacres, des chemins de fer, de tous les accidents possibles, mais surtout des maladies.

Il avait compris, avec une extrême prévoyance, combien notre existence est menacée sans cesse par tout ce qui nous entoure. La vue d'une marche le faisait penser aux entorses, aux bras et aux jambes cassés, la vue d'une vitre aux affreuses blessures par le verre, la vue d'un chat, aux yeux crevés ; et il vivait avec une prudence méticuleuse, une prudence réfléchie, patiente, complète.

Il disait à sa femme, une brave femme qui se prêtait à ses manies : « Songe, ma bonne, comme il faut peu de chose pour estropier ou pour détruire un homme. C'est effrayant d'y penser. On sort bien portant ; on traverse une rue, une voiture arrive et vous passe dessus ; ou bien on s'arrête cinq minutes sous une porte cochère à causer avec un ami ; et on ne sent pas un petit courant d'air qui vous glisse le long du dos et vous flanque une fluxion de poitrine. Et cela suffit. C'en est fait de vous. »

Il s'intéressait d'une façon particulière à l'article « Santé publique » dans les journaux ; connaissait le chiffre normal des morts en temps ordinaire, suivant les saisons, la marche et les caprices des épidémies, leurs symptômes, leur durée probable, la manière de les prévenir, de les arrêter, de les soigner. Il possédait une bibliothèque médicale de tous les ouvrages relatifs aux traitements mis à la portée du public par les médecins vulgarisateurs et pratiques.

Il avait cru à Raspail, à l'homéopathie, à la médecine dosimétrique, à la métallothérapie, à l'électricité, au massage, à tous les systèmes qu'on suppose infaillibles, pendant six mois, contre tous les maux. Aujourd'hui, il était un peu revenu de sa confiance, et il pensait avec sagesse que le meilleur moyen d'éviter les maladies consiste à les fuir.

Or, vers le commencement de l'hiver dernier, M. Panard apprit par son journal que Paris subissait une légère épidémie de fièvre typhoïde : une inquiétude aussitôt l'envahit, qui devint, en peu de temps, une obsession. Il achetait, chaque matin, deux ou trois feuilles pour faire une moyenne avec leurs renseignements contradictoires ; et il fut bien vite convaincu que son quartier était particulièrement éprouvé.

Alors il alla voir son médecin pour lui demander conseil. Que devait-il faire ? rester ou s'en aller ? Sur les réponses évasives du docteur, M. Panard conclut qu'il y avait danger et il se résolut au départ. Il rentra donc pour délibérer avec sa femme. Où iraient-ils ?

Il demandait :

« Penses-tu, ma bonne, que Pau soit ce qu'il nous faut ? »

Elle avait envie de voir Nice et répondit :

« On prétend qu'il y fait assez froid, à cause du

voisinage des Pyrénées. Cannes doit être plus sain, puisque les princes d'Orléans y vont. »

Ce raisonnement convainquit son mari. Il hésitait encore un peu, cependant.

« Oui, mais la Méditerranée a le choléra depuis deux ans.

– Ah ! mon ami, il n'y est jamais pendant l'hiver. Songe que le monde entier se donne rendez-vous sur cette côte.

– Ça, c'est vrai. Dans tous les cas, emporte des désinfectants et prends soin de faire compléter ma pharmacie de voyage. »

Ils partirent un lundi matin. En arrivant à la gare, Mme Panard remit à son mari sa valise personnelle :

« Tiens, dit-elle, voilà tes affaires de santé bien en ordre.

– Merci, ma bonne. »

Et ils montèrent dans le train.

Après avoir lu beaucoup d'ouvrages sur les stations hygiéniques de la Méditerranée, ouvrages écrits par les médecins de chaque ville du littoral, et dont chacun exaltait sa plage au détriment des autres, M. Panard, qui avait passé par les plus grandes perplexités, venait enfin de se décider pour Saint-Raphaël, par cette seule raison qu'il avait vu, parmi les noms des principaux propriétaires, ceux de plusieurs professeurs de la faculté de médecine de Paris.

S'ils habitaient là, c'était assurément que le pays était sain.

Donc il descendit à Saint-Raphaël et se rendit immédiatement dans un hôtel dont il avait lu le nom dans le guide Sarty, qui est le Conty des stations d'hiver de cette côte.

Déjà des préoccupations nouvelles l'assaillaient.

Quoi de moins sûr qu'un hôtel, surtout dans ce pays recherché par les poitrinaires ? Combien de malades, et quels malades, ont couché sur ces matelas, dans ces couvertures, sur ces oreillers, laissant aux laines, aux plumes, aux toiles, mille germes imperceptibles venus de leur peau, de leur haleine, de leurs fièvres ? Comment oserait-il se coucher dans ces lits suspects, dormir avec le cauchemar d'un homme agonisant sur la même couche, quelques jours plus tôt ?

Alors une idée l'illumina. Il demanderait une chambre au nord, tout à fait au nord, sans aucun soleil, sûr qu'aucun malade n'aurait pu habiter là.

On lui ouvrit donc un grand appartement glacial, qu'il jugea, au premier coup d'œil, présenter toute sécurité, tant il semblait froid et inhabitable.

Il y fit allumer du feu. Puis on y monta ses colis.

Il se promenait à pas rapides, de long en large, un peu inquiet à l'idée d'un rhume possible, et il disait à sa femme :

« Vois-tu, ma bonne, le danger de ces pays-ci c'est d'habiter des pièces fraîches, rarement occupées. On y peut prendre des douleurs. Tu serais bien gentille de défaire nos malles. »

Elle commençait, en effet, à vider les malles et à emplir les armoires et la commode quand M. Panard s'arrêta net dans sa promenade et se mit à renifler avec force comme un chien qui évente un gibier.

Il reprit, troublé soudain :

« Mais on sent... on sent le malade ici... on sent la drogue... je suis sûr qu'on sent la drogue... certes, il y a un... un... un poitrinaire dans cette chambre. Tu ne sens pas, dis, ma bonne ? »

Mme Panard flairait à son tour. Elle répondit :

« Oui, ça sent un peu le... le... je ne reconnais pas bien l'odeur, enfin ça sent le remède. »

Il s'élança sur le timbre, sonna ; et quand le garçon parut :

« Faites venir tout de suite le patron, s'il vous plaît. »

Le patron vint presque aussitôt, saluant, le sourire aux lèvres.

M. Panard, le regardant au fond des yeux, lui demanda brusquement :

« Quel est le dernier voyageur qui a couché ici ? »

Le maître d'hôtel, surpris d'abord, cherchait à comprendre l'intention, la pensée, ou le soupçon de son client, puis, comme il fallait répondre, et comme personne n'avait couché dans cette chambre depuis plusieurs mois, il dit :

« C'est M. le comte de la Roche-Limonière.

– Ah ! un Français ?

– Non, monsieur, un... un... un Belge.

– Ah ! et il se portait bien ?

– Oui, c'est-à-dire non, il souffrait beaucoup en arrivant ici ; mais il est parti tout à fait guéri.

– Ah ! Et de quoi souffrait-il ?

– De douleurs.

– Quelles douleurs ?

– De douleurs... de douleurs de foie.

– Très bien, monsieur, je vous remercie. Je comptais rester quelque temps ici ; mais je viens de changer d'avis. Je partirai tout à l'heure, avec Mme Panard.

– Mais... Monsieur...

– C'est inutile, monsieur, nous partirons. Envoyez la note, omnibus, chambre et service. »

Le patron, effaré, se retira, tandis que M. Panard disait à sa femme :

« Hein, ma bonne, l'ai-je dépisté ? As-tu vu comme il hésitait... douleurs... douleurs... douleurs de foie... je t'en fiche des douleurs de foie ! »

M. et Mme Panard arrivèrent à Cannes à la nuit, soupèrent et se couchèrent aussitôt.

Mais à peine furent-ils au lit, que M. Panard s'écria :

« Hein, l'odeur, la sens-tu, cette fois ? Mais... mais c'est de l'acide phénique, ma bonne... ; on a désinfecté cet appartement. »

Il s'élança de sa couche, se rhabilla avec promptitude, et, comme il était trop tard pour appeler personne, il se décida aussitôt à passer la nuit sur un fauteuil. Mme Panard, malgré les sollicitations de son mari, refusa de l'imiter et demeura dans ses draps où elle dormit avec bonheur, tandis qu'il murmurait les reins cassés :

« Quel pays ! quel affreux pays ! Il n'y a que des malades dans tous ces hôtels. »

Dès l'aurore, le patron fut mandé.

« Quel est le dernier voyageur qui a habité cet appartement ?

– Le grand-duc de Bade et Magdebourg, monsieur, un cousin de l'empereur de... de... Russie.

– Ah ! et il se portait bien ?

– Très bien, monsieur.

– Tout à fait bien ?

– Tout à fait bien.

– Cela suffit, monsieur l'hôtelier ; madame et moi nous partons pour Nice à midi.

– Comme il vous plaira, monsieur. »

Et le patron, furieux, se retira, tandis que M. Panard disait à Mme Panard :

« Hein ! quel farceur ! Il ne veut pas même avouer

que son voyageur était malade ! malade ! Ah, oui ! malade ! Je te réponds bien qu'il y est mort, celui-là ! Dis, sens-tu l'acide phénique, le sens-tu ?

– Oui, mon ami !

– Quels gredins, ces maîtres d'hôtel ! Pas même malade, son macchabée ! Quels gredins ! »

Ils prirent le train d'une heure trente. L'odeur les suivit dans le wagon.

Très inquiet, M. Panard murmurait : « On sent toujours. Ça doit être une mesure d'hygiène générale dans le pays. Il est probable qu'on arrose les rues, les parquets et les wagons avec de l'eau phéniquée par ordre des médecins et des municipalités. »

Mais quand ils furent dans l'hôtel de Nice, l'odeur devint intolérable.

Panard, atterré, errait par sa chambre, ouvrant les tiroirs, visitant les coins obscurs, cherchant au fond des meubles. Il découvrit dans l'armoire à glace un vieux journal, y jeta les yeux au hasard, et lut : « Les bruits malveillants qu'on avait fait courir sur l'état sanitaire de notre ville sont dénués de fondement. Aucun cas de choléra n'a été signalé à Nice ou aux environs... »

Il fit un bond et s'écria :

« Madame Panard... Madame Panard... c'est le choléra... le choléra... le choléra... j'en étais sûr... Ne défaites pas nos malles... nous retournons à Paris tout de suite... tout de suite. »

Une heure plus tard, ils reprenaient le rapide, enveloppés dans une odeur asphyxiante de phénol.

Aussitôt rentré chez lui, Panard jugea bon de prendre quelques gouttes d'un anticholérique énergique et il ouvrit la valise qui contenait ses médicaments. Une vapeur suffocante s'en échappa.

Sa fiole d'acide phénique s'était brisée et le liquide répandu avait brûlé tout le dedans du sac.

Alors sa femme, saisie d'un fou rire, s'écria : « Ah !... ah !... ah !... mon ami... le voilà... le voilà, ton choléra !... »

Une famille

J'allais revoir mon ami Simon Radevin que je n'avais point aperçu depuis quinze ans.

Autrefois c'était mon meilleur ami, l'ami de ma pensée, celui avec qui on passe les longues soirées tranquilles et gaies, celui à qui on dit les choses intimes du cœur, pour qui on trouve, en causant doucement, des idées rares, fines, ingénieuses, délicates, nées de la sympathie même qui excite l'esprit et le met à l'aise.

Pendant bien des années nous ne nous étions guère quittés. Nous avions vécu, voyagé, songé, rêvé ensemble, aimé les mêmes choses d'un même amour, admiré les mêmes livres, compris les mêmes œuvres, frémi des mêmes sensations, et si souvent ri des mêmes êtres que nous nous comprenions complètement, rien qu'en échangeant un coup d'œil.

Puis il s'était marié. Il avait épousé tout à coup une fillette de province venue à Paris pour chercher un fiancé. Comment cette petite blondasse, maigre, aux mains niaises, aux yeux clairs et vides, à la voix fraîche et bête, pareille à cent mille poupées à marier, avait-elle cueilli ce garçon intelligent et fin ? Peut-on comprendre ces choses-là ? Il avait sans doute espéré le bonheur, lui, le bonheur simple, doux et long entre les bras d'une femme bonne, tendre et fidèle ; et il avait entrevu tout cela, dans le regard transparent de cette gamine aux cheveux pâles.

Il n'avait pas songé que l'homme actif, vivant et vibrant, se fatigue de tout dès qu'il a saisi la stupide réalité, à moins qu'il ne s'abrutisse au point de ne plus rien comprendre.

Comment allais-je le retrouver ? Toujours vif, spirituel, rieur et enthousiaste, ou bien endormi par la vie provinciale ? Un homme peut changer en quinze ans !

Le train s'arrêta dans une petite gare. Comme je descendais de wagon, un gros, très gros homme, aux joues rouges, au ventre rebondi, s'élança vers moi, les bras ouverts, en criant : « Georges. » Je l'embrassai, mais je ne l'avais pas reconnu. Puis je murmurai stupéfait : « Cristi, tu n'as pas maigri. » Il répondit en riant : « Que veux-tu ? La bonne vie ! la bonne table ! les bonnes nuits ! Manger et dormir, voilà mon existence ! »

Je le contemplai, cherchant dans cette large figure les traits aimés. L'œil seul n'avait point changé ; mais je ne retrouvais plus le regard et je me disais : « S'il est vrai que le regard est le reflet de la pensée, la pensée de cette tête-là n'est plus celle d'autrefois, celle que je connaissais si bien. »

L'œil brillait pourtant, plein de joie et d'amitié ; mais il n'avait plus cette clarté intelligente qui exprime, autant que la parole, la valeur d'un esprit.

Tout à coup, Simon me dit :

« Tiens, voici mes deux aînés. »

Une fillette de quatorze ans, presque femme, et un garçon de treize ans, vêtu en collégien, s'avancèrent d'un air timide et gauche.

Je murmurai : « C'est à toi ? »

Il répondit en riant : « Mais, oui.

– Combien en as-tu donc ?

– Cinq. Encore trois restés à la maison ! »

Il avait répondu cela d'un air fier, content, presque triomphant ; et moi je me sentais saisi d'une pitié profonde, mêlée d'un vague mépris, pour ce reproducteur orgueilleux et naïf qui passait ses nuits à faire des enfants entre deux sommes, dans sa maison de province, comme un lapin dans une cage.

Je montai dans une voiture qu'il conduisait lui-même et nous voici partis à travers la ville, triste ville, somnolente et terne où rien ne remuait par les rues, sauf quelques chiens et deux ou trois bonnes. De temps en temps, un boutiquier, sur sa porte, ôtait son chapeau ; Simon rendait le salut et nommait l'homme pour me prouver sans doute qu'il connaissait tous les habitants par leur nom. La pensée me vint qu'il songeait à la députation, ce rêve de tous les enterrés de province.

On eut vite traversé la cité, et la voiture entra dans un jardin qui avait des prétentions de parc, puis s'arrêta devant une maison à tourelles qui cherchait à passer pour château.

« Voilà mon trou, disait Simon, pour obtenir un compliment. »

Je répondis :

« C'est délicieux. »

Sur le perron, une dame apparut, parée pour la visite, coiffée pour la visite, avec des phrases prêtes pour la visite. Ce n'était plus la fillette blonde et fade que j'avais vue à l'église quinze ans plus tôt, mais une grosse dame à falbalas et à frisons, une de ces dames sans âge, sans caractère, sans élégance, sans esprit, sans rien de ce qui constitue une femme. C'était une mère, enfin, une grosse mère banale, la pondeuse, la poulinière humaine, la machine de chair qui procrée sans autre préoccupation dans l'âme que ses enfants et son livre de cuisine.

Elle me souhaita la bienvenue et j'entrai dans le vestibule où trois mioches alignés par rang de taille semblaient placés là pour une revue comme des pompiers devant un maire.

Je dis :

« Ah ! ah ! voici les autres ? »

Simon, radieux, les nomma : « Jean, Sophie et Gontran. »

La porte du salon était ouverte. J'y pénétrai et j'aperçus au fond d'un fauteuil quelque chose qui tremblotait, un homme, un vieux homme paralysé.

Mme Radevin s'avança :

« C'est mon grand-père, monsieur. Il a quatre-vingt-sept ans. »

Puis elle cria dans l'oreille du vieillard trépidant : « C'est un ami de Simon, papa. » L'ancêtre fit un effort pour me dire bonjour et il vagit : « Oua, oua, oua » en agitant sa main. Je répondis : « Vous êtes trop aimable, monsieur », et je tombai sur un siège.

Simon venait d'entrer ; il riait :

« Ah ! ah ! tu as fait la connaissance de bon papa. Il est impayable, ce vieux ; c'est la distraction des enfants. Il est gourmand, mon cher, à se faire mourir à tous les repas. Tu ne te figures point ce qu'il mangerait si on le laissait libre. Mais tu verras, tu verras. Il fait de l'œil aux plats sucrés comme si c'étaient des demoiselles. Tu n'as jamais rien rencontré de plus drôle, tu verras tout à l'heure. »

Puis on me conduisit dans ma chambre, pour

faire ma toilette, car l'heure du dîner approchait. J'entendais dans l'escalier un grand piétinement et je me retournai. Tous les enfants me suivaient en procession, derrière leur père, sans doute pour me faire honneur.

Ma chambre donnait sur la plaine, une plaine sans fin, toute nue, un océan d'herbes, de blé et d'avoine, sans un bouquet d'arbres ni un coteau, image saisissante et triste de la vie qu'on devait mener dans cette maison.

Une cloche sonna. C'était pour le dîner. Je descendis.

Mme Radevin prit mon bras d'un air cérémonieux et on passa dans la salle à manger.

Un domestique roulait le fauteuil du vieux qui, à peine placé devant son assiette, promena sur le dessert un regard avide et curieux en tournant avec peine, d'un plat vers l'autre, sa tête branlante.

Alors Simon se frotta les mains : « Tu vas t'amuser », me dit-il. Et tous les enfants, comprenant qu'on allait me donner le spectacle de grand-papa gourmand, se mirent à rire en même temps, tandis que leur mère souriait seulement en haussant les épaules.

Radevin se mit à hurler vers le vieillard en formant porte-voix de ses mains :

« Nous avons ce soir de la crème au riz sucré. »

La face ridée de l'aïeul s'illumina et il trembla plus fort de haut en bas, pour indiquer qu'il avait compris et qu'il était content.

Et on commença à dîner.

« Regarde », murmura Simon. Le grand-père n'aimait pas la soupe et refusait d'en manger. On l'y forçait, pour sa santé ; et le domestique lui enfonçait de force dans la bouche la cuiller pleine, tandis qu'il soufflait avec énergie, pour ne pas avaler le bouillon rejeté ainsi en jet d'eau sur la table et sur ses voisins.

Les petits enfants se tordaient de joie tandis que leur père, très content, répétait : « Est-il drôle, ce vieux ? »

Et tout le long du repas on ne s'occupa que de lui. Il dévorait du regard les plats posés sur la table ; et de sa main follement agitée essayait de les saisir et de les attirer à lui. On les posait presque à portée pour voir ses efforts éperdus, son élan tremblotant vers eux, l'appel désolé de tout son être, de son œil, de sa bouche, de son nez qui les flairait. Et il bavait d'envie sur sa serviette en poussant des grognements inarticulés. Et toute la famille se réjouissait de ce supplice odieux et grotesque.

Puis on lui servait sur son assiette un tout petit morceau qu'il mangeait avec une gloutonnerie fiévreuse, pour avoir plus vite autre chose.

Quand arriva le riz sucré, il eut presque une convulsion. Il gémissait de désir.

Gontran lui cria : « Vous avez trop mangé, vous n'en aurez pas. » Et on fit semblant de ne lui en point donner.

Alors il se mit à pleurer. Il pleurait en tremblant plus fort, tandis que tous les enfants riaient.

On lui apporta enfin sa part, une toute petite part ; et il fit, en mangeant la première bouchée de l'entremets, un bruit de gorge comique et glouton, et un mouvement du cou pareil à celui des canards qui avalent un morceau trop gros.

Puis, quand il eut fini, il se mit à trépigner pour en obtenir encore.

Pris de pitié devant la torture de ce Tantale

attendrissant et ridicule, j'implorai pour lui : « Voyons, donne-lui encore un peu de riz ? »

Simon répétait : « Oh ! non, mon cher, s'il mangeait trop, à son âge, ça pourrait lui faire mal. »

Je me tus, rêvant sur cette parole. Ô morale, ô logique, ô sagesse ! À son âge ! Donc, on le privait du seul plaisir qu'il pouvait encore goûter, par souci de sa santé ! Sa santé ! qu'en ferait-il, ce débris inerte et tremblotant ? On ménageait ses jours, comme on dit ? Ses jours ? Combien de jours, dix, vingt, cinquante ou cent ? Pourquoi ? Pour lui ? ou pour conserver plus longtemps à la famille le spectacle de sa gourmandise impuissante ?

Il n'avait plus rien à faire en cette vie, plus rien. Un seul désir lui restait, une seule joie ; pourquoi ne pas lui donner entièrement cette joie dernière, la lui donner jusqu'à ce qu'il en mourût.

Puis, après une longue partie de cartes, je montai dans ma chambre pour me coucher : j'étais triste, triste, triste !

Et je me mis à ma fenêtre. On n'entendait rien au-dehors qu'un très léger, très doux, très joli gazouillement d'oiseau dans un arbre, quelque part. Cet oiseau devait chanter ainsi, à voix basse, dans la nuit, pour bercer sa femelle endormie sur ses œufs.

Et je pensai aux cinq enfants de mon pauvre ami, qui devait ronfler maintenant aux côtés de sa vilaine femme.

Le diable

LE PAYSAN RESTAIT DEBOUT en face du médecin, devant le lit de la mourante. La vieille, calme, résignée, lucide, regardait les deux hommes et les écoutait causer. Elle allait mourir ; elle ne se révoltait pas, son temps était fini, elle avait quatre-vingt-douze ans.

Par la fenêtre et la porte ouvertes, le soleil de juillet entrait à flots, jetait sa flamme chaude sur le sol de terre brune, onduleux et battu par les sabots de quatre générations de rustres. Les odeurs des champs venaient aussi, poussées par la brise cuisante, odeurs des herbes, des blés, des feuilles, brûlés sous la chaleur de midi. Les sauterelles s'égosillaient, emplissaient la campagne d'un crépitement clair, pareil au bruit des criquets de bois qu'on vend aux enfants dans les foires.

Le médecin, élevant la voix, disait :

« Honoré, vous ne pouvez pas laisser votre mère toute seule dans cet état-là. Elle passera d'un moment à l'autre ! »

Et le paysan, désolé, répétait :

« Faut pourtant que j' rentre mon blé ; v'là trop longtemps qu'il est à terre. L' temps est bon, justement. Qué qu' t'en dis, ma mé ? »

Et la vieille mourante, tenaillée encore par

l'avarice normande, faisait « oui » de l'œil et du front, engageait son fils à rentrer son blé et à la laisser mourir toute seule.

Mais le médecin se fâcha et, tapant du pied :

« Vous n'êtes qu'une brute, entendez-vous, et je ne vous permettrai pas de faire ça, entendez-vous ! Et, si vous êtes forcé de rentrer votre blé aujourd'hui même, allez chercher la Rapet, parbleu ! et faites-lui garder votre mère. Je le veux, entendez-vous ! Et si vous ne m'obéissez pas, je vous laisserai crever comme un chien, quand vous serez malade à votre tour, entendez-vous ? »

Le paysan, un grand maigre, aux gestes lents, torturé par l'indécision, par la peur du médecin et par l'amour féroce de l'épargne, hésitait, calculait, balbutiait :

« Comben qu'é prend, la Rapet, pour une garde ? »

Le médecin criait :

« Est-ce que je sais, moi ? Ça dépend du temps que vous lui demanderez. Arrangez-vous avec elle ; morbleu ! Mais je veux qu'elle soit ici dans une heure, entendez-vous ? »

L'homme se décida :

« J'y vas, j'y vas ; vous fâchez point, m'sieu l' médecin. »

Et le docteur s'en alla, en appelant :

« Vous savez, vous savez, prenez garde, car je ne badine pas quand je me fâche, moi ! »

Dès qu'il fut seul, le paysan se tourna vers sa mère, et, d'une voix résignée

« J' vas quéri la Rapet, pisqu'il veut, c't' homme. T'éluge point tant qu' je r'vienne. »

Et il sortit à son tour.

La Rapet, une vieille repasseuse, gardait les morts et les mourants de la commune et des environs. Puis, dès qu'elle avait cousu ses clients dans le drap dont ils ne devaient plus sortir, elle revenait prendre son fer dont elle frottait le linge des vivants. Ridée comme une pomme de l'autre année, méchante, jalouse, avare d'une avarice tenant du phénomène, courbée en deux comme si elle eût été cassée aux reins par l'éternel mouvement du fer promené sur les toiles, on eût dit qu'elle avait pour l'agonie une sorte d'amour monstrueux et cynique. Elle ne parlait jamais que des gens qu'elle avait vus mourir, de toutes les variétés de trépas auxquelles elle avait assisté ; et elle les racontait avec une grande minutie de détails toujours pareils, comme un chasseur raconte ses coups de fusil.

Quand Honoré Bontemps entra chez elle, il la trouva préparant de l'eau bleue pour les collerettes des villageoises.

Il dit :

« Allons, bonsoir ; ça va-t-il comme vous voulez, la mé Rapet ? »

Elle tourna vers lui la tête :

« Tout d' même, tout d' même. Et d' vot' part ?

– Oh ! d' ma part, ça va-t-à volonté, mais c'est ma mé qui n' va point.

– Vot' mé ?

– Oui, ma mé !

– Qué qu'alle a votre mé ?

– All' a qu'a va tourner d' l'œil ! »

La vieille femme retira ses mains de l'eau, dont les gouttes, bleuâtres et transparentes, lui glissaient jusqu'au bout des doigts, pour retomber dans le baquet.

Elle demanda, avec une sympathie subite :

« All' est si bas qu' ça ?

– L' médecin dit qu'all' n' passera point la r'levée.

– Pour sûr qu'alle est bas alors ! »

Honoré hésita. Il lui fallait quelques préambules pour la proposition qu'il préparait. Mais, comme il ne trouvait rien, il se décida tout d'un coup :

« Comben qu' vous m' prendrez pour la garder jusqu'au bout ? Vô savez que j' sommes point riche. J' peux seulement point m' payer eune servante. C'est ben ça qui l'a mise là, ma pauv' mé, trop d'élugement, trop d' fatigue ! A travaillait comme dix, nonobstant ses quatre-vingt-douze. On n'en fait pu de c'te graine-là !... »

La Rapet répliqua gravement :

« Y a deux prix : quarante sous l' jour, et trois francs la nuit pour les riches. Vingt sous l' jour et quarante la nuit pour l' zautres. Vô m' donnerez vingt et quarante. »

Mais le paysan réfléchissait. Il la connaissait bien, sa mère. Il savait comme elle était tenace, vigoureuse, résistante. Ça pouvait durer huit jours, malgré l'avis du médecin.

Il dit résolument :

« Non. J'aime ben qu' vô me fassiez un prix, là, un prix pour jusqu'au bout. J' courrons la chance d' part et d'autre. L' médecin dit qu'alle passera tantôt. Si ça s' fait tant mieux pour vous, tant pis pour mé. Ma si all' tient jusqu'à demain ou pu longtemps tant mieux pour mé, tant pis pour vous ! »

La garde, surprise, regardait l'homme. Elle n'avait jamais traité un trépas à forfait. Elle hésitait, tentée par l'idée d'une chance à courir. Puis elle soupçonna qu'on voulait la jouer.

« J' peux rien dire tant qu' j'aurai point vu vot' mé, répondit-elle.

– V'nez-y, la vé. »

Elle essuya ses mains et le suivit aussitôt.

En route, ils ne parlèrent point. Elle allait d'un pied pressé, tandis qu'il allongeait ses grandes jambes comme s'il devait, à chaque pas, traverser un ruisseau.

Les vaches couchées dans les champs, accablées par la chaleur, levaient lourdement la tête et poussaient un faible meuglement vers ces deux gens qui passaient, pour leur demander de l'herbe fraîche.

En approchant de sa maison, Honoré Bontemps murmura :

« Si c'était fini, tout d' même ? »

Et le désir inconscient qu'il en avait se manifesta dans le son de sa voix.

Mais la vieille n'était point morte. Elle demeurait sur le dos, en son grabat, les mains sur la couverture d'indienne violette, des mains affreusement maigres, nouées, pareilles à des bêtes étranges, à des crabes, et fermées par les rhumatismes, les fatigues, les besognes presque séculaires qu'elles avaient accomplies.

La Rapet s'approcha du lit et considéra la mourante. Elle lui tâta le pouls, lui palpa la poitrine, l'écouta respirer, la questionna pour l'entendre parler ; puis l'ayant encore longtemps contemplée, elle sortit suivie d'Honoré. Son opinion était assise. La vieille n'irait pas à la nuit. Il demanda :

« Eh ben. »

La garde répondit :

« Eh ben, ça durera deux jours, p't-êt' trois. Vous me donnerez six francs, tout compris. »

Il s'écria :

« Six francs ! six francs ! Avez-vous perdu le sens ? Mé, je vous dis qu'elle en a pour cinq ou six heures, pas plus ! »

Et ils discutèrent longtemps, acharnés tous deux. Comme la garde allait se retirer, comme le temps passait, comme son blé ne se rentrerait pas tout seul, à la fin, il consentit :

« Eh ben, c'est dit, six francs, tout compris, jusqu'à la l'vée du corps.

– C'est dit, six francs. »

Et il s'en alla, à longs pas, vers son blé couché sur le sol, sous le lourd soleil qui mûrit les moissons.

La garde rentra dans la maison.

Elle avait apporté de l'ouvrage, car auprès des mourants et des morts elle travaillait sans relâche, tantôt pour elle, tantôt pour la famille qui l'employait à cette double besogne moyennant un supplément de salaire.

Tout à coup, elle demanda :

« Vous a-t-on administrée au moins, la mé Bontemps ? »

La paysanne fit « non » de la tête ; et la Rapet, qui était dévote, se leva avec vivacité.

« Seigneur Dieu, c'est-il possible ? J' vas quérir m'sieur l' curé. »

Et elle se précipita vers le presbytère, si vite, que les gamins, sur la place, la voyant trotter ainsi, crurent un malheur arrivé.

Le prêtre s'en vint aussitôt, en surplis, précédé de l'enfant de chœur qui sonnait une clochette pour annoncer le passage de Dieu dans la campagne brûlante et calme. Des hommes, qui travaillaient au loin, ôtaient leurs grands chapeaux et demeuraient immobiles en attendant que le blanc vêtement eût disparu derrière une ferme ; les femmes qui ramassaient les gerbes se redressaient pour faire le signe de la croix, des poules noires, effrayées, fuyaient le long des fossés en se balançant sur leurs pattes jusqu'au trou, bien connu d'elles, où elles disparaissaient brusquement ; un poulain, attaché dans un pré, prit peur à la vue du surplis et se mit à tourner en rond, au bout de sa corde, en lançant des ruades. L'enfant de chœur, en jupe rouge, allait vite ; et le prêtre, la tête inclinée sur une épaule et coiffé de sa barrette carrée, le suivait en murmurant des prières ; et la Rapet venait derrière, toute penchée, pliée en deux, comme pour se prosterner en marchant, et les mains jointes, comme à l'église.

Honoré, de loin, les vit passer. Il demanda :

« Ousqu'i va, not' curé ? »

Son valet, plus subtil, répondit :

« I porte l' bon Dieu à ta mé, pardi ! »

Le paysan ne s'étonna pas :

« Ça s' peut ben, tout d' même ! »

Et il se remit au travail.

La mère Bontemps se confessa, reçut l'absolution, communia ; et le prêtre s'en revint, laissant seules les deux femmes dans la chaumière étouffante.

Alors la Rapet commença à considérer la mourante, en se demandant si cela durerait longtemps.

Le jour baissait ; l'air plus frais entrait par souffles plus vifs, faisait voltiger contre le mur une image d'Épinal tenue par deux épingles ; les petits rideaux de la fenêtre, jadis blancs, jaunes maintenant et couverts de taches de mouche, avaient l'air de s'envoler, de se débattre, de vouloir partir, comme l'âme de la vieille.

Elle, immobile, les yeux ouverts, semblait attendre avec indifférence la mort si proche qui tardait à venir. Son haleine, courte, sifflait un peu dans sa gorge serrée. Elle s'arrêterait tout à l'heure, et il y aurait sur la terre une femme de moins, que personne ne regretterait.

À la nuit tombante, Honoré rentra. S'étant approché du lit, il vit que sa mère vivait encore, et il demanda :

« Ça va-t-il ? »

Comme il faisait autrefois quand elle était indisposée.

Puis il renvoya la Rapet en lui recommandant :

« D'main, cinq heures, sans faute. »

Elle répondit :

« D'main, cinq heures. »

Elle arriva, en effet, au jour levant.

Honoré, avant de se rendre aux terres, mangeait sa soupe, qu'il avait faite lui-même.

La garde demanda :

« Eh ben, vot' mé a-t-all' passé ? »

Il répondit, avec un pli malin au coin des yeux.

« All' va plutôt mieux. »

Et il s'en alla.

La Rapet, saisie d'inquiétude, s'approcha de l'agonisante, qui demeurait dans le même état, oppressée et impassible, l'œil ouvert et les mains crispées sur sa couverture.

Et la garde comprit que cela pouvait durer deux jours, quatre jours, huit jours ainsi ; et une épouvante étreignit son cœur d'avare, tandis qu'une colère furieuse la soulevait contre ce finaud qui l'avait jouée et contre cette femme qui ne mourait pas.

Elle se mit au travail néanmoins et attendit, le regard fixé sur la face ridée de la mère Bontemps.

Honoré revint pour déjeuner ; il semblait content, presque goguenard ; puis il repartit. Il rentrait son blé, décidément, dans des conditions excellentes.

La Rapet s'exaspérait ; chaque minute écoulée lui semblait, maintenant, du temps volé, de l'argent volé. Elle avait envie, une envie folle de prendre par le cou cette vieille bourrique, cette vieille têtue, cette vieille obstinée, et d'arrêter, en serrant un peu, ce petit souffle rapide qui lui volait son temps et son argent.

Puis elle réfléchit au danger ; et, d'autres idées lui passant par la tête, elle se rapprocha du lit.

Elle demanda :

« Vos avez-t-il déjà vu le diable ? »

La mère Bontemps murmura :

« Non. »

Alors la garde se mit à causer, à lui conter des histoires pour terroriser son âme débile de mourante.

Quelques minutes avant qu'on expirât, le diable apparaissait, disait-elle, à tous les agonisants. Il avait un balai à la main, une marmite sur la tête, et il poussait de grands cris. Quand on l'avait vu, c'était fini, on n'en avait plus que pour peu d'instants. Et elle énumérait tous ceux à qui le diable était apparu devant elle, cette année-là : Joséphin Loisel, Eulalie Ratier, Sophie Padagnau, Séraphine Grospied.

La mère Bontemps, émue enfin, s'agitait, remuait les mains, essayait de tourner la tête pour regarder au fond de la chambre.

Soudain la Rapet disparut au pied du lit. Dans l'armoire, elle prit un drap et s'enveloppa dedans ; elle se coiffa de la marmite, dont les trois pieds courts et courbés se dressaient ainsi que trois cornes ; elle saisit un balai de sa main droite, et, de la main gauche, un seau de fer-blanc, qu'elle jeta brusquement en l'air pour qu'il retombât avec bruit.

Il fit, en heurtant le sol, un fracas épouvantable ; alors, grimpée sur une chaise, la garde souleva le rideau qui pendait au bout du lit, et elle apparut, gesticulant, poussant des clameurs aiguës au fond du pot de fer qui lui cachait la face, et menaçant de son balai, comme un diable de guignol, la vieille paysanne à bout de vie.

Éperdue, le regard fou, la mourante fit un effort surhumain pour se soulever et s'enfuir ; elle sortit même de sa couche ses épaules et sa poitrine ; puis elle retomba avec un grand soupir. C'était fini.

Et la Rapet, tranquillement, remit en place tous les objets, le balai au coin de l'armoire, le drap dedans, la marmite sur le foyer, le seau sur la planche et la chaise contre le mur. Puis, avec les gestes professionnels, elle ferma les yeux énormes de la morte, posa sur le lit une assiette, versa dedans l'eau du bénitier, y trempa le buis cloué sur la commode et, s'agenouillant, se mit à réciter avec ferveur les prières des trépassés qu'elle savait par cœur, par métier.

Et quand Honoré rentra, le soir venu, il la trouva priant, et il calcula tout de suite qu'elle gagnait encore vingt sous sur lui, car elle n'avait passé que trois jours et une nuit, ce qui faisait en tout cinq francs, au lieu de six qu'il lui devait.

La question du latin

CETTE QUESTION DU LATIN, dont on nous abrutit depuis quelque temps, me rappelle une histoire, une histoire de ma jeunesse.

Je finissais mes études chez un marchand de soupe, d'une grande ville du Centre, à l'institution Robineau, célèbre dans toute la province par la force des études latines qu'on y faisait.

Depuis dix ans, l'institution Robineau battait, à tous les concours, le lycée impérial de la ville et tous les collèges des sous-préfectures, et ses succès constants étaient dus, disait-on, à un pion, un simple pion, M. Piquedent, ou plutôt le père Piquedent.

C'était un de ces demi-vieux tout gris, dont il est impossible de connaître l'âge et dont on devine l'histoire à première vue. Entré comme pion à vingt ans dans une institution quelconque, afin de pouvoir pousser ses études jusqu'à la licence ès lettres d'abord, et jusqu'au doctorat ensuite, il s'était trouvé engrené de telle sorte dans cette vie sinistre qu'il était resté pion toute sa vie. Mais son amour pour le latin ne l'avait pas quitté et le harcelait à la façon d'une passion malsaine. Il continuait à lire les poètes, les prosateurs, les historiens, à les interpréter, à les pénétrer, à les commenter, avec une persévérance qui touchait à la manie.

Un jour, l'idée lui vint de forcer tous les élèves de son étude à ne lui répondre qu'en latin ; et il persista dans cette résolution, jusqu'au moment où ils furent capables de soutenir avec lui une conversation entière comme ils l'eussent fait dans leur langue maternelle.

Il les écoutait ainsi qu'un chef d'orchestre écoute répéter ses musiciens, et à tout moment frappant son pupitre de sa règle :

« Monsieur Lefrère, monsieur Lefrère, vous faites un solécisme ! Vous ne vous rappelez donc pas la règle ?... »

« Monsieur Plantel, votre tournure de phrase est toute française et nullement latine. Il faut comprendre le génie d'une langue. Tenez, écoutez-moi... »

Or il arriva que les élèves de l'institution Robineau emportèrent, en fin d'année, tous les prix de thème, version et discours latins.

L'an suivant, le patron, un petit homme rusé comme un singe, dont il avait d'ailleurs le physique grimaçant et grotesque, fit imprimer sur ses programmes, sur ses réclames et peindre sur la porte de son institution :

> Spécialités d'études latines. – Cinq premiers prix remportés dans les cinq classes du lycée.
>
> Deux prix d'honneur au concours général avec tous les lycées et collèges de France.

Pendant dix ans l'institution Robineau triompha de la même façon. Or, mon père, alléché par ces succès, me mit comme externe chez ce Robineau que nous appelions Robinetto ou Robinettino, et me fit prendre des répétitions spéciales avec le père Piquedent, moyennant cinq francs l'heure, sur lesquels le pion touchait deux francs et le patron trois francs. J'avais alors dix-huit ans, et j'étais en philosophie.

Ces répétitions avaient lieu dans une petite chambre qui donnait sur la rue. Il advint que le père Piquedent, au lieu de me parler latin, comme il faisait à l'étude, me raconta ses chagrins en français. Sans parents, sans amis, le pauvre bonhomme me prit en affection et versa dans mon cœur sa misère.

Jamais depuis dix ou quinze ans il n'avait causé seul à seul avec quelqu'un.

« Je suis comme un chêne dans un désert, disait-il. *Sicut quercus in solitudine.* »

Les autres pions le dégoûtaient ; il ne connaissait personne en ville, puisqu'il n'avait aucune liberté pour se faire des relations.

« Pas même les nuits, mon ami, et c'est le plus dur pour moi. Tout mon rêve serait d'avoir une chambre avec mes meubles, mes livres, de petites choses qui m'appartiendraient et auxquelles les autres ne pourraient pas toucher. Et je n'ai rien à moi, rien que ma culotte et ma redingote, rien, pas même mon matelas et mon oreiller ! Je n'ai pas quatre murs où m'enfermer, excepté quand je viens pour donner une leçon dans cette chambre. Comprenez-vous ça, vous, un homme qui passe toute sa vie sans avoir jamais le droit, sans trouver jamais le temps de s'enfermer tout seul, n'importe où, pour penser, pour réfléchir, pour travailler, pour rêver ? Ah ! mon cher, une clef, la clef d'une porte qu'on peut fermer, voilà le bonheur, le voilà, le seul bonheur !

« Ici, pendant le jour, l'étude avec tous ces galopins qui remuent, et, pendant la nuit le dortoir avec ces mêmes galopins, qui ronflent. Et je dors dans un lit public au bout des deux files de ces lits de polissons que je dois surveiller. Je ne peux jamais être seul, jamais ! Si je sors, je trouve la rue pleine de monde, et quand je suis fatigué de marcher, j'entre dans un café plein de fumeurs et de joueurs de billard. Je vous dis que c'est un bagne. »

Je lui demandais :

« Pourquoi n'avez-vous pas fait autre chose, monsieur Piquedent ? »

Il s'écriait :

« Eh quoi, mon petit ami, quoi ? Je ne suis ni bottier, ni menuisier, ni chapelier, ni boulanger, ni coiffeur. Je ne sais que le latin, moi, et je n'ai pas de diplôme qui me permette de le vendre cher. Si j'étais docteur, je vendrais cent francs ce que je vends cent sous ; et je le fournirais sans doute de moins bonne qualité, car mon titre suffirait à soutenir ma réputation. »

Parfois il me disait :

« Je n'ai de repos dans la vie que les heures passées avec vous. Ne craignez rien, vous n'y perdrez pas. À l'étude, je me rattraperai en vous faisant parler deux fois plus que les autres. »

Un jour je m'enhardis, et je lui offris une cigarette. Il me contempla d'abord avec stupeur, puis il regarda la porte

« Si on entrait, mon cher !

– Eh bien, fumons à la fenêtre », lui dis-je.

Et nous allâmes nous accouder à la fenêtre sur la

rue en cachant au fond de nos mains arrondies en coquille les minces rouleaux de tabac.

En face de nous était une boutique de repasseuses : quatre femmes en caraco blanc promenaient sur le linge, étalé devant elles, le fer lourd et chaud qui dégageait une buée.

Tout à coup une autre, une cinquième, portant au bras un large panier qui lui faisait plier la taille, sortit pour aller rendre aux clients leurs chemises, leurs mouchoirs et leurs draps. Elle s'arrêta sur la porte comme si elle eût été fatiguée déjà ; puis elle leva les yeux, sourit en nous voyant fumer, nous jeta, de sa main restée libre, un baiser narquois d'ouvrière insouciante ; et elle s'en alla d'un pas lent, en traînant ses chaussures.

C'était une fille de vingt ans, petite, un peu maigre, pâle, assez jolie, l'air gamin, les yeux rieurs sous des cheveux blonds mal peignés.

Le père Piquedent, ému, murmura :

« Quel métier, pour une femme ! Un vrai métier de cheval. »

Et il s'attendrit sur la misère du peuple. Il avait un cœur exalté de démocrate sentimental et il parlait des fatigues ouvrières avec des phrases de Jean-Jacques Rousseau et des larmoiements dans la gorge.

Le lendemain, comme nous étions accoudés à la même fenêtre, la même ouvrière nous aperçut et nous cria : « Bonjour les écoliers ! » d'une petite voix drôle, en nous faisant la nique avec ses mains.

Je lui jetai une cigarette, qu'elle se mit aussitôt à fumer. Et les quatre autres repasseuses se précipitèrent sur la porte, les mains tendues, afin d'en avoir aussi.

Et, chaque jour, un commerce d'amitié s'établit

entre les travailleuses du dortoir et les fainéants de la pension.

Le père Piquedent était vraiment comique à voir. Il tremblait d'être aperçu, car il aurait pu perdre sa place, et il faisait des gestes timides et farces, toute une mimique d'amoureux sur la scène, à laquelle les femmes répondaient par une mitraille de baisers.

Une idée perfide me germait dans la tête. Un jour, en rentrant dans notre chambre, je dis, tout bas, au vieux pion :

« Vous ne croiriez pas, monsieur Piquedent, j'ai rencontré la petite blanchisseuse ! Vous savez bien, celle au panier, et je lui ai parlé ! »

Il demanda, un peu troublé par le ton que j'avais pris :

« Que vous a-t-elle dit ?

– Elle m'a dit... mon Dieu... elle m'a dit... qu'elle vous trouvait très bien... Au fond, je crois... je crois... qu'elle est un peu amoureuse de vous... »

Je le vis pâlir ; il reprit :

« Elle se moque de moi, sans doute. Ces choses-là n'arrivent pas à mon âge. »

Je dis gravement :

« Pourquoi donc ? Vous êtes très bien ! »

Comme je le sentais touché par ma ruse, je n'insistai pas.

Mais, chaque jour, je prétendis avoir rencontré la petite et lui avoir parlé de lui ; si bien qu'il finit par me croire et par envoyer à l'ouvrière des baisers ardents et convaincus.

Or, il arriva qu'un matin, en me rendant à la pension, je la rencontrai vraiment. Je l'abordai sans hésiter comme si je la connaissais depuis dix ans.

« Bonjour, mademoiselle. Vous allez bien ?

– Fort bien, monsieur, je vous remercie.
– Voulez-vous une cigarette ?
– Oh ! pas dans la rue.
– Vous la fumerez chez vous.
– Alors, je veux bien.
– Dites donc, mademoiselle, vous ne savez pas ?
– Quoi donc, monsieur ?
– Le vieux, mon vieux professeur...
– Le père Piquedent ?
– Oui, le père Piquedent. Vous savez donc son nom ?
– Parbleu ! Eh bien ?
– Eh bien, il est amoureux de vous ! »

Elle se mit à rire comme une folle et s'écria :

« C'te blague !

– Mais non, ce n'est pas une blague. Il me parle de vous tout le temps des leçons. Je parie qu'il vous épousera, moi ! »

Elle cessa de rire. L'idée du mariage rend graves toutes les filles. Puis elle répéta incrédule :

« C'te blague !

– Je vous jure que c'est vrai. »

Elle ramassa son panier posé devant mes pieds :

« Eh bien ! nous verrons », dit-elle.

Et elle s'en alla.

Aussitôt entré à la pension, je pris à part le père Piquedent :

« Il faut lui écrire ; elle est folle de vous. »

Et il écrivit une longue lettre doucement tendre, pleine de phrases et de périphrases, de métaphores et de comparaisons, de philosophie et de galanterie universitaire, un vrai chef-d'œuvre de grâce burlesque, que je me chargeai de remettre à la jeune personne.

Elle la lut avec gravité, avec émotion, puis elle murmura :

« Comme il écrit bien ! On voit qu'il a reçu de l'éducation ! C'est-il vrai qu'il m'épouserait ? »

Je répondis intrépidement :

« Parbleu ! Il en perd la tête.

– Alors il faut qu'il m'invite à dîner dimanche à l'île des Fleurs. »

Je promis qu'elle serait invitée.

Le père Piquedent fut très touché de tout ce que je lui racontai d'elle.

J'ajoutai :

« Elle vous aime, monsieur Piquedent ; et je la crois une honnête fille. Il ne faut pas la séduire et l'abandonner ensuite ! »

Il répondit avec fermeté :

« Moi aussi je suis un honnête homme, mon ami. »

Je n'avais, je l'avoue, aucun projet. Je faisais une farce, une farce d'écolier, rien de plus. J'avais deviné la naïveté du vieux pion, son innocence et sa faiblesse. Je m'amusais sans me demander comment cela tournerait. J'avais dix-huit ans, et je passais pour un madré farceur, au lycée, depuis longtemps déjà.

Donc il fut convenu que le père Piquedent et moi partirions en fiacre jusqu'au bac de la Queue-de-Vache, nous y trouverions Angèle, et je les ferais monter dans mon bateau, car je canotais en ce temps-là. Je les conduirais ensuite à l'île des Fleurs, où nous dînerions tous les trois. J'avais imposé ma présence, pour bien jouir de mon triomphe, et le vieux, acceptant ma combinaison, prouvait bien qu'il perdait la tête en effet en exposant ainsi sa place.

Quand nous arrivâmes au bac, où mon canot était amarré depuis le matin, j'aperçus dans l'herbe, ou plutôt au-dessus des hautes herbes de la berge, une ombrelle rouge énorme, pareille à un coquelicot monstrueux. Sous l'ombrelle nous attendait la petite blanchisseuse endimanchée. Je fus surpris ; elle était vraiment gentille, bien que pâlotte, et gracieuse, bien que d'allure un peu faubourienne.

Le père Piquedent lui tira son chapeau en s'inclinant. Elle lui tendit la main, et ils se regardèrent sans dire un mot. Puis ils montèrent dans mon bateau et je pris les rames.

Ils étaient assis côte à côte, sur le banc d'arrière.

Le vieux parla le premier :

« Voilà un joli temps, pour une promenade en barque. »

Elle murmura :

« Oh ! oui. »

Elle laissait traîner sa main dans le courant, effleurant l'eau de ses doigts, qui soulevaient un mince filet transparent, pareil à une lame de verre. Cela faisait un bruit léger, un gentil clapot, le long du canot.

Quand on fut dans le restaurant, elle retrouva la parole, commanda le dîner : une friture, un poulet et de la salade ; puis elle nous entraîna dans l'île, qu'elle connaissait parfaitement.

Alors elle fut gaie, gamine et même assez moqueuse.

Jusqu'au dessert, il ne fut pas question d'amour. J'avais offert du champagne, et le père Piquedent était gris. Un peu partie elle-même, elle l'appelait :

« Monsieur Piquenez. »

Il dit tout à coup :

« Mademoiselle, monsieur Raoul vous a communiqué mes sentiments. »

Elle devint sérieuse comme un juge.

« Oui, monsieur !

– Y répondez-vous ?

– On ne répond jamais à ces questions-là ! »

Il soufflait d'émotion et reprit :

« Enfin, un jour viendra-t-il où je pourrai vous plaire ? »

Elle sourit :

« Gros bête ! Vous êtes très gentil.

– Enfin, mademoiselle, pensez-vous que plus tard, nous pourrions... ? »

Elle hésita, une seconde ; puis d'une voix tremblante :

« C'est pour m'épouser que vous dites ça ? Car jamais autrement, vous savez ?

– Oui, mademoiselle !

– Eh bien ! ça va, monsieur Piquenez ! »

C'est ainsi que ces deux étourneaux se promirent le mariage, par la faute d'un galopin. Mais je ne croyais pas cela sérieux ; ni eux non plus, peut-être. Une hésitation lui vint à elle :

« Vous savez, je n'ai rien, pas quatre sous. »

Il balbutia, car il était ivre comme Silène :

« Moi, j'ai cinq mille francs d'économies. »

Elle s'écria triomphante :

« Alors nous pourrions nous établir ? »

Il devint inquiet :

« Nous établir quoi ?

– Est-ce que je sais, moi ? Nous verrons. Avec cinq mille francs, on fait bien des choses. Vous ne voulez pas que j'aille habiter dans votre pension, n'est-ce pas ? »

Il n'avait point prévu jusque-là, et il bégayait fort perplexe :

« Nous établir quoi ? Ça n'est pas commode ! Moi je ne sais que le latin ! »

Elle réfléchissait à son tour, passant en revue toutes les professions qu'elle avait ambitionnées.

« Vous ne pourriez pas être médecin ?

– Non, je n'ai pas de diplôme.

– Ni pharmacien ?

– Pas davantage. »

Elle poussa un cri de joie. Elle avait trouvé.

« Alors nous achèterons une épicerie ! Oh ! quelle chance ! nous achèterons une épicerie ! Pas grosse par exemple ; avec cinq mille francs on ne va pas loin. »

Il eut une révolte :

« Non, je ne peux pas être épicier... Je suis... je suis... je suis trop connu... Je ne sais que... que... que le latin... moi... »

Mais elle lui enfonçait dans la bouche un verre plein de champagne. Il but et se tut.

Nous remontâmes dans le bateau. La nuit était noire, très noire. Je vis bien, cependant, qu'ils se tenaient par la taille et qu'ils s'embrassèrent plusieurs fois.

Ce fut une catastrophe épouvantable. Notre escapade, découverte, fit chasser le père Piquedent. Et mon père, indigné, m'envoya finir ma philosophie dans la pension Ribaudet.

Je passai mon bachot six semaines plus tard. Puis j'allai à Paris faire mon droit ; et je ne revins dans ma ville natale qu'après deux ans.

Au détour de la rue du Serpent une boutique m'accrocha l'œil. On lisait : Produits coloniaux

Piquedent. Puis dessous, afin de renseigner les plus ignorants : Épicerie.

Je m'écriai :

« *Quantum mutatus ab illo !* »

Il leva la tête, lâcha sa cliente et se précipita sur moi les mains tendues.

« Ah ! mon jeune ami, mon jeune ami, vous voici ! Quelle chance ! Quelle chance ! »

Une belle femme, très ronde, quitta brusquement le comptoir et se jeta sur mon cœur. J'eus de la peine à la reconnaître tant elle avait engraissé.

Je demandai :

« Alors ça va ? »

Piquedent s'était remis à peser :

« Oh ! très bien, très bien, très bien. J'ai gagné trois mille francs nets, cette année !

– Et le latin, monsieur Piquedent ?

– Oh ! mon Dieu, le latin, le latin, le latin, voyez-vous, il ne nourrit pas les hommes ! »

Le rosier de Mme Husson

NOUS VENIONS DE PASSER GISORS, où je m'étais réveillé en entendant le nom de la ville crié par les employés, et j'allais m'assoupir de nouveau, quand une secousse épouvantable me jeta sur la grosse dame qui me faisait vis-à-vis.

Une roue s'était brisée à la machine qui gisait en travers de la voie. Le tender et le wagon de bagages, déraillés aussi, s'étaient couchés à côté de cette mourante qui râlait, geignait, sifflait, soufflait, crachait, ressemblait à ces chevaux tombés dans la rue, dont le flanc bat, dont la poitrine palpite, dont les naseaux fument et dont tout le corps frissonne, mais qui ne paraissent plus capables du moindre effort pour se relever et se remettre à marcher.

Il n'y avait ni morts ni blessés, quelques contusionnés seulement, car le train n'avait pas encore repris son élan, et nous regardions, désolés, la grosse bête de fer estropiée, qui ne pourrait plus nous traîner et qui barrait la route pour longtemps peut-être, car il faudrait sans doute faire venir de Paris un train de secours.

Il était alors dix heures du matin, et je me décidai tout de suite à regagner Gisors pour y déjeuner.

Tout en marchant sur la voie, je me disais : « Gisors, Gisors, mais je connais quelqu'un ici. Qui donc ? Gisors ? Voyons, j'ai un ami dans cette ville. » Un nom soudain jaillit dans mon souvenir : « Albert Marambot. » C'était un ancien camarade de collège, que je n'avais pas vu depuis douze ans au moins, et qui exerçait à Gisors la profession de médecin. Souvent il m'avait écrit pour m'inviter ; j'avais toujours promis, sans tenir. Cette fois enfin je profiterais de l'occasion.

Je demandai au premier passant : « Savez-vous où demeure M. le docteur Marambot ? »

Il répondit sans hésiter, avec l'accent traînard des Normands : « Rue Dauphine. » J'aperçus en effet, sur la porte de la maison indiquée, une grande plaque de cuivre où était gravé le nom de mon ancien camarade. Je sonnai ; mais la servante, une fille à cheveux jaunes, aux gestes lents, répétait d'un air stupide : « I y est paas, i y est paas. »

J'entendais un bruit de fourchettes et de verres, et je criai : « Hé ! Marambot. » Une porte s'ouvrit, et un gros homme à favoris parut, l'air mécontent, une serviette à la main.

Certes, je ne l'aurais pas reconnu. On lui aurait donné quarante-cinq ans au moins, et, en une seconde, toute la vie de province m'apparut, qui alourdit, épaissit et vieillit. Dans un seul élan de ma pensée, plus rapide que mon geste pour lui tendre la main, je connus son existence, sa manière d'être, son genre d'esprit et ses théories sur le monde. Je devinai les longs repas qui avaient arrondi son ventre, les somnolences après dîner, dans la torpeur d'une lourde digestion arrosée de cognac, et les vagues regards jetés sur les malades avec la pensée de la poule rôtie qui tourne devant le feu. Ses conversations sur la cuisine, sur le cidre, l'eau-de-vie et le vin, sur la manière de cuire certains plats et de bien lier certaines sauces me furent révélées, rien qu'en apercevant l'empâtement rouge de ses joues, la lourdeur de ses lèvres, l'éclat morne de ses yeux.

Je lui dis : « Tu ne me reconnais pas. Je suis Raoul Aubertin. »

Il ouvrit les bras et faillit m'étouffer, et sa première phrase fut celle-ci :

«Tu n'as pas déjeuné, au moins ?

– Non.

– Quelle chance ! je me mets à table et j'ai une excellente truite. »

Cinq minutes plus tard je déjeunais en face de lui.

Je lui demandai :

« Tu es resté garçon !

– Parbleu !

– Et tu t'amuses ici ?

– Je ne m'ennuie pas, je m'occupe. J'ai des malades, des amis. Je mange bien, je me porte bien, j'aime à rire et chasser. Ça va.

– La vie n'est pas trop monotone dans cette petite ville ?

– Non, mon cher, quand on sait s'occuper. Une petite ville, en somme, c'est comme une grande. Les événements et les plaisirs y sont moins variés, mais on leur prête plus d'importance ; les relations y sont moins nombreuses, mais on se rencontre plus souvent. Quand on connaît toutes les fenêtres d'une rue, chacune d'elles vous occupe et vous intrigue davantage qu'une rue entière à Paris.

« C'est très amusant, une petite ville, tu sais, très amusant, très amusant. Tiens, celle-ci, Gisors, je la connais sur le bout du doigt depuis son origine jusqu'à aujourd'hui. Tu n'as pas idée comme son histoire est drôle.

– Tu es de Gisors ?

– Moi ? Non. Je suis de Gournay, sa voisine et sa rivale. Gournay est à Gisors ce que Lucullus était à Cicéron. Ici, tout est pour la gloire, on dit : "Les orgueilleux de Gisors." À Gournay, tout est pour le ventre, on dit : "Les mâqueux de Gournay." Gisors méprise Gournay, mais Gournay rit de Gisors. C'est très comique, ce pays-ci. »

Je m'aperçus que je mangeais quelque chose de vraiment exquis, des œufs mollets enveloppés dans un fourreau de gelée de viande aromatisée aux herbes et légèrement saisie dans la glace.

Je dis en claquant la langue pour flatter Marambot : « Bon, ceci. »

Il sourit : « Deux choses nécessaires, de la bonne gelée, difficile à obtenir, et de bons œufs. Oh ! les bons œufs, que c'est rare, avec le jaune un peu rouge, bien savoureux ! Moi, j'ai deux basses-cours, une pour l'œuf, l'autre pour la volaille. Je nourris mes pondeuses d'une manière spéciale. J'ai mes idées. Dans l'œuf comme dans la chair du poulet, du bœuf ou du mouton, dans le lait, dans tout, on retrouve et on doit goûter le suc, la quintessence des nourritures antérieures de la bête. Comme on pourrait mieux manger si on s'occupait davantage de cela ! »

Je riais.

« Tu es donc gourmand ?

– Parbleu ! Il n'y a que les imbéciles qui ne soient pas gourmands. On est gourmand comme on est artiste, comme on est instruit, comme on est poète. Le goût, mon cher, c'est un organe délicat, perfectible et respectable comme l'œil et l'oreille. Manquer de goût, c'est d'être privé d'une faculté exquise, de la faculté de discerner la qualité des aliments, comme on peut être privé de celle de discerner les qualités d'un livre ou d'une œuvre d'art ; c'est être privé d'un sens essentiel, d'une partie de la supériorité humaine ; c'est appartenir à une des innombrables classes d'infirmes, de disgraciés et de sots dont se compose notre race ; c'est avoir la bouche bête, en un mot, comme on a l'esprit bête. Un homme qui ne distingue pas une langouste d'un homard, un hareng, cet admirable poisson qui porte en lui toutes les saveurs, tous les arômes de la mer, d'un maquereau ou d'un merlan, et une poire crassane d'une duchesse, est comparable à celui qui confondrait Balzac avec Eugène Sue, une symphonie de Beethoven avec une marche militaire d'un chef de musique de régiment, et l'*Apollon du Belvédère* avec la statue du général de Blanmont !

– Qu'est-ce donc que le général de Blanmont ?

– Ah ! c'est vrai, tu ne sais pas. On voit bien que tu n'es point de Gisors ? Mon cher, je t'ai dit tout à l'heure qu'on appelait les habitants de cette ville les "orgueilleux de Gisors" et jamais épithète ne fut mieux méritée. Mais déjeunons d'abord, et je te parlerai de notre ville en te la faisant visiter. »

Il cessait de parler de temps en temps pour boire lentement un demi-verre de vin qu'il regardait avec tendresse en le reposant sur la table.

Une serviette nouée au col, les pommettes rouges, l'œil excité, les favoris épanouis autour de sa bouche en travail, il était amusant à voir.

Il me fit manger jusqu'à la suffocation. Puis, comme je voulais regagner la gare, il me saisit le bras et m'entraîna par les rues. La ville, d'un joli caractère provincial, dominée par sa forteresse, le plus curieux monument de l'architecture militaire du XIIe siècle qui soit en France, domine à son tour une longue et verte vallée où les lourdes vaches de Normandie broutent et ruminent dans les pâturages.

Le docteur me dit : « Gisors, ville de quatre mille habitants, aux confins de l'Eure, mentionnée déjà dans les *Commentaires* de Jules César : *Cæsaris ostium*, puis *Cæsartium*, *Cæsortium*, *Gisortium*, *Gisors*. Je ne te mènerai pas visiter le campement de l'armée romaine dont les traces sont encore très visibles. »

Je riais et je répondis : « Mon cher, il me semble que tu es atteint d'une maladie spéciale que tu devrais étudier, toi médecin, et qu'on appelle l'esprit de clocher. »

Il s'arrêta net : « L'esprit de clocher, mon ami, n'est pas autre chose que le patriotisme naturel. J'aime ma maison, ma ville et ma province par extension, parce que j'y trouve encore les habitudes de mon village ; mais si j'aime la frontière, si je la défends, si je me fâche quand le voisin y met le pied, c'est parce que je me sens déjà menacé dans ma maison, parce que la frontière que je ne connais pas est le chemin de ma province. Ainsi moi, je suis normand, un vrai Normand ; eh bien, malgré ma rancune contre l'Allemand et mon désir de vengeance, je ne le déteste pas, je ne le hais pas d'instinct comme je hais l'Anglais, l'ennemi véritable, l'ennemi héréditaire, l'ennemi naturel du Normand, parce que l'Anglais a passé sur ce sol habité par mes aïeux, l'a pillé et ravagé vingt fois, et que l'aversion de ce peuple perfide m'a été transmise avec la vie par mon père... Tiens, voici la statue du général.

– Quel général ?

– Le général de Blanmont ! Il nous fallait une statue. Nous ne sommes pas pour rien les orgueilleux de Gisors ! Alors nous avons découvert le général de Blanmont. Regarde donc la vitrine de ce libraire. »

Il m'entraîna vers la devanture d'un libraire où une quinzaine de volumes jaunes, rouges ou bleus attiraient l'œil.

En lisant les titres, un rire fou me saisit ; c'étaient : *Gisors, ses origines, son avenir,* par M. X..., membre de plusieurs sociétés savantes ; *Histoire de Gisors,* par l'abbé A... ; *Gisors, de César à nos jours,* par M. B..., propriétaire ; *Gisors et ses environs,* par le docteur C. D... ; *Les Gloires de Gisors,* par un chercheur.

« Mon cher, reprit Marambot, il ne se passe pas une année, pas une année, tu entends bien, sans que paraisse ici une nouvelle histoire de Gisors ; nous en avons vingt-trois.

– Et les gloires de Gisors ? demandai-je.

– Oh ! je ne te les dirai pas toutes, je te parlerai seulement des principales. Nous avons eu d'abord le général de Blanmont, puis le baron Davillier, le célèbre céramiste qui fut l'explorateur de l'Espagne et des Baléares et révéla aux collectionneurs les admirables faïences hispano-arabes. Dans les lettres, un journaliste de grand mérite, mort aujourd'hui, Charles Brainne, et parmi les bien vivants le très éminent directeur du *Nouvelliste de Rouen,* Charles Lapierre... et encore beaucoup d'autres, beaucoup d'autres... »

Nous suivions une longue rue, légèrement en pente, chauffée d'un bout à l'autre par le soleil de juin, qui avait fait rentrer chez eux les habitants.

Tout à coup, à l'autre bout de cette voie, un homme apparut, un ivrogne qui titubait.

Il arrivait, la tête en avant, les bras ballants, les jambes molles, par périodes de trois, six ou dix pas rapides, que suivait toujours un repos. Quand son élan énergique et court l'avait porté au milieu de la rue, il s'arrêtait net et se balançait sur ses pieds, hésitant entre la chute et une nouvelle crise d'énergie. Puis il repartait brusquement dans une direction quelconque. Il venait alors heurter une maison sur laquelle il semblait se coller, comme s'il voulait entrer dedans, à travers le mur. Puis il se retournait d'une secousse et regardait devant lui, la bouche ouverte, les yeux clignotants sous le soleil, puis d'un coup de reins, détachant son dos de la muraille, il se remettait en route.

Un petit chien jaune, un roquet famélique, le suivait en aboyant, s'arrêtant quand il s'arrêtait, repartant quand il repartait.

« Tiens, dit Marambot, voilà le rosier de Mme Husson. »

Je fus très surpris et je demandai : « Le rosier de Mme Husson, qu'est-ce que tu veux dire par là ? »

Le médecin se mit à rire.

« Oh ! c'est une manière d'appeler les ivrognes que nous avons ici. Cela vient d'une vieille histoire passée maintenant à l'état de légende, bien qu'elle soit vraie en tous points.

– Est-elle drôle, ton histoire ?

– Très drôle.

– Alors, raconte-la.

– Très volontiers. »

Il y avait autrefois dans cette ville une vieille dame, très vertueuse et protectrice de la vertu, qui s'appelait Mme Husson. Tu sais, je te dis les noms véritables et pas des noms de fantaisie. Mme Husson s'occupait particulièrement des bonnes œuvres, de secourir les pauvres et d'encourager les méritants. Petite, trottant court, ornée d'une perruque de soie noire, cérémonieuse, polie, en fort bons termes avec le bon Dieu représenté par l'abbé Malou, elle avait une horreur profonde, une horreur native du vice, et surtout du vice que l'Église appelle luxure. Les grossesses avant mariage la mettaient hors d'elle, l'exaspéraient jusqu'à la faire sortir de son caractère.

Or c'était l'époque où l'on couronnait des rosières aux environs de Paris, et l'idée vint à Mme Husson d'avoir une rosière à Gisors.

Elle s'en ouvrit à l'abbé Malou, qui dressa aussitôt une liste de candidates.

Mais Mme Husson était servie par une bonne, par une vieille bonne nommée Françoise, aussi intraitable que sa patronne.

Dès que le prêtre fut parti, la maîtresse appela sa servante et lui dit :

« Tiens, Françoise, voici les filles que me propose M. le curé pour le prix de vertu ; tâche de savoir ce qu'on pense d'elles dans le pays. »

Et Françoise se mit en campagne. Elle recueillit tous les potins, toutes les histoires, tous les propos, tous les soupçons. Pour ne rien oublier, elle écrivait cela avec la dépense, sur son livre de cuisine et le remettait chaque matin à Mme Husson, qui pouvait lire, après avoir ajusté ses lunettes sur son nez mince :

Pain .... quatre sous
Lait .... deux sous
Beurre .... huit sous

Malvina Levesque s'a dérangé l'an dernier avec Mathurin Poilu.

Un gigot .... vingt-cinq sous
Sel .... un sou

Rosalie Vatinel qu'a été rencontrée dans le boi Riboudet avec Césaire Piénoir par Mme Onésime repasseuse, le vingt juillet à la brune.

Radis .... un sou
Vinaigre .... deux sous
Sel d'oseille .... deux sous

Joséphine Durdent qu'on ne croit pas qu'al a fauté nonobstant qu'al est en correspondance avec le fil Oportun qu'est en service à Rouen et qui lui a envoyé un bonet en cado par la diligence.

Pas une ne sortit intacte de cette enquête scrupuleuse. Françoise interrogeait tout le monde, les voisins, les fournisseurs, l'instituteur, les sœurs de l'école et recueillait les moindres bruits.

Comme il n'est pas une fille dans l'univers sur qui les commères n'aient jasé, il ne se trouva pas dans le pays une seule jeune personne à l'abri d'une médisance.

Or Mme Husson voulait que la rosière de Gisors, comme la femme de César, ne fût même pas soupçonnée, et elle demeurait désolée, désespérée, devant le livre de cuisine de sa bonne.

On élargit alors le cercle des perquisitions jusqu'aux villages environnants ; on ne trouva rien.

Le maire fut consulté. Ses protégées échouèrent.

Celles du Dr Barbesol n'eurent pas plus de succès, malgré la précision de ses garanties scientifiques.

Or, un matin, Françoise, qui rentrait d'une course, dit à sa maîtresse :

« Voyez-vous, madame, si vous voulez couronner quelqu'un, n'y a qu'Isidore dans la contrée. »

Mme Husson resta rêveuse.

Elle le connaissait bien, Isidore, le fils de Virginie la fruitière. Sa chasteté proverbiale faisait la joie de Gisors depuis plusieurs années déjà, servait de thème plaisant aux conversations de la ville et d'amusement pour les filles qui s'égayaient à le taquiner. Âgé de vingt ans passés, grand, gauche, lent et craintif, il aidait sa mère dans son commerce et passait ses jours à éplucher des fruits ou des légumes, assis sur une chaise devant la porte.

Il avait une peur maladive des jupons qui lui faisait baisser les yeux dès qu'une cliente le regardait en souriant, et cette timidité bien connue le rendait le jouet de tous les espiègles du pays.

Les mots hardis, les gauloiseries, les allusions graveleuses le faisaient rougir si vite que le Dr Barbesol l'avait surnommé le thermomètre de la pudeur. Savait-il ou ne savait-il pas ? se demandaient les voisins, les malins. Était-ce le simple pressentiment de mystères ignorés et honteux, ou bien l'indignation pour les vils contacts ordonnés par l'amour qui semblait émouvoir si fort le fils de la fruitière Virginie ? Les galopins du pays, en courant devant sa boutique, hurlaient des ordures à pleine bouche afin de le voir baisser les yeux ; les filles s'amusaient à passer et repasser devant lui en chuchotant des polissonneries qui le faisaient rentrer dans la maison. Les plus hardies le provoquaient ouvertement, pour rire, pour s'amuser, lui donnaient des rendez-vous, lui proposaient un tas de choses abominables.

Donc Mme Husson était devenue rêveuse.

Certes, Isidore était un cas de vertu exceptionnel, notoire, inattaquable. Personne, parmi les plus sceptiques, parmi les plus incrédules, n'aurait pu, n'aurait osé soupçonner Isidore de la plus légère infraction à une loi quelconque de la morale. On ne l'avait jamais vu non plus dans un café, jamais rencontré le soir dans les rues. Il se couchait à huit heures et se levait à quatre. C'était une perfection, une perle.

Cependant Mme Husson hésitait encore. L'idée de substituer un rosier à une rosière la troublait, l'inquiétait un peu, et elle se résolut à consulter l'abbé Malou.

L'abbé Malou répondit : « Qu'est-ce que vous désirez récompenser, madame ? C'est la vertu, n'est-ce pas, et rien que la vertu.

« Que vous importe, alors, qu'elle soit mâle ou femelle ! La vertu est éternelle, elle n'a pas de patrie et pas de sexe : elle est *la Vertu.* »

Encouragée ainsi, Mme Husson alla trouver le maire.

Il approuva tout à fait. « Nous ferons une belle cérémonie, dit-il. Et une autre année, si nous trouvons une femme aussi digne qu'Isidore nous couronnerons une femme. C'est même là un bel exemple que nous donnerons à Nanterre. Ne soyons pas exclusifs, accueillons tous les mérites. »

Isidore, prévenu, rougit très fort et sembla content.

Le couronnement fut donc fixé au 15 août, fête de la Vierge Marie et de l'empereur Napoléon.

La municipalité avait décidé de donner un grand

éclat à cette solennité et on avait disposé l'estrade sur les Couronneaux, charmant prolongement des remparts de la vieille forteresse où je te mènerai tout à l'heure.

Par une naturelle révolution de l'esprit public, la vertu d'Isidore, bafouée jusqu'à ce jour, était devenue soudain respectable et enviée depuis qu'elle devait lui rapporter cinq cents francs, plus un livret de caisse d'épargne, une montagne de considération et de la gloire à revendre. Les filles maintenant regrettaient leur légèreté, leurs rires, leurs allures libres ; et Isidore, bien que toujours modeste et timide, avait pris un petit air satisfait qui disait sa joie intérieure.

Dès la veille du 15 août, toute la rue Dauphine était pavoisée de drapeaux. Ah ! j'ai oublié de te dire à la suite de quel événement cette voie avait été appelée rue Dauphine.

Il paraîtrait que la Dauphine, une dauphine, je ne sais plus laquelle, visitant Gisors, avait été tenue si longtemps en représentation par les autorités, que, au milieu d'une promenade triomphale à travers la ville, elle arrêta le cortège devant une des maisons de cette rue et s'écria : « Oh ! la jolie habitation, comme je voudrais la visiter ! À qui donc appartient-elle ? » On lui nomma le propriétaire, qui fut cherché, trouvé et amené, confus et glorieux, devant la princesse.

Elle descendit de voiture, entra dans la maison, prétendit la connaître du haut en bas et resta même enfermée quelques instants seule dans une chambre.

Quand elle ressortit, le peuple, flatté de l'honneur fait à un citoyen de Gisors, hurla : « Vive la Dauphine ! » Mais une chansonnette fut rimée par un farceur, et la rue garda le nom de l'altesse royale, car :

La princesse très pressée,
Sans cloche, prêtre ou bedeau,
L'avait, avec un peu d'eau,
Baptisée.

Mais je reviens à Isidore.

On avait jeté des fleurs tout le long du parcours du cortège, comme on fait aux processions de la Fête-Dieu, et la garde nationale était sur pied, sous les ordres de son chef, le commandant Desbarres, un vieux solide de la Grande Armée qui montrait avec orgueil, à côté du cadre contenant la croix d'honneur donnée par l'Empereur lui-même, la barbe d'un cosaque cueillie d'un seul coup de sabre au menton de son propriétaire par le commandant, pendant la retraite de Russie.

Le corps qu'il commandait était d'ailleurs un corps d'élite célèbre dans toute la province, et la compagnie des grenadiers de Gisors se voyait appelée à toutes les fêtes mémorables dans un rayon de quinze à vingt lieues. On raconte que le roi Louis-Philippe, passant en revue les milices de l'Eure, s'arrêta émerveillé devant la compagnie de Gisors, et s'écria : « Oh ! quels sont ces beaux grenadiers ?

– Ceux de Gisors, répondit le général.

– J'aurais dû m'en douter », murmura le roi.

Le commandant Desbarres s'en vint donc avec ses hommes, musique en tête, chercher Isidore dans la boutique de sa mère.

Après un petit air joué sous ses fenêtres, le Rosier lui-même apparut sur le seuil.

Il était vêtu de coutil blanc des pieds à la tête, et

coiffé d'un chapeau de paille qui portait, comme cocarde, un petit bouquet de fleurs d'oranger.

Cette question du costume avait beaucoup inquiété Mme Husson, qui hésita longtemps entre la veste noire des premiers communiants et le complet tout à fait blanc. Mais Françoise, sa conseillère, la décida pour le complet blanc en faisant voir que le Rosier aurait l'air d'un cygne.

Derrière lui parut sa protectrice, sa marraine, Mme Husson triomphante. Elle prit son bras pour sortir, et le maire se plaça de l'autre côté du Rosier. Les tambours battaient. Le commandant Desbarres commanda : « Présentez armes ! » Le cortège se remit en marche vers l'église, au milieu d'un immense concours de peuple venu de toutes les communes voisines.

Après une courte messe et une allocution touchante de l'abbé Malou, on repartit vers les Couronneaux où le banquet était servi sous une tente.

Avant de se mettre à table, le maire prit la parole. Voici son discours textuel. Je l'ai appris par cœur, car il est beau :

« Jeune homme, une femme de bien, aimée des pauvres et respectée des riches, Mme Husson, que le pays tout entier remercie ici, par ma voix, a eu la pensée, l'heureuse et bienfaisante pensée, de fonder en cette ville un prix de vertu qui serait un précieux encouragement offert aux habitants de cette belle contrée.

« Vous êtes, jeune homme, le premier élu, le premier couronné de cette dynastie de la sagesse et de la chasteté. Votre nom restera en tête de cette liste des plus méritants ; et il faudra que votre vie, comprenez-le bien, que votre vie tout entière réponde à cet heureux commencement. Aujourd'hui, en face de cette noble femme qui récompense votre conduite, en face de ces soldats-citoyens qui ont pris les armes en votre honneur, en face de cette population émue, réunie pour vous acclamer, ou plutôt pour acclamer en vous la vertu, vous contractez l'engagement solennel envers la ville, envers nous tous, de donner jusqu'à votre mort l'excellent exemple de votre jeunesse.

« Ne l'oubliez point, jeune homme. Vous êtes la première graine jetée dans ce champ de l'espérance, donnez-nous les fruits que nous attendons de vous. »

Le maire fit trois pas, ouvrit les bras et serra contre son cœur Isidore qui sanglotait.

Il sanglotait, le Rosier, sans savoir pourquoi, d'émotion confuse, d'orgueil, d'attendrissement vague et joyeux.

Puis le maire lui mit dans une main une bourse de soie où sonnait de l'or, cinq cents francs en or !... et dans l'autre un livret de caisse d'épargne. Et il prononça d'une voix solennelle : « Hommage, gloire et richesse à la vertu. »

Le commandant Desbarres hurlait : « Bravo ! » Les grenadiers vociféraient, le peuple applaudit.

À son tour Mme Husson s'essuya les yeux.

Puis on prit place autour de la table où le banquet était servi.

Il fut interminable et magnifique. Les plats suivaient les plats ; le cidre jaune et le vin rouge fraternisaient dans les verres voisins et se mêlaient dans les estomacs. Les chocs d'assiettes, les voix et la musique qui jouait en sourdine faisaient une rumeur continue, profonde, s'éparpillant dans le ciel clair où volaient les hirondelles. Mme Husson rajustait par moments sa perruque de soie noire chavirée sur une oreille et causait avec l'abbé Malou. Le maire, excité, parlait politique avec le commandant Desbarres, et Isidore mangeait, Isidore buvait, comme il n'avait jamais bu et mangé ! Il prenait et reprenait de tout, s'apercevant pour la première fois qu'il est doux de sentir son ventre s'emplir de bonnes choses qui font plaisir d'abord en passant dans la bouche. Il avait desserré adroitement la boucle de son pantalon qui le serrait sous la pression croissante de son bedon, et silencieux, un peu inquiété cependant par une tache de vin tombée sur son veston de coutil, il cessait de mâcher pour porter son verre à sa bouche, et l'y garder le plus possible, car il goûtait avec lenteur.

L'heure des toasts sonna. Ils furent nombreux et très applaudis. Le soir venait ; on était à table depuis midi. Déjà flottaient dans la vallée les vapeurs fines et laiteuses, léger vêtement de nuit des ruisseaux et des prairies ; le soleil touchait à l'horizon ; les vaches beuglaient au loin dans les brumes des pâturages. C'était fini : on redescendait vers Gisors. Le cortège, rompu maintenant, marchait en débandade. Mme Husson avait pris le bras d'Isidore et lui faisait des recommandations nombreuses, pressantes, excellentes.

Ils s'arrêtèrent devant la porte de la fruitière, et le Rosier fut laissé chez sa mère.

Elle n'était point rentrée. Invitée par sa famille à célébrer aussi le triomphe de son fils, elle avait déjeuné chez sa sœur, après avoir suivi le cortège jusqu'à la tente du banquet.

Donc Isidore resta seul dans la boutique où pénétrait la nuit.

Il s'assit sur une chaise, agité par le vin et par l'orgueil, et regarda autour de lui. Les carottes, les choux, les oignons répandaient dans la pièce fermée leur forte senteur de légumes, leurs arômes jardiniers et rudes, auxquels se mêlaient une douce et pénétrante odeur de fraises et le parfum léger, le parfum fuyant d'une corbeille de pêches.

Le Rosier en prit une et la mangea à pleines dents, bien qu'il eût le ventre rond comme une citrouille. Puis tout à coup, affolé de joie, il se mit à danser ; et quelque chose sonna dans sa veste.

Il fut surpris, enfonça ses mains en ses poches et ramena la bourse aux cinq cents francs qu'il avait oubliée dans son ivresse ! Cinq cents francs ! quelle fortune ! Il versa les louis sur le comptoir et les étala d'une lente caresse de sa main grande ouverte pour les voir tous en même temps. Il y en avait vingt-cinq, vingt-cinq pièces rondes, en or ! toutes en or ! Elles brillaient sur le bois dans l'ombre épaissie, et il les comptait et les recomptait, posant le doigt sur chacune et murmurant : « Une, deux, trois, quatre, cinq, – cent ; – six, sept, huit, neuf dix, – deux cents ; puis il les remit dans la bourse qu'il cacha de nouveau dans sa poche.

Qui saura et qui pourra dire le combat terrible livré dans l'âme du Rosier entre le mal et le bien, l'attaque tumultueuse de Satan, ses ruses, les tentations qu'il jeta en ce cœur timide et vierge ? Quelles suggestions, quelles images, quelles convoitises inventa le Malin pour émouvoir et perdre cet élu ? Il saisit son chapeau, l'élu de Mme Husson, son chapeau qui portait encore le petit bouquet de fleurs d'oranger, et, sortant par la ruelle derrière la maison, il disparut dans la nuit.

. . . .

La fruitière Virginie, prévenue que son fils était rentré, revint presque aussitôt et trouva la maison vide. Elle attendit, sans s'étonner d'abord ; puis, au bout d'un quart d'heure, elle s'informa. Les voisins de la rue Dauphine avaient vu entrer Isidore et ne l'avaient point vu ressortir. Donc on le chercha : on ne le découvrit point. La fruitière, inquiète, courut à la mairie : le maire ne savait rien, sinon qu'il avait laissé le Rosier devant sa porte. Mme Husson venait de se coucher quand on l'avertit que son protégé avait disparu. Elle remit aussitôt sa perruque, se leva et vint elle-même chez Virginie. Virginie, dont l'âme populaire avait l'émotion rapide, pleurait toutes ses larmes au milieu de ses choux, de ses carottes et de ses oignons.

On craignait un accident. Lequel ? Le commandant Desbarres prévint la gendarmerie qui fit une ronde autour de la ville ; et on trouva, sur la route de Pontoise, le petit bouquet de fleurs d'oranger. Il fut placé sur une table autour de laquelle délibéraient les autorités. Le Rosier avait dû être victime d'une ruse, d'une machination, d'une jalousie ; mais comment ? Quel moyen avait-on employé pour enlever cet innocent, et dans quel but ?

Las de chercher sans trouver, les autorités se couchèrent. Virginie seule veilla dans les larmes.

Or, le lendemain soir, quand passa, à son retour, la diligence de Paris, Gisors apprit avec stupeur que son Rosier avait arrêté la voiture à deux cents mètres du pays, était monté, avait payé sa place en donnant un louis dont on lui remit la monnaie, et qu'il était descendu tranquillement dans le cœur de la grande ville.

L'émotion devint considérable dans le pays. Des lettres furent échangées entre le maire et le chef de la police parisienne, mais n'amenèrent aucune découverte.

Les jours suivaient les jours, la semaine s'écoula.

Or, un matin, le Dr Barbesol, sorti de bonne heure, aperçut, assis sur le seuil d'une porte, un homme vêtu de toile grise, et qui dormait la tête contre le mur. Il s'approcha et reconnut Isidore. Voulant le réveiller, il n'y put parvenir. L'ex-Rosier dormait d'un sommeil profond, invincible, inquiétant, et le médecin, surpris, alla requérir de l'aide afin de porter le jeune homme à la pharmacie Boncheval. Lorsqu'on le souleva, une bouteille vide apparut, cachée sous lui, et, l'ayant flairée, le docteur déclara qu'elle avait contenu de l'eau-de-vie. C'était un indice qui servit pour les soins à donner. Ils réussirent. Isidore était ivre, ivre et abruti par huit jours de soûlerie, ivre et dégoûtant à n'être pas touché par un chiffonnier. Son beau costume de coutil blanc était devenu une loque grise, jaune, graisseuse, fangeuse, déchiquetée, ignoble ; et sa personne sentait toutes sortes d'odeurs d'égout, de ruisseau et de vice.

Il fut lavé, sermonné, enfermé, et pendant quatre jours ne sortit point. Il semblait honteux et repentant. On n'avait retrouvé sur lui ni la bourse aux cinq cents francs, ni le livret de caisse d'épargne, ni même sa montre d'argent, héritage sacré laissé par son père le fruitier.

Le cinquième jour, il se risqua dans la rue Dauphine. Les regards curieux le suivaient et il allait le long des maisons la tête basse, les yeux fuyants. On le perdit de vue à la sortie du pays vers la vallée ; mais deux heures plus tard il reparut, ricanant et se heurtant aux murs. Il était ivre, complètement ivre.

Rien ne le corrigea.

Chassé par sa mère, il devint charretier et conduisit les voitures de charbon de la maison Pougrisel, qui existe encore aujourd'hui.

Sa réputation d'ivrogne devint si grande, s'étendit si loin, qu'à Évreux même on parlait du Rosier de Mme Husson, et les pochards du pays ont conservé ce surnom.

Un bienfait n'est jamais perdu.

....

Le Dr Marambot se frottait les mains en terminant son histoire. Je lui demandai :

« As-tu connu le Rosier, toi ?

– Oui, j'ai eu l'honneur de lui fermer les yeux.

– De quoi est-il mort ?

– Dans une crise de *delirium tremens*, naturellement. »

Nous étions arrivés près de la vieille forteresse, amas de murailles ruinées que dominent l'énorme tour Saint-Thomas-de-Cantorbéry et la tour dite du Prisonnier.

Marambot me conta l'histoire de ce prisonnier qui, au moyen d'un clou, couvrit de sculptures les murs de son cachot, en suivant les mouvements du soleil à travers la fente étroite d'une meurtrière.

Puis j'appris que Clotaire II avait donné le patrimoine de Gisors à son cousin saint Romain, évêque de Rouen, que Gisors cessa d'être la capitale de tout le Vexin après le traité de Saint-Clair-sur-Epte, que la ville est le premier point stratégique de toute cette partie de la France et qu'elle fut, par suite de cet avantage, prise et reprise un nombre infini de fois. Sur l'ordre de Guillaume le Roux, le célèbre ingénieur Robert de Bellesme y construisit une puissante forteresse attaquée plus tard par Louis le Gros, puis par les barons normands, défendue par Robert de Candos, cédée enfin à Louis le Gros par Geoffroy Plantagenêt, reprise par les Anglais à la suite d'une trahison des Templiers, disputée entre Philippe Auguste et Richard Cœur de Lion, brûlée par Édouard III d'Angleterre qui ne put prendre le château, enlevée de nouveau par les Anglais en 1419, rendue plus tard à Charles VII par Richard de Marbury, prise par le duc de Calabre, occupée par la Ligue, habitée par Henri IV, etc., etc.

Et Marambot, convaincu, presque éloquent, répétait :

« Quels gueux, ces Anglais ! ! ! Et quels pochards, mon cher ; tous Rosiers, ces hypocrites-là. »

Puis après un silence, tendant son bras vers la mince rivière qui brillait dans la prairie :

« Savais-tu qu'Henry Monnier fut un des pêcheurs les plus assidus des bords de l'Epte ?

– Non, je ne savais pas.

– Et Bouffé, mon cher, Bouffé a été ici peintre vitrier.

– Allons donc !

– Mais oui. Comment peux-tu ignorer ces choses-là ! »

Le lapin

Maître Lecacheur apparut sur la porte de sa maison, à l'heure ordinaire, entre cinq heures et cinq heures un quart du matin, pour surveiller ses gens qui se mettaient au travail.

Rouge, mal éveillé, l'œil droit ouvert, l'œil gauche presque fermé, il boutonnait avec peine ses bretelles sur son gros ventre, tout en surveillant, d'un regard entendu et circulaire, tous les coins connus de sa ferme. Le soleil coulait ses rayons obliques à travers les hêtres du fossé et les pommiers ronds de la cour, faisait chanter les coqs sur le fumier et roucouler les pigeons sur le toit. La senteur de l'étable s'envolait par la porte ouverte et se mêlait, dans l'air frais du matin, à l'odeur âcre de l'écurie où hennissaient les chevaux, la tête tournée vers la lumière.

Dès que son pantalon fut soutenu solidement, maître Lecacheur se mit en route, allant d'abord vers le poulailler, pour compter les œufs du matin, car il craignait des maraudes depuis quelque temps.

Mais la fille de ferme accourut vers lui en levant les bras et criant :

« Maît' Cacheux, maît' Cacheux, on a volé un lapin, c'te nuit.

– Un lapin ?

– Oui, maît' Cacheux, l' gros gris, celui de la cage à draite. »

Le fermier ouvrit tout à fait l'œil gauche et dit simplement :

« Faut vé ça. »

Et il alla voir.

La cage avait été brisée, et le lapin était parti.

Alors l'homme devint soucieux, referma son œil droit et se gratta le nez. Puis, après avoir réfléchi, il ordonna à la servante effarée, qui demeurait stupide devant son maître :

« Va quéri les gendarmes. Dis que j' les attends sur l'heure. »

Maître Lecacheur était maire de sa commune, Pavigny-le-Gras, et commandait en maître, vu son argent et sa position.

Dès que la bonne eut disparu, en courant vers le village, distant d'un demi-kilomètre, le paysan rentra chez lui, pour boire son café et causer de la chose avec sa femme.

Il la trouva soufflant le feu avec sa bouche, à genoux devant le foyer.

Il dit dès la porte :

« V'là qu'on a volé un lapin, l' gros gris. »

Elle se retourna si vite qu'elle se trouva assise par terre, et regardant son mari avec des yeux désolés :

« Qué qu' tu dis, Cacheux ! qu'on a volé un lapin ?

– L' gros gris.

– L' gros gris ? »

Elle soupira.

« Qué misère ! qué qu'a pu l' vôlé, çu lapin ? »

C'était une petite femme maigre et vive, propre, entendue à tous les soins de l'exploitation.

Lecacheur avait son idée.

« Ça doit être çu gars de Polyte. »

La fermière se leva brusquement, et d'une voix furieuse :

« C'est li ! c'est li ! faut pas en trâcher d'autre. C'est li ! Tu l'as dit, Cacheux ! »

Sur sa maigre figure irritée, toute sa fureur paysanne, toute son avarice, toute sa rage de femme économe contre le valet toujours soupçonné, contre la servante toujours suspectée, apparaissaient dans la contraction de la bouche, dans les rides des joues et du front.

« Et qué que t'as fait ? demanda-t-elle.

– J'ai envéyé quéri les gendarmes. »

Ce Polyte était un homme de peine employé pendant quelques jours dans la ferme et congédié par Lecacheur après une réponse insolente. Ancien soldat, il passait pour avoir gardé de ses campagnes en Afrique des habitudes de maraude et de libertinage. Il faisait, pour vivre, tous les métiers. Maçon, terrassier, charretier, faucheur, casseur de pierres, ébrancheur, il était surtout fainéant ; aussi ne le gardait-on nulle part et devait-il par moments changer de canton pour trouver encore du travail.

Dès le premier jour de son entrée à la ferme, la femme de Lecacheur l'avait détesté ; et maintenant elle était sûre que le vol avait été commis par lui.

Au bout d'une demi-heure environ, les deux gendarmes arrivèrent. Le brigadier Sénateur était très haut et maigre, le gendarme Lenient, gros et court.

Lecacheur les fit asseoir, et leur raconta la chose. Puis on alla voir le lieu du méfait afin de constater le bris de la cabine et de recueillir toutes les preuves. Lorsqu'on fut rentré dans la cuisine, la maîtresse apporta du vin, emplit les verres et demanda avec un défi dans l'œil :

« L' prendrez-vous, c'ti-là ? »

Le brigadier, son sabre entre les jambes, semblait soucieux. Certes, il était sûr de le prendre si on voulait bien le lui désigner. Dans le cas contraire, il ne répondait point de le découvrir lui-même. Après avoir longtemps réfléchi, il posa cette simple question :

« Le connaissez-vous, le voleur ? »

Un pli de malice normande rida la grosse bouche de Lecacheur qui répondit :

« Pour l' connaître, non, je l' connais point, vu que j' l'ai pas vu vôler. Si j' l'avais vu, j'y aurais fait manger tout cru, poil et chair, sans un coup d' cidre pour l' faire passer. Pour lors, pour dire qui c'est, je l' dirai point, nonobstant, que j' crais qu' c'est çu propre-à-rien de Polyte. »

Alors il expliqua longuement ses histoires avec Polyte, le départ de ce valet, son mauvais regard, des propos rapportés, accumulant des preuves insignifiantes et minutieuses.

Le brigadier, qui avait écouté avec grande attention tout en vidant son verre de vin et en le remplissant ensuite, d'un geste indifférent, se tourna vers son gendarme :

« Faudra voir chez la femme au berqué Severin », dit-il.

Le gendarme sourit et répondit par trois signes de tête.

Alors Mme Lecacheur se rapprocha, et tout doucement, avec des ruses de paysanne, interrogea à son tour le brigadier. Ce berger Severin, un simple, une sorte de brute, élevé dans un parc à moutons, ayant grandi sur les côtes au milieu de ses bêtes trottantes et bêlantes, ne connaissant guère qu'elles au monde, avait cependant conservé au fond de l'âme l'instinct d'épargne du paysan. Certes, il avait dû cacher, pendant des années et des années, dans des creux d'arbre ou des trous de rocher tout ce qu'il gagnait d'argent, soit en gardant les troupeaux, soit en guérissant, par des attouchements et des paroles, les entorses des animaux (car le secret des rebouteux lui avait été transmis par un vieux berger qu'il avait remplacé). Or, un jour, il acheta, en vente publique, un petit bien, masure et champ, d'une valeur de trois mille francs.

Quelques mois plus tard, on apprit qu'il se mariait. Il épousait une servante connue pour ses mauvaises mœurs, la bonne du cabaretier. Les gars racontaient que cette fille, le sachant aisé, l'avait été trouver chaque nuit, dans sa hutte, et l'avait pris, l'avait conquis, l'avait conduit au mariage, peu à peu, de soir en soir.

Puis, ayant passé par la mairie et par l'église, elle habitait maintenant la maison achetée par son homme, tandis qu'il continuait à garder ses troupeaux, nuit et jour, à travers les plaines.

Et le brigadier ajouta :

« V'là trois semaines que Polyte couche avec elle, vu qu'il n'a pas d'abri, ce maraudeur. »

Le gendarme se permit un mot :

« Il prend la couverture au berger. »

Mme Lecacheur, saisie d'une rage nouvelle, d'une rage accrue par une colère de femme mariée contre le dévergondage, s'écria :

« C'est elle, j'en suis sûre. Allez-y. Ah ! les bougres de voleux ! »

Mais le brigadier ne s'émut pas :

« Minute, dit-il. Attendons midi, vu qu'il y vient dîner chaque jour. Je les pincerai le nez dessus. »

Et le gendarme souriait, séduit par l'idée de son chef ; et Lecacheur aussi souriait maintenant, car l'aventure du berger lui semblait comique, les maris trompés étant toujours plaisants.

Midi venait de sonner, quand le brigadier Sénateur, suivi de son homme, frappa trois coups légers à la porte d'une petite maison isolée, plantée au coin d'un bois, à cinq cents mètres du village.

Ils s'étaient collés contre le mur afin de n'être pas vus du dedans ; et ils attendirent. Au bout d'une minute ou deux, comme personne ne répondait, le brigadier frappa de nouveau. Le logis semblait inhabité tant il était silencieux, mais le gendarme Lenient, qui avait l'oreille fine, annonça qu'on remuait à l'intérieur.

Alors Sénateur se fâcha. Il n'admettait point qu'on résistât une seconde à l'autorité et, heurtant le mur du pommeau de son sabre, il cria :

« Ouvrez, au nom de la loi ! »

Cet ordre demeurant toujours inutile, il hurla :

« Si vous n'obéissez pas, je fais sauter la serrure. Je suis le brigadier de gendarmerie, nom de Dieu ! Attention, Lenient. »

Il n'avait point fini de parler que la porte était ouverte, et Sénateur avait devant lui une grosse fille très rouge, joufflue, dépoitraillée, ventrue, large des hanches, une sorte de femelle sanguine et bestiale, la femme du berger Severin.

Il entra.

« Je viens vous rendre visite, rapport à une petite enquête », dit-il.

Et il regardait autour de lui. Sur la table, une

assiette, un pot à cidre, un verre à moitié plein annonçaient un repas commencé. Deux couteaux traînaient côte à côte. Et le gendarme malin cligna de l'œil à son chef.

« Ça sent bon, dit celui-ci.

– On jurerait du lapin sauté, ajouta Lenient très gai.

– Voulez-vous un verre de fine ? demanda la paysanne.

– Non, merci. Je voudrais seulement la peau du lapin que vous mangez. »

Elle fit l'idiote ; mais elle tremblait.

« Qué lapin ? »

Le brigadier s'était assis et s'essuyait le front avec sérénité.

« Allons, allons, la patronne, vous ne nous ferez pas accroire que vous vous nourrissiez de chiendent. Que mangiez-vous, là, toute seule, pour votre dîner ?

– Mé, rien de rien, j' vous jure. Un p'tieu d' beurre su l' pain.

– Mazette, la bourgeoise, un p'tieu d' beurre su l' pain... vous faites erreur. C'est un p'tieu d' beurre sur le lapin qu'il faut dire. Bougre ! il sent bon vot' beurre, nom de Dieu ! c'est du beurre de choix, du beurre d'extra, du beurre de noce, du beurre à poil, pour sûr, c'est pas du beurre de ménage, çu beurre-là ! »

Le gendarme se tordait et répétait :

« Pour sûr, c'est pas du beurre de ménage. »

Le brigadier Sénateur étant farceur, toute la gendarmerie était devenue facétieuse.

Il reprit :

« Ous' qu'il est vot' beurre ?

– Mon beurre ?

– Oui, vot' beurre.
– Mais dans l' pot.
– Alors, ous' qu'il est l' pot ?
– Qué pot ?
– L' pot à beurre, pardi !
– Le v'là. »

Elle alla chercher une vieille tasse au fond de laquelle gisait une couche de beurre rance et salé.

Le brigadier le flaira et, remuant le front :

« C'est pas l' même. Il me faut l' beurre qui sent le lapin sauté. Allons, Lenient, ouvrons l'œil ; vois su l' buffet, mon garçon ; mé j' vas guetter sous le lit. »

Ayant donc fermé la porte, il s'approcha du lit et le voulut tirer ; mais le lit tenait au mur, n'ayant pas été déplacé depuis plus d'un demi-siècle apparemment. Alors le brigadier se pencha, et fit craquer son uniforme. Un bouton venait de sauter.

« Lenient ? dit-il.
– Mon brigadier ?
– Viens, mon garçon, viens au lit, moi je suis trop long pour voir dessous. Je me charge du buffet. »

Donc, il se releva, et attendit, debout, que son homme eût exécuté l'ordre.

Lenient, court et rond, ôta son képi, se jeta sur le ventre, et collant son front par terre, regarda longtemps le creux noir sous la couche. Puis, soudain, il s'écria :

« Je l' tiens! Je l' tiens ! »

Le brigadier Sénateur se pencha sur son homme :

« Qué que tu tiens, le lapin ?
– Non, l' voleux !
– L' voleux ! Amène, amène ! »

Les deux bras du gendarme allongés sous le lit avaient appréhendé quelque chose, et il tirait de toute sa force. Un pied, chaussé d'un gros soulier, parut enfin, qu'il tenait de sa main droite.

Le brigadier le saisit :

« Hardi ! hardi ! tire ! »

Lenient, à genoux maintenant, tirait sur l'autre jambe. Mais la besogne était rude, car le captif gigotait ferme, ruait et faisait gros dos, s'arc-boutant de la croupe à la traverse du lit.

« Hardi ! hardi ! tire », criait Sénateur.

Et ils tiraient de toute leur force, si bien que la barre de bois céda et l'homme sortit jusqu'à la tête, dont il se servit encore pour s'accrocher à sa cachette.

La figure parut enfin, la figure furieuse et consternée de Polyte dont les bras demeuraient étendus sous le lit.

« Tire ! » criait toujours le brigadier.

Alors un bruit bizarre se fit entendre ; et comme les bras s'en venaient à la suite des épaules, les mains se montrèrent à la suite des bras et, dans les mains, la queue d'une casserole, et, au bout de la queue, la casserole elle-même, qui contenait un lapin sauté.

« Nom de Dieu, de Dieu, de Dieu, de Dieu ! » hurlait le brigadier fou de joie, tandis que Lenient s'assurait de l'homme.

Et la peau du lapin, preuve accablante, dernière et terrible pièce à conviction, fut découverte dans la paillasse.

Alors les gendarmes rentrèrent en triomphe au village avec le prisonnier et leurs trouvailles.

Huit jours plus tard, la chose ayant fait grand bruit, maître Lecacheur, en entrant à la mairie pour y conférer avec le maître d'école, apprit que le berger Severin l'y attendait depuis une heure.

L'homme était assis sur une chaise, dans un coin, son bâton entre les jambes. En apercevant le maire, il se leva, ôta son bonnet, salua d'un :

« Bonjou, maît' Cacheux. »

Puis demeura debout, craintif, gêné.

« Qu'est-ce que vous demandez ? dit le fermier.

– V'là, maît' Cacheux. C'est-i véridique qu'on a vôlé un lapin cheux vous, l'aut' semaine ?

– Mais oui, c'est vrai, Severin.

– Ah ! ben, pour lors c'est véridique ?

– Oui, mon brave.

– Qué qui l'a vôlé, çu lapin ?

– C'est Polyte Ancas, l' journalier.

– Ben, ben. C'est-i véridique itou qu'on l'a trouvé sous mon lit ?

– Qui ça, le lapin ?

– Le lapin et pi Polyte, l'un au bout d' l'autre.

– Oui, mon pauv'e Severin. C'est vrai.

– Pour lors, c'est véridique ?

– Oui. Qu'est-ce qui vous a donc conté c't' histoire-là.

– Un p'tieu tout l' monde. Je m'entends. Et pi, et pi, vous n'en savez long su l' mariage, vu qu' vous les faites, vous qu'êtes maire.

– Comment sur le mariage ?

– Oui, rapport au drait.

– Comment rapport au droit ?

– Rapport au drait d' l'homme et pi au drait d' la femme.

– Mais, oui.

– Eh ! ben, dites-mé, maît' Cacheux, ma femme a-t-i l' drait de coucher avé Polyte ?

– Comment, de coucher avec Polyte ?

– Oui, c'est-i son drait, vu la loi, et pi vu qu'alle est ma femme, de coucher avec Polyte ?

– Mais non, mais non, c'est pas son droit.

– Si je l'y r'prends, j'ai-t-i l' drait de li fout' des coups, mé, à elle et pi à li itou ?

– Mais... mais... mais oui.

– C'est ben, pour lors. J' vas vous dire. Eune nuit, vu qu' j'avais d'z' idées, j' rentrai, l'aut'e semaine, et j' les y trouvai, qu'i n'étaient point dos à dos. J' foutis Polyte coucher dehors ; mais c'est tout, vu que je savais point mon drait. C'te fois-ci, j' les vis point. Je l' sais par l's autres. C'est fini, n'en parlons pu. Mais si j' les r'pince... nom d'un nom, si j' les r'pince. Je leur ferai passer l' goût d' la rigolade, maît' Cacheux, aussi vrai que je m' nomme Severin... »

Le père

JEAN DE VALNOIX est un ami que je vais voir de temps en temps. Il habite un petit manoir, au bord d'une rivière, dans un bois. Il s'était retiré là après avoir vécu à Paris, une vie de fou, pendant quinze ans. Tout à coup il en eut assez des plaisirs, des soupers, des hommes, des femmes, des cartes, de tout, et il vint habiter ce domaine où il était né.

Nous sommes deux ou trois qui allons passer, de temps en temps, quinze jours ou trois semaines avec lui. Il est certes enchanté de nous revoir quand nous arrivons, et ravi de se retrouver seul quand nous partons.

Donc j'allai chez lui, la semaine dernière, et il me reçut à bras ouverts. Nous passions les heures tantôt ensemble, tantôt isolément. En général, il lit, et je travaille pendant le jour ; et chaque soir nous causons jusqu'à minuit.

Donc, mardi dernier, après une journée étouffante, nous étions assis tous les deux, vers neuf heures du soir, à regarder couler l'eau de la rivière, contre nos pieds : et nous échangions des idées très vagues sur les étoiles qui se baignaient dans le courant et semblaient nager devant nous. Nous échangions des idées très vagues, très confuses, très courtes, car nos esprits sont très bornés, très faibles, très impuissants. Moi je m'attendrissais sur le soleil qui meurt dans la Grande Ourse. On ne le voit plus que par les nuits claires, tant il pâlit. Quand le ciel est un peu brumeux, il disparaît, cet agonisant. Nous songions aux êtres qui peuplent ces mondes, à leurs formes inimaginables, à leurs facultés insoupçonnables, à leurs organes inconnus, aux animaux, aux plantes, à toutes les espèces, à tous les règnes, à toutes les essences, à toutes les matières, que le rêve de l'homme ne peut même effleurer.

Tout à coup une voix cria dans le lointain :

« Monsieur, Monsieur ! »

Jean répondit :

« Ici, Baptiste. »

Et quand le domestique nous eut trouvés, il annonça :

« C'est la bohémienne de Monsieur. »

Mon ami se mit à rire, d'un rire fou bien rare chez lui, puis il demanda :

« Nous sommes donc au 19 juillet ?

– Mais oui, Monsieur.

– Très bien. Dites-lui de m'attendre. Faites-la souper. Je rentrerai dans dix minutes. »

Quand l'homme eut disparu, mon ami me prit le bras.

« Allons doucement, dit-il, je vais te conter cette histoire.

Il y a maintenant sept ans, c'était l'année de mon arrivée ici, je sortis un soir pour faire un tour dans la forêt. Il faisait beau comme aujourd'hui ; et j'allais à petits pas sous les grands arbres, contemplant les étoiles à travers les feuilles, respirant et buvant à pleine poitrine le frais repos de la nuit et du bois.

Je venais de quitter Paris pour toujours. J'étais las, las, écœuré plus que je ne saurais dire par toutes les bêtises, toutes les bassesses, toutes les saletés que j'avais vues et auxquelles j'avais participé pendant quinze ans.

J'allai loin, très loin, dans ce bois profond, en suivant un chemin creux qui conduit au village de Crouzille, à quinze kilomètres d'ici.

Tout à coup mon chien, Bock, un grand saint-germain qui ne me quittait jamais, s'arrêta net et se mit à grogner. Je crus à la présence d'un renard, d'un loup ou d'un sanglier ; et j'avançai doucement, sur la pointe des pieds, afin de ne pas faire de bruit ; mais soudain j'entendis des cris, des cris humains, plaintifs, étouffés, déchirants.

Certes, on assassinait quelqu'un dans un taillis, et je me mis à courir, serrant dans ma main droite une lourde canne de chêne, une vraie massue.

J'approchais des gémissements qui me parvenaient maintenant plus distincts, mais étrangement sourds. On eût dit qu'ils sortaient d'une maison, d'une hutte de charbonnier peut-être. Bock, trois pas devant moi, courait, s'arrêtait, repartait, très excité, grondant toujours. Soudain un autre chien, un gros chien noir, aux yeux de feu, nous barra la route. Je voyais très bien ses crocs blancs qui semblaient luire dans sa gueule.

Je courus sur lui la canne levée, mais déjà Bock avait sauté dessus et les deux bêtes se roulaient par terre, les gueules refermées sur les gorges. Je passai et je faillis heurter un cheval couché dans le chemin. Comme je m'arrêtais, fort surpris, pour examiner l'animal, j'aperçus devant moi une voiture, ou plutôt une maison roulante, une de ces maisons de saltimbanques et de marchands forains qui vont dans nos campagnes de foire en foire.

Les cris sortaient de là, affreux, continus. Comme la porte donnait de l'autre côté, je fis le tour de cette guimbarde et je montai brusquement les trois marches de bois, prêt à tomber sur le malfaiteur.

Ce que je vis me parut si étrange que je ne compris rien d'abord. Un homme, à genoux, semblait prier, tandis que dans le lit que contenait cette boîte, quelque chose d'impossible à reconnaître, un être à moitié nu, contourné, tordu, dont je ne voyais pas la figure, remuait, s'agitait et hurlait.

C'était une femme en mal d'enfant.

Dès que j'eus compris le genre d'accident provoquant ces plaintes, je fis connaître ma présence, et l'homme, une sorte de Marseillais affolé, me supplia de le sauver, de la sauver, me promettant avec des paroles innombrables une reconnaissance invraisemblable. Je n'avais jamais vu d'accouchement, jamais secouru un être femelle, femme, chienne ou chatte, en cette circonstance, et je le déclarai ingénument en regardant avec stupeur ce qui criait si fort dans le lit.

Puis quand j'eus repris mon sang-froid, je demandai à l'homme atterré pourquoi il n'allait pas jusqu'au prochain village. Son cheval tombant dans une ornière avait dû se casser la jambe et ne pouvait plus se lever.

"Eh bien ! mon brave, lui dis-je, nous sommes deux, à présent, nous allons traîner votre femme jusque chez moi."

Mais les hurlements des chiens nous forcèrent à sortir, et il fallut les séparer à coups de bâton, au risque de les tuer. Puis, j'eus l'idée de les atteler avec nous, l'un à droite, l'autre à gauche dans nos jambes, pour nous aider. En dix minutes tout fut prêt, et la voiture se mit en route lentement, secouant aux cahots des ornières profondes la pauvre femme au flanc déchiré.

Quelle route, mon cher ! Nous allions, haletant, râlant, en sueur, glissant et tombant parfois, tandis que nos pauvres chiens soufflaient comme des forges dans nos jambes.

Il fallut trois heures pour atteindre le château. Quand nous arrivâmes devant la porte, les cris avaient cessé dans la voiture. La mère et l'enfant se portaient bien.

On les coucha dans un bon lit, puis je fis atteler pour chercher un médecin, tandis que le Marseillais, rassuré, consolé, triomphant, mangeait à étouffer et se grisait à mort pour célébrer cette heureuse naissance.

C'était une fille.

Je gardai ces gens-là huit jours chez moi. La mère, mademoiselle Elmire, était une somnambule extra-lucide qui me promit une vie interminable et des félicités sans nombre.

L'année suivante, jour pour jour, vers la tombée de la nuit, le domestique qui m'appela tout à l'heure vint me trouver dans le fumoir après dîner, et me dit : "C'est la bohémienne de l'an dernier qui vient remercier Monsieur."

J'ordonnai de la faire entrer et je demeurai stupéfait en apercevant à côté d'elle un grand garçon, gros et blond, un homme du Nord qui, m'ayant salué, prit la parole, comme chef de la communauté. Il avait appris ma bonté pour mademoiselle Elmire, et il n'avait pas voulu laisser passer cet anniversaire sans m'apporter leurs remerciements et le témoignage de leur reconnaissance.

Je leur offris à souper à la cuisine et l'hospitalité pour la nuit. Ils partirent le lendemain.

Or, la pauvre femme revient tous les ans, à la même date avec l'enfant, une superbe fillette, et un nouveau... seigneur chaque fois. Un seul, un Auvergnat qui me "remerchia" bien, reparut deux ans de suite. La petite fille les appelle tous papa, comme on dit "monsieur" chez nous. »

Nous arrivions au château et nous aperçûmes vaguement, debout devant le perron, trois ombres qui nous attendaient.

La plus haute fit quatre pas, et avec un grand salut :

« Monsieur le comte, nous sommes venus ce jour, savez-vous, vous témoigner de notre reconnaissance... »

C'était un Belge !

Après lui, la plus petite parla, avec cette voix apprêtée et factice des enfants qui récitent un compliment.

Moi, jouant l'innocent, je pris à part mademoiselle Elmire et, après quelques propos, je lui demandai :

« C'est le père de votre enfant ?

– Oh ! non, monsieur.

– Et le père, il est mort.

– Oh ! non, monsieur. Nous nous voyons encore quelquefois. Il est gendarme.

– Ah ! bah ! Alors ce n'était pas le Marseillais, le premier, celui de l'accouchement ?

– Oh ! non, monsieur. Celui-là, c'était une crapule qui m'a volé mes économies.

bord de la longue charrette, culbuta par-dessus, tomba sur la roue et rebondit sur le chemin.

Ses camarades s'élancèrent. Il ne bougeait plus, un œil fermé, l'autre ouvert, blême de peur, ses grands membres allongés dans la poussière.

Quand on toucha sa jambe droite, il se mit à pousser des cris et, quand on voulut le mettre debout, il s'abattit.

« Je crais ben qu'il a une patte cassée », dit un homme.

Il avait, en effet, une jambe cassée.

Maître Le Harivau le fit étendre sur une table, et un cavalier courut à Rouville pour chercher le médecin, qui arriva une heure après.

Le fermier fut très généreux et annonça qu'il payerait le traitement de l'homme à l'hôpital.

Le docteur emporta donc Pavilly dans sa voiture et le déposa dans un dortoir peint à la chaux où sa fracture fut réduite.

Dès qu'il comprit qu'il n'en mourrait pas et qu'il allait être soigné, guéri, dorloté, nourri à rien faire, sur le dos, entre deux draps, Pavilly fut saisi d'une joie débordante, et il se mit à rire d'un rire silencieux et continu qui montrait ses dents gâtées.

Dès qu'une sœur approchait de son lit, il lui faisait des grimaces de contentement, clignait de l'œil, tordait sa bouche, remuait son nez qu'il avait très long et mobile à volonté. Ses voisins de dortoir, tout malades qu'ils étaient, ne pouvaient se tenir de rire, et la sœur supérieure venait souvent à son lit pour passer un quart d'heure d'amusement. Il trouvait pour elle des farces plus drôles, des plaisanteries inédites et comme il portait en lui le germe de tous les cabotinages, il se faisait dévot pour lui plaire, parlait du bon Dieu avec des airs sérieux d'homme qui sait les moments où il ne faut plus badiner.

Un jour, il imagina de lui chanter des chansons. Elle fut ravie et revint plus souvent ; puis, pour utiliser sa voix, elle lui apporta un livre de cantiques. On le vit alors assis dans son lit, car il commençait à se remuer, entonnant d'une voix de fausset les louanges de l'Éternel, de Marie et du Saint-Esprit, tandis que la grosse bonne sœur, debout à ses pieds, battait la mesure avec un doigt en lui donnant l'intonation. Dès qu'il put marcher, la supérieure lui offrit de le garder quelque temps de plus pour chanter les offices dans la chapelle, tout en servant la messe et remplissant aussi les fonctions de sacristain. Il accepta. Et pendant un mois entier on le vit, vêtu d'un surplis blanc, et boitillant, entonner les répons et les psaumes avec des ports de tête si plaisants que le nombre des fidèles augmenta, et qu'on désertait la paroisse pour venir à vêpres à l'hôpital.

Mais comme tout finit en ce monde, il fallut bien le congédier quand il fut tout à fait guéri. La supérieure, pour le remercier, lui fit cadeau de vingt-cinq francs.

Dès que Pavilly se vit dans la rue avec cet argent dans sa poche, il se demanda ce qu'il allait faire. Retournerait-il au village ? Pas avant d'avoir bu un coup certainement, ce qui ne lui était pas arrivé depuis longtemps, et il entra dans un café. Il ne venait pas à la ville plus d'une fois ou deux par an, et il lui était resté, d'une de ces visites en particulier, un souvenir confus et enivrant d'orgie.

Donc il demanda un verre de fine qu'il avala d'un trait pour graisser le passage, puis il s'en fit verser un second afin d'en prendre le goût.

Dès que l'eau-de-vie, forte et poivrée, lui eut touché le palais et la langue, réveillant plus vive, après cette longue sobriété, la sensation aimée et désirée de l'alcool qui caresse, et pique, et aromatise, et brûle la bouche, il comprit qu'il boirait la bouteille et demanda tout de suite ce qu'elle valait, afin d'économiser sur le détail. On la lui compta trois francs, qu'il paya ; puis il commença à se griser avec tranquillité.

Il y mettait pourtant de la méthode, voulant garder assez de conscience pour d'autres plaisirs. Donc aussitôt qu'il se sentit sur le point de voir saluer les cheminées il se leva, et s'en alla, en quête d'une maison de filles.

Il la trouva, non sans peine, après l'avoir demandée à un charretier qui ne la connaissait pas, à un facteur qui le renseigna mal, à un boulanger qui se mit à jurer en le traitant de vieux porc, et, enfin, à un militaire qui l'y conduisit obligeamment, en l'engageant à choisir la Reine.

Pavilly, bien qu'il fût à peine midi, entra dans ce lieu de délices où il fut reçu par une bonne qui voulait le mettre à la porte. Mais il la fit rire par une grimace, montra trois francs, prix normal des consommations spéciales du lieu, et la suivit avec peine le long d'un escalier fort sombre qui menait au premier étage.

Quand il fut entré dans une chambre il réclama la venue de la Reine et l'attendit en buvant un nouveau coup au goulot même de sa bouteille.

La porte s'ouvrit, une fille parut. Elle était grande, grasse, rouge, énorme. D'un coup d'œil sûr, d'un coup d'œil de connaisseur, elle toisa l'ivrogne écroulé sur un siège et lui dit :

« T'as pas honte à c't' heure-ci ? »

Il balbutia :

« De quoi, princesse ?

– Mais de déranger une dame avant qu'elle ait seulement mangé la soupe. »

Il voulut rire.

« Y a pas d'heure pour les braves.

– Y a pas d'heure non plus pour se soûler, vieux pot. »

Pavilly se fâcha.

« Je sieus pas un pot, d'abord, et puis je sieus pas soûl.

– Pas soûl ?

– Non, je sieus pas soûl.

– Pas soûl, tu pourrais pas seulement te tenir debout. »

Elle le regardait avec une colère rageuse de femme dont les compagnes dînent.

Il se dressa.

« Mé, mé, que je danserais une polka. »

Et, pour prouver sa solidité, il monta sur la chaise, fit une pirouette et sauta sur le lit où ses gros souliers vaseux plaquèrent deux taches épouvantables.

« Ah ! salaud ! » cria la fille.

S'élançant, elle lui jeta un coup de poing dans le ventre, un tel coup de poing que Pavilly perdit l'équilibre, bascula sur les pieds de la couche, fit une complète cabriole, retomba sur la commode entraînant avec lui la cuvette et le pot à l'eau, puis s'écroula par terre en poussant des hurlements.

Le bruit fut si violent et ses cris si perçants que toute la maison accourut, Monsieur, Madame, la servante et le personnel.

Monsieur, d'abord, voulut ramasser l'homme, mais, dès qu'il l'eut mis debout, le paysan perdit de nouveau l'équilibre, puis se mit à vociférer qu'il avait la jambe cassée, l'autre, la bonne, la bonne !

C'était vrai. On courut chercher un médecin. Ce fut justement celui qui avait soigné Pavilly chez maître Le Harivau.

« Comment, c'est encore vous ? dit-il.

– Oui, m'sieu.

– Qu'est-ce que vous avez ?

– L'autre qu'on m'a cassée itou, m'sieu l' docteur.

– Qu'est-ce qui vous a fait ça, mon vieux ?

– Une femelle donc. »

Tout le monde écoutait. Les filles en peignoir, en cheveux, la bouche encore grasse du dîner interrompu, Madame furieuse, Monsieur inquiet.

« Ça va faire une vilaine histoire, dit le médecin. Vous savez que la municipalité vous voit d'un mauvais œil. Il faudrait tâcher qu'on ne parlât point de cette affaire-là.

– Comment faire ? demanda Monsieur.

– Mais, le mieux serait d'envoyer cet homme à l'hôpital, d'où il sort, d'ailleurs, et de payer son traitement. »

Monsieur répondit :

« J'aime encore mieux ça que d'avoir des histoires. »

Donc Pavilly, une demi-heure après, rentrait ivre et geignant dans le dortoir d'où il était sorti une heure plus tôt.

La supérieure leva les bras, affligée, car elle l'aimait, et souriante, car il ne lui déplaisait pas de le revoir.

« Eh bien ! mon brave, qu'est-ce que vous avez ?

– L'autre jambe cassée, madame la bonne sœur.

– Ah ! vous êtes donc encore monté sur une voiture de paille, vieux farceur ? »

Et Pavilly, confus et sournois, balbutia :

« Non... non... Pas cette fois... pas cette fois... Non... non... C'est point d' ma faute, point d' ma faute... C'est une paillasse qu'en est cause. »

Elle ne put en tirer d'autre explication et ne sut jamais que cette rechute était due à ses vingt-cinq francs.

CHRONOLOGIE

1850

Guy de Maupassant naît le 5 août, au château de Miromesnil près de Dieppe (affirment les uns), à Fécamp (assurent les autres). Difficile de savoir au juste. Son père (d'origine lorraine), Gustave de Maupassant, né en 1821, avait épousé Laure Le Poittevin (d'ascendance normande), née la même année, le 9 novembre 1846. Laure était la sœur du grand ami de jeunesse de Flaubert, Alfred Le Poittevin (décédé en 1848). Famille aisée, rentière. Particule récente.
Mort de Balzac. Déjà, sous le prince Louis-Napoléon Bonaparte, perce Napoléon III. Le second Empire est en marche.

1856

Naissance d'Hervé, frère de Guy, au château de Grainville-Ymauville, près du Havre, où la famille est installée depuis 1854. Marié, père d'une fille, Simone (en faveur de qui Guy fera son testament), Hervé mourra fou à Lyon, en 1889. Très impressionné, l'écrivain confiera alors : « Je crois que je mourrai fou moi-même. »

1857

Les Fleurs du mal de Baudelaire et *Madame Bovary* de Flaubert. Grands livres suivis de... procès pour immoralité. L'ordre moral, plus de vingt ans après, fera aussi joujou avec Maupassant (pour le poème *Une fille*).

1858-1863

Séparation de Gustave et Laure de Maupassant ; le jeune Guy supportait mal leurs fréquentes et violentes disputes. Laure part vivre avec ses deux fils à Étretat. Pour Guy, c'est l'époque de l'enfance libre et vagabonde. Il apprend bien et joue plus encore avec ses camarades, fils de pêcheurs et de paysans.

1863-1867

Guy devient élève au petit séminaire d'Yvetot ; malgré farces et vers licencieux (premiers clins d'œil du futur Maupassant), il s'y ennuie prodigieusement. En 1864, l'adolescent, en vacances chez sa mère, rencontre le poète anglais Charles Swinburne et sa... « main d'écorché ». Le fantastique ne fait qu'ouvrir le bal.

1868

Entré au lycée de Rouen, où il prépare avec succès le baccalauréat, Guy a pour correspondant Louis Bouilhet (qui mourra en 1869), poète et ami intime de Gustave Flaubert. C'est ainsi qu'il fait la connaissance de ce dernier et qu'il entame, pour le grand bonheur de sa mère, ses « classes littéraires » avec le maître de Croisset. *Le Petit Chose* de Daudet.

1870

Guerre franco-prussienne, qui marquera à jamais Maupassant. Mobilisé dans l'intendance, il se montre excellent soldat, profondément patriote. Les souvenirs qu'il garde de ces mois de déroute serviront de trame à quelques-uns de ses plus beaux contes.

1871

Armistice. Démobilisé, il part pour Étretat. Poursuite des travaux littéraires sous la direction de Flaubert, ami incomparable, à qui il devra ses rencontres avec Zola, Daudet, Edmond de Goncourt, Tourgueniev...
Commune de Paris. Début de la IIIe République.

1872

Maupassant entre au ministère de la Marine et des Colonies et s'installe à Paris. Il fréquente les guinguettes et canote sur la Seine : « Ma grande, ma seule passion pendant dix ans, ce fut la Seine. »

1873

Si, rond-de-cuir, il gagne peu et s'ennuie fort, il observe aussi et sans pitié le petit monde des employés de bureau. On sait le parti littéraire qu'il en tirera.

1874

Plaisirs et peurs semblent l'habiter. L'eau – la mer, la rivière – le fascine corps et âme ; fascination qui ne le quittera plus.

1875

Première publication : *La Main d'écorché* (en revue). Plus que jamais, Maupassant canote et se baigne en joyeuse compagnie. Représentation privée de sa pièce bouffonne et égrillarde : *À la feuille de rose, maison turque.* Sur scène, lui-même et Octave Mirbeau.

1876

Déménagement parisien. Maupassant participe au groupe de Médan qui se constitue autour de Zola. « Attention, trop de femmes et trop de sports », lui écrit par ailleurs Flaubert.

1877

Premiers troubles de santé, certainement dus à la syphilis. Et première cure, en Suisse. Dîner-baptême du « naturalisme », autour de Gustave Flaubert, Edmond de Goncourt et Émile Zola – qui vient de publier *L'Assommoir.*

1878

Maupassant donne sa démission du ministère de la Marine et, grâce à Flaubert, entre à celui de l'Instruction publique. Déteste toujours autant le métier de gratte-papier. Il s'impatiente de ne pouvoir « claquer la porte ».

1879

Publication de *L'Histoire du vieux temps* (théâtre).
Depuis l'année précédente, il passe beaucoup de temps à Étretat auprès de sa mère, nerveuse et malade. Par la suite, soucieux de son bien-être, il l'aidera à s'installer à Cannes, où il fera lui-même de nombreux séjours.
Nana de Zola.

1880

Publications : *Boule de Suif* dans *Les Soirées de Médan*, *Des vers* (recueil poétique).
Les Soirées de Médan : Maupassant y donne *Boule de Suif*, chef-d'œuvre de ce recueil collectif. Admiration de Flaubert ; grand succès. Le 8 mai, mort de Gustave Flaubert, foudroyé par une apoplexie ; immense chagrin de Maupassant. Le mois suivant, il quitte enfin l'administration. Il sent qu'il est lancé. Pour lui, une nouvelle vie commence. Premier voyage en Corse.

1881

Publication de *La Maison Tellier* (premier recueil de contes).
Voyage en Afrique du Nord. Maupassant souffre de névralgies contre lesquelles il lutte par l'usage et bientôt l'abus des drogues : éther, haschisch, morphine. L'ami Tourgueniev fait connaître ses premiers livres en Russie.
Mort de Dostoïevski.

1882

Publication de *Mademoiselle Fifi* (recueil de contes).
Voyage estival en Bretagne. Souffre à présent de la vue,

au point qu'il pense à se tuer (« mes yeux qui grincent »). Maupassant collabore régulièrement à plusieurs périodiques parisiens, auxquels il donne articles et contes (le plus souvent sous les pseudonymes de Guy de Valmont et de Maufrigneuse) : *Le Gaulois, Gil Blas, Le Figaro, L'Écho de Paris, La Nouvelle Revue, La Revue littéraire et politique...*

1883

Publications : *Une vie* (premier roman), *Contes de la bécasse* (recueil de contes), *Clair de lune* (recueil de contes).
Grosse année pour Maupassant. Son premier roman paraît et s'impose. Il fait construire une maison, *La Guillette*, près d'Étretat. Prend François Tassart à son service comme valet de chambre. Et voit naître le premier de ses trois enfants naturels, tous de Joséphine Litzelmann. Mais pour lui, pas plus de mariage que plus tard de Légion d'honneur ou d'Académie française...
Mort de Tourgueniev.

1884

Publications : *Au soleil* (récit de voyage), *Miss Harriet* (recueil de contes), *Les Sœurs Rondoli* (recueil de contes), *Yvette* (recueil de contes).
Travail intense et frénétique ; Maupassant connaît ses plus riches années de production littéraire et journalistique. Début des troubles nerveux, pourtant. Il décide de suivre les cours de Charcot à la Salpêtrière.

1885

Publications : *Contes du jour et de la nuit* (recueil de contes), *Bel-Ami* (roman), *Monsieur Parent* (recueil de contes).
Voyage en Italie. Et déménagement parisien. Ce faux naturaliste joue le vrai décadent (grandes dames et logements de pacha). La Vénus rustique et le Bel-Ami s'en donnent à cœur joie...

Germinal de Zola. Morts de Jules Vallès et de Victor Hugo.

1886

Publications : *Toine* (recueil de contes), *La Petite Roque* (recueil de contes).
Voyage décevant en Angleterre, pays « trop froid » pour Maupassant. Il préfère naviguer en Méditerranée, sur son voilier *Bel-Ami.* Plus que jamais, il éprouve le besoin de fuir et de se fuir.

1887

Publications : *Mont-Oriol* (roman), *Le Horla* (recueil de contes).
Voyage-reportage en ballon. Que suit un long séjour en Afrique du Nord. C'est en homme d'affaires normand que Maupassant orchestre les succès de sa plume – qui font des jaloux.

1888

Publications : *Pierre et Jean* (roman) précédé de *Le Roman* (étude), *Sur l'eau* (journal de voyage), *Le Rosier de Mme Husson* (recueil de contes).
Nouveau voyage en Afrique du Nord. Écrivain notoire, Maupassant est lu dans toute l'Europe et en Amérique. Mais les hallucinations sont là et le mal empire.

1889

Publications : *La Main gauche* (recueil de contes), *Fort comme la mort* (roman).
Agonie de son frère Hervé, victime de la folie. Conduit par Guy à l'asile psychiatrique de Lyon-Bron, il lui aurait jeté : « Ah ! Guy ! Misérable ! Tu me fais enfermer ! C'est toi qui es fou, tu m'entends ! C'est toi le fou de la famille ! » La peur au ventre, Maupassant entreprend vers l'Italie une croisière sur *Bel-Ami II.*

1890

Publications : *La Vie errante* (récits de voyage), *L'Inutile Beauté* (recueil de contes), *Notre cœur* (dernier roman).
Ultime déménagement parisien. La dégradation de sa santé s'accentue terriblement. Consultations sur consultations, et tentatives répétées de cures et de repos. Maupassant est décidé à délaisser contes et chroniques au profit du roman.
Suicide de Van Gogh.

1891

Publication de *Musotte* (théâtre).
Cures successives et vaines. Maupassant attaque deux romans : *L'Âme étrangère* et *L'Angélus*. Peine perdue, ses facultés intellectuelles l'abandonnent irrémédiablement. Il va jusqu'à perdre le contrôle de soi. Dépressif, il admet ne plus pouvoir écrire, depuis un an au moins. Rédige son testament. Déjà le « météore », le « mauvais passant », le « taureau triste » ne sont plus...

1892

Tentatives de suicide. De Cannes, Maupassant est transporté à la clinique du Dr Blanche à Passy, maison de santé où fut interné, avant lui, Gérard de Nerval. Il n'en sortira plus. Une agonie de dix-huit mois commence, entrecoupée de délires et d'accalmies. Aucune visite familiale : son père et sa mère semblent l'ignorer, commencent même à liquider ses biens.

1893

Publication de *La Paix du ménage* (théâtre).
Le 6 juillet, mort de Guy de Maupassant, âgé de quarante-trois ans. Le 8, il est inhumé à même la terre, selon son vœu, au cimetière Montparnasse. Émile Zola prononce l'oraison funèbre.

1899

Publication : *Le Père Milon* (recueil posthume de contes inédits en volume).

1900

Publication : *Le Colporteur* (recueil posthume de contes inédits en volume, à l'exception de quatre).

G.B.

TABLE

Aubin Imprimeur

LIGUGÉ, POITIERS

Achevé d'imprimer en août 2001
pour le compte de France Loisirs
123, bd de Grenelle, 75015 Paris
N° d'édition 35477 / N° d'impression L 62124
Dépôt légal août 2001
Imprimé en France